Gütersloher Taschenbücher / Siebenstern 244

Ulrich Neuenschwander

GOTT
IM NEUZEITLICHEN DENKEN

Band 2

Henri Bergson – Ernst Bloch – Martin Buber – Hermann Cohen – Ludwig Feuerbach – Johann Gottlieb Fichte – Georg Friedrich Wilhelm Hegel – Martin Heidegger – Karl Jaspers – Sören Kierkegaard – Karl Marx – Friedrich Nietzsche – Jean-Paul Sartre – Max Scheler – Friedrich Wilhelm Joseph Schelling

Gütersloher Verlagshaus
Gerd Mohn

CIP-Kurztitelaufnahme der Deutschen Bibliothek

Neuenschwander, Ulrich
Gott im neuzeitlichen Denken. – Gütersloh:
Gütersloher Verlagshaus Mohn.

Bd. 2. Henri Bergson, Ernst Bloch, Martin Buber, Hermann Cohen, Ludwig Feuerbach, Johann Gottlieb Fichte, Georg Friedrich Wilhelm Hegel, Martin Heidegger, Karl Jaspers, Sören Kierkegaard, Karl Marx, Friedrich Nietzsche, Jean-Paul Sartre, Max Scheler, Friedrich Wilhelm Joseph Schelling. – Orig.-Ausg., 1. Aufl. – 1977.
(Gütersloher Taschenbücher Siebenstern; 244)
ISBN 3-579-03644-0

Originalausgabe

ISBN 3-579-03644-0

Gesamtherstellung: Clausen & Bosse, Leck
Umschlagentwurf: Dieter Rehder, Aachen
Printed in Germany

Dem Andenken
meines Vaters
Friedrich Karl Neuenschwander † 1932
und meiner Mutter
Berta, geb. Zbinden † 1973

Inhalt

Vorwort

Der vorliegende zweite Band dieser einführenden Darstellung bildet mit dem ersten eine innere Einheit. Sie wird äußerlich durch die kontinuierliche Zählung der Teile angedeutet. Wenn auch jeder der Bände einen in sich geschlossenen geistesgeschichtlichen Prozeß darstellt, so ist doch die Selbständigkeit bloß relativ, und nur das Ganze ergibt ein anschauliches Bild der Entwicklung.

Für den zweiten Band waren die gleichen Erwägungen wie für den ersten maßgeblich. Das gilt vor allem für die Konzentration auf die primären Quellen und für die Beschränkung auf die Knotenpunkte der Entwicklung unter Verzicht auf vieles, das an sich von großem Interesse wäre. Der Versuch, eine auch nur annähernde Vollständigkeit zu erzielen, hätte aus einer bloßen Einführung in die Problematik ein Handbuch gemacht, dessen Umfang nicht in so engen Grenzen hätte gehalten werden können. Das Buch verfolgt überhaupt den Zweck, durch den Einblick in die elementaren Fragen zum umfassenderen, selbständigen Studium anzuregen.

Wie beim ersten Band, so habe ich auch hier in erster Linie meiner Frau Elisabeth und meinem Assistenten, Herrn Johann Zürcher, für die Mithilfe herzlich zu danken. Der weitere Dank möge allen gelten, die durch einzelne Hinweise und durch Erleichterung der Dokumentation hilfreich waren.

Zollikofen/Bern,
am Epiphaniastag 1977 *Ulrich Neuenschwander*

Vierter Teil
Der Gott des lebendigen Geistes

1. Der Weg des Idealismus

Immanuel Kant hatte mit seiner kritischen Transzendentalphilosophie einen neuen Weg gewiesen, die bloße Erfahrung zu übersteigen. Gleichzeitig aber hatte er in einer Unerbittlichkeit und Deutlichkeit wie niemand zuvor die Grenzen aufgedeckt, die jeder Spekulation gesetzt sind. Auch die praktische Vernunft vermag die Schranken nur an einer Stelle zu durchbrechen, gerät aber dann selbst an die unüberwindbaren Grenzen des menschlichen Erkennens überhaupt und bestätigt, daß die Vernunft im übersinnlichen Raum ohne Hilfe der Erfahrung nur noch den eigenen Ideen gegenübersteht, so daß sie die Verbindung zu deren Realität nicht gültig vollziehen kann. Der Primat der praktischen Vernunft führt wohl zum Postulat Gottes, aber nur zum praktischen Gebrauch in Ansehung der Freiheit und des Sollens.

Es bleibt ein erstaunliches Phänomen, daß gerade die Denker, die von Kants Voraussetzungen ausgingen, seine vorsichtigen Grenzziehungen mißachteten und ausgerechnet mit Hilfe der transzendentalen Methode die hohen Ziele anstrebten, deren Unerreichbarkeit Kant bewiesen hatte. In einer Zuversicht wie nie zuvor machte sich der menschliche Geist auf, die Tiefen des Seins zu ergründen.

Das alles gilt auch und in hervorragendem Maße vom Denken über *Gott*, dessen Geheimnis mit Hilfe der autonomen Vernunft enträtseln zu können nie intensiver und ungebrochener erhofft wurde als im Kreise der Idealisten.

Für den Neuaufschwung ist zunächst die Gestalt Johann Gottlieb Fichtes entscheidend. Freilich erfuhr schon er die Schwierigkeiten dieses Unternehmens reichlich und mußte in mehreren Anläufen sein System tiefgreifend umbauen. Er hat aber die maßgeblichen Impulse vermittelt, aufgrund derer auch Schelling und Hegel ihre Konzeptionen entwarfen. Hegel endlich gelang es, allseitig durchzuführen, was der Idealismus als Denksystem erstrebte.

Der gemeinsame entscheidende Leitgedanke, der sich schon beim jungen FICHTE ankündigt und bei HEGEL den reifen Ausdruck findet, ist *die Überwindung des kantischen Dualismus durch die Versöhnung des Idealen und Realen in einer erweiterten Vernunft, die zur Erkenntnis der Identität der Gegensätze fähig wird.* Von diesem Standort aus erscheint das Aufklärungsdenken als abstrakt und bloß verstandesmäßig, und auch die durch KANT erhobenen Einwände gelten als unüberwindbar.

In der Tat erweist sich die dialektische Handhabung der Vernunft als außerordentlich fruchtbar. Sie führt allerdings gelegentlich dazu, Gegensätze vorschnell zu entschärfen, so daß der Idealismus teilweise hinter die unbestechliche Redlichkeit des kantischen Denkens zurückfällt.

Die dialektische Methode ist freilich nicht die einzige Kraft, die das idealistische Denken dermaßen in die Höhe trieb. Der dynamische Aufschwung war nur im Zusammenhang mit einer einzigartigen kulturellen Situation möglich. Die Vertiefung der seelischen Erfahrung durch die Romantik, die die abstrakte Einseitigkeit der moralischen Verstandeskultur überstieg, trug dazu ebenso bei wie der allgemeine Wandlungsprozeß in Europa im Verlaufe der Französischen Revolution.

Die Formung des idealistischen Denkens über Gott spielt sich in einem religiös außerordentlich ambivalenten Rahmen ab. Auf der einen Seite finden wir eine weitgehend säkularisierte Gesellschaft, die SCHLEIERMACHER nötigt, seine Reden über die Religion an die »Gebildeten unter ihren Verächtern« zu richten in der Erwartung, nur Spott zu ernten, wenn er sich für etwas so Überholtes und Entlegenes wie die Religion einsetzt. Auf der anderen Seite aber wird fast gleichzeitig ausgerechnet FICHTE des Atheismus bezichtigt und verliert im Verlaufe des Atheismusstreites seinen philosophischen Lehrstuhl in Jena. Der Angriff geht von einem anonymen Pamphlet aus, das sich auf die aufklärerische natürliche Religion mit ihrem Weltschöpfer und der Tugend stützt. Freilich wendet es durch seine anonyme Perfidität und die bösartige Verdrehung der Aussagen FICHTES diese Tugend nur ideologisch an. Es preist aber nicht nur SPALDINGS Buch über die Religion, sondern auch des radikalen Rationalisten Samuel REIMARUS' Abhandlungen von den vornehmsten Wahrheiten der natürlichen Religion. REIMARUS seinerseits war, wenn auch nach seinem Tode, als

Verfasser der berühmten Wolfenbütteler Fragmente der Gegenstand des heftigsten Streites gewesen, den LESSING mit der damaligen Orthodoxie auszufechten hatte. Es unterliegt keinem Zweifel, daß FICHTE die wesentlich leidenschaftlicher und tiefer angelegte religiöse Natur war als REIMARUS.

Der Idealismus hat aber nicht nur die säkularisierte Front gegen sich, für die er mit seinem Interesse für die Religion als Mystizismus erscheint, oder die aufklärerische, von der aus er des Atheismus verdächtigt wird. Er hat zum dritten auch noch die traditionelle christliche Kirche gegen sich, die vor allem nach der romantischen neupietistischen Erweckung wieder entschlossener in reaktionär-orthodoxe Bahnen mündet und dem Idealismus Pantheismus sowie Heidentum vorwirft. Indem der Idealismus nach der einen Seite seines Wesens hin die Aufklärung vollendet und die Autonomie der erweiterten Vernunft nach wie vor gegen alle heteronome Autorität festhält, erregt er das Mißfallen eben der autoritären Kirche, die gegen den Idealismus die alten pietistischen Argumente erneuert, die sie seinerzeit im Kampfe mit der Aufklärung vorgebracht hatte. Dabei wendet sich der Idealismus von der unhistorischen natürlichen Religion der Aufklärer ab und läßt sich weit intensiver mit der positiven, geschichtlichen Religion ein, so daß sein Verhältnis zum Christentum außerordentlich komplex ist. Auf der einen Seite greifen die Idealisten, nicht nur HEGEL, tiefer die überlieferte Substanz des Christentums auf, auf der anderen Seite ignorieren sie in ihrem philosophischen Selbstbewußtsein die Autorität der Überlieferung. Für die Kirche ist der entscheidende Punkt die Verwerfung der Autorität und die Etablierung der autonomen Vernunft als Kriterium der Wahrheit.

In dieser dreifachen Frontstellung gegen Säkularismus, Aufklärung und kirchliche Autorität entfaltet der Idealismus seine eigene, spezifische Auffassung der Religion.

Bei aller Gegensätzlichkeit der Standpunkte FICHTES, SCHELLINGS und HEGELS, denen ein Stück weit auch SCHLEIERMACHER beizuzählen wäre, darf man doch von einer gewissen Einheit der idealistischen Konzeption sprechen, da eine Reihe von gemeinsamen Grundzügen für die gesamte Bewegung charakteristisch ist.

Es ist, auf die Frage nach Gott hin ausgelegt, vor allem *ein* beherrschender Zug, der diese idealistische Frömmigkeit gegen den Atheismus, die natürliche Religion der Aufklärung und die kirchliche Überlieferung zugleich abgrenzt und es verständlich macht, daß die Idealisten gleichzeitig als Mystizisten, Atheisten und Pantheisten verschrien wurden.

Dieser Grundzug hängt mit der Tendenz zusammen, den abstrakten Dualismus zu überwinden und die tiefere Einheit hinter und in den Gegensätzen zu suchen.

Es handelt sich um den ganz außergewöhnlich entscheidenden Punkt des Verhältnisses zwischen *Gott* und *Welt* oder, auf den Menschen bezogen, zwischen dem göttlichen und dem menschlichen Geist.

Die christliche Überlieferung, die vom Schöpfergott ausgeht, stellt ebenso wie das aufklärerische Denken, das ein höchstes Wesen verehrt, Gott der Welt gegenüber. »Gott ist im Himmel, und du bist auf Erden«[1]. Wenn auch der Mensch als Ebenbild Gottes eine Sonderstellung einnimmt, so ist doch auch er, gerade vom Sündenfall her betrachtet, mit in die Gottgeschiedenheit der Welt hineingenommen. Die Welt steht bestenfalls unter der Vorsehung Gottes, schlimmstenfalls ist sie, bei einer apokalyptischen Grundstimmung, dem Teufel als dem Fürsten dieser Welt überantwortet.

Der Grundgedanke des Idealismus jedoch ist die *Einheit* des Idealen und des Realen, des Subjekts und der Substanz im Letzten. Diese Grundkonzeption wird von den Idealisten in vielfältigster Weise durchgeführt. Bei FICHTE erscheint zuerst, über KANT hinaus, die Einheit des Sittengesetzes und des Naturgesetzes durch die Einheit des Schöpfers. Später vertritt er in der Wissenschaftslehre die Einheit des Erkennens und der erfahrenen Welt durch die Einbildungskraft unter Ausstoßung des widerspenstigen Dings an sich, wieder gegen KANT. Bei SCHELLING ist die Identität *vor* aller Spaltung des Realen und Idealen, des Seins und des Bewußtseins, des Subjektiven und Objektiven in der Indifferenz da. Bei HEGEL aber ist diese Identität als die Offenbarung der letzten Wahrheit das Ergebnis des Gesamtprozesses und schält sich im Laufe der Arbeit am Negativen allmählich heraus. Immer aber ist die endgültige Überwindung des cartesianischen Dualismus angestrebt, der Bewußtsein und äußeres Sein als zwei Substanzen unversöhnbar auseinanderrückte.

Das bedeutet für das idealistische Denken über Gott, daß die Entgegensetzung nicht nur der göttlichen und menschlichen Vernunft, sondern auch Gottes und der Welt überhaupt als zu überwindender, abstrakter, vorläufiger Standpunkt erscheinen muß.

1 Pred.Sal. 5,1.

So ist Gott nicht jenseits zu suchen. Er ist im Innern des Menschen gegenwärtig, sei es im sittlichen Bewußtsein, sei es in der Vernunft als ganzem, im Geistsein des Menschen. Er *durchdringt aber auch die Welt selbst.* FICHTE betont, daß Gott »nicht jenseits der Wolken« zu suchen ist. Du »kannst ihn allenthalben finden, wo du bist. Schaue an das Leben seiner Ergebenen, und du schauest Ihn an; ergib dich selber ihm, und du findest ihn in deiner Brust.«[2] Für HEGEL ist diese äußerliche Welt das »Andere«[3] Gottes; aber das ist nur der vorläufige Standpunkt, der überwunden werden soll, indem die tiefere Identität an den Tag tritt. »Die Natur, der endliche Geist, die Welt des Bewußtseins, der Intelligenz und des Willens sind Verleiblichungen der göttlichen Idee, aber es sind bestimmte Gestaltungen, besondere Weisen der Erscheinung der Idee, Gestaltungen, in denen die Idee noch nicht durchgedrungen ist zu sich selbst, um als absoluter Geist zu sein.«[4]
So ist Gott nicht nur im Innern des Menschen aufzusuchen, sondern auch im Innern der Welt, jedoch nicht im abstrakten Gegenüber; das wäre der Standpunkt des bloßen Verstandes.
Diese Schau widerspricht dem christlichen Weltverständnis. Eine solche Durchdringung wird vom überlieferten Christentum her gerade nicht der Welt im allgemeinen, auch nicht dem menschlichen Geist im besonderen zugebilligt. Etwas Analoges existiert ausschließlich in dem Wunder der Menschwerdung Christi.
Von da aus könnte man die idealistische Vorstellung als eine Verallgemeinerung der Christologie interpretieren. Das trifft freilich nur einen einzigen Aspekt der ganzen Sache, ist aber für den Vergleich mit der kirchlichen Überlieferung nützlich. Es ist gerade bei diesem Gesichtspunkt verständlich, warum die Idealisten auf die Analogie mit dem christlichen Dogma Wert legten, die Kirche aber auf den Gegensatz; denn die christologischen Prädikate kommen gerade nicht der Welt zu. Die Verallgemeinerung der Prädikate aber ist, jedenfalls nach HEGELS Interpretation der Dreieinigkeit und der Gottmenschheit, der philosophische Schlüssel des Glaubens, der christliche Hintergrund der Identitätsphilosophie.
Entscheidend für die komplexe Sicht des Idealismus ist nun aber, daß

2 J. G. Fichte, Die Anweisung zum seligen Leben, Werke Bd. V, S. 472.
3 G. W. Hegel, Vorlesungen über die Philosophie der Religion, II. Werke Bd. 16, S. 249.
4 A. a. O. I, Bd. 15, S. 43f.

es sich keineswegs um eine platte Identität handelt. Ein nackter, trivialer Pantheismus in Form der Gleichung Welt = Gott oder: menschlicher Geist = Gottes Geist = Gott liegt außerhalb der ganzen idealistischen Denkweise. Idealistisch gesehen geht es vielmehr um die dialektische Versöhnung der Gegensätze, die vordergründig als Unterschied des Endlichen und Unendlichen, der Substanz und der Subjektivität durchaus ernst zu nehmen sind. Nur in einer höheren Vermittlung werden die Gegensätze aufgehoben.

Das ist eine dem Idealismus spezifische Denkungsart. Es ist indessen begreiflich, daß vom gewöhnlichen Standpunkt aus die Identität als banale mißverstanden werden kann.

Das bedeutet auf der einen Seite, daß dem Idealismus Pantheismus zugeschrieben wird; es wird behauptet, er setze die Welt Gott gleich. Das ist aber vom idealistischen Standpunkt aus unrichtig. Nicht nur SCHELLING und HEGEL, sondern auch SCHLEIERMACHER haben sich gegen diese Deutung ihrer Aussagen heftig verwahrt. Einzig FICHTE hatte das nicht nötig, da er gar kein Verhältnis zur Natur besaß; dafür galt er als Atheist. Der echte Pantheismus ist der Pantheismus SPINOZAS. Im Vergleich zu diesem erweist sich die Differenz zum idealistischen Standpunkt auf den ersten Blick. Bei SPINOZA ist die äußere Welt so direkt Attribut Gottes in mannigfachen Modalitäten, daß Gott Räumlichkeit zugeschrieben wird. So etwas ist vom transzendentalen Standpunkt aus unmöglich. Sowohl FICHTE wie SCHLEIERMACHER haben deutlich darauf hingewiesen. Zum anderen aber erscheint beim geradlinigen Pantheismus Gott als Substanz, also gerade nicht als Subjekt, als Geist erfaßt. Auf diesen Unterschied haben SCHELLING und HEGEL aufmerksam gemacht. Endlich kann das Prinzip der *unendlichen* Lebendigkeit nicht direkt mit der Welt identifiziert werden. Denn die Differenz zwischen dem Endlichen und dem Unendlichen ist nur dadurch aufhebbar, daß das Unendliche sich verendlicht, im Endlichen erscheint, nicht aber umgekehrt. Das Unendliche geht aber nicht im Endlichen auf. Gott erscheint als Welt, niemals jedoch die Welt als Gott.

Im weiteren können wir auch verstehen, daß dem Idealismus *Atheismus* zugeschrieben wurde. Es wurde gesagt, daß er den menschlichen Geist Gott gleichsetze und damit den Menschen an die Stelle Gottes rücke. Wiederum ist dasselbe zu antworten wie auf den Vorwurf des Pantheismus. Dort ging es nicht um eine Ersetzung Gottes durch die Welt oder die Natur, hier nicht um seine Ersetzung durch den menschlichen Geist. Der menschliche Geist ist vielmehr als endlicher Geist in den unendlichen Geist Gottes integriert, der Mensch ist in Gott aufgehoben, nicht Gott im Menschen. Erst der Standpunkt FEUERBACHS ist der echte Atheismus. FEUERBACH muß denn auch folgerichtig das menschliche Wesen aus einem endlichen zu einem unendlichen machen, um atheistisch behaupten zu können, Gott sei die Projektion des menschlichen Wesens. Das ist völlig unidealistisch; der Idealismus geht von der Erfahrung des menschlichen Geistes als des endlichen Geistes aus. Sogar FICHTE läßt das Ich sogleich durch das Nicht-Ich begrenzt sein. Im Vergleich zu FEUERBACH erhellt sogleich, daß der Idealismus kein prometheischer Atheismus ist.

Dennoch hatte schon FICHTE mit diesem Vorwurf zu kämpfen. Er war ihm schlechthin unbegreiflich. Das Argument der Gegner, »mithin seien wir entweder selbst oder *machen* wir selbst alle Tage – Gott, und es bleibe überall nichts einem Gotte ähnliches übrig denn – wir selbst«, erscheint ihm bloß »verworrenem Zeug«[5] ähnlich.

Der Mißgriff, die Idealisten auf FEUERBACH hin zu interpretieren, ist fast grotesk, aber er hat lange, vor allem bei den Theologen, begeisterte Anhänger gefunden; lieferte er doch die Möglichkeit, den idealistischen Gottesbegriff zu diffamieren.

Endlich können wir auch verstehen, wie von den Irreligiösen her die idealistische Durchdringung von Gott und Welt, Gottes Geist und menschlichem Geiste als *Mystizismus* erscheint, der die Profanität der Welt stört. Dem Materialismus ist diese neue Allgegenwart Gottes zutiefst unheimlich, und der transzendentale Strom unterspült seine feste notwendige mechanistische Kausalität und bleibt zugleich so unfaßbar.

Die drei Mißverständnisse des Idealismus als Pantheismus, Atheismus und Mystizismus sind begreiflich, aber das hindert nicht, ganz deutlich festzustellen, daß es eben entscheidende Mißverständnisse sind. Von dieser Abgrenzung her ist das Gottesverständnis des Idealismus zu interpretieren. Es ist weder einfach christlich, noch einfach nichtchristlich. Es handelt sich um eine verwandelnde Aneignung wesentlicher christlicher Strukturen durch die autonome Vernunft, die durch Aufhebung anderer wichtiger Strukturen der christlichen Überlieferung eine neue Konzeption schafft. Diese ist ohne das Christentum unmöglich, geht aber nicht in ihm auf.

5 J. G. Fichte, Aus einem Privatschreiben, Werke Bd. V, S. 381.

Der Gott des lebendigen Geistes ist nicht in dem Maße wie der aufklärerische Gott der undialektischen Vernunft, der Gott einer geschichtslosen, natürlichen Religion. Er ist in weit innerlicherer Auseinandersetzung mit der geschichtlichen Überlieferung begriffen. Aber er ist dem autonomen Geiste, nicht der heteronomen Gläubigkeit einer orthodoxen Kirchenlehre gegenwärtig.

2. Gott als sittliche Weltordnung, Leben und Licht

JOHANN GOTTLIEB FICHTE (1762–1814)

Nachdem FICHTE früh von seinen spinozistisch-deterministischen Neigungen durch die Begegnung mit KANTS Schriften befreit worden war, stellte er sich radikal auf den transzendentalen Standpunkt.
Zunächst denkt er noch ganz in den Bahnen KANTS. In diese Phase gehört sein erstes bedeutendes religionsphilosophisches Werk »Versuch einer Kritik aller Offenbarung« [1]. Es erschien anonym und wurde KANT zugeschrieben; dieser Umstand trug zur schnell wachsenden Berühmtheit FICHTES bei. Später hat er sich von dem Werk distanziert. Es gehört aber grundlegend mit zum Verständnis der Entwicklung FICHTES.
Trotz der engen Anlehnung an KANTS Kritik der praktischen Vernunft wird nämlich bereits der andersartige Geist FICHTES charakteristisch spürbar. Ausgangspunkt ist das Sittengesetz der reinen praktischen Vernunft. FICHTE vollzieht ebenso wie Kant dessen Verbindung mit der Glückseligkeit in der Idee des höchsten Gutes. Später hat er sich entschieden davon abgewendet. Dem moralischen Vermögen eignet an sich keine physische Macht; das endliche Wesen ist vielmehr von dem Naturgesetz abhängig. Schon an dieser Stelle spüren wir die Tendenz des Idealismus, die Dualität in höherer Identität aufzuheben. Es gibt nämlich eine Instanz, in der moralische Notwendigkeit und physische Freiheit vereinigt sind. Das ist Gott. »Eines Gottes Existenz ist mithin eben so gewiß anzunehmen als ein *Sittengesetz.* Es *ist* ein Gott.« [2] In Gott herrscht nur das Sittengesetz ohne Einschränkung, denn der Natur gegenüber ist er allmächtig.

1. 1. Aufl. Königsberg 1792.
2. Die Werke Fichtes werden zitiert nach: Fichtes Werke, herausg. von Immanuel Hermann Fichte, Neudruck Berlin 1971. Versuch einer Kritik aller Offenbarung. Bd. V, S. 40.

Fichte schließt daraus, daß Gott der »*Weltschöpfer*«[3] und damit auch der Gesetzgeber ist, weil er den Endzweck des höchsten Gutes als das Unbedingte zu dem bedingten Naturzusammenhang in Beziehung setzt. Wir sehen hier Fichte noch auf konventionellen Wegen; auch den Gedanken des Weltschöpfers hat er später preisgegeben.

Während aber Kant das Sittengesetz und das Naturgesetz unverbunden nebeneinander stehenläßt und deshalb die Einheit von Sittlichkeit und Glückseligkeit in die intelligible Welt verlegt, nimmt Fichte an dieser Stelle einen Grundgedanken der späteren idealistischen Identität voraus und beginnt sich vom Dualismus Kants abzusetzen. Diese Weggabelung ist von außerordentlicher Bedeutung. Die Möglichkeit der Übereinkunft zwischen dem *Muß* des Naturgesetzes und dem *Soll* des Sittengesetzes als zweier zunächst ganz unabhängiger, heteromorpher Gesetzgebungen ist nur denkbar »durch ihre gemeinschaftliche Abhängigkeit von einer oberen Gesetzgebung, welche beiden zum Grunde liegt«[4]. So ist für Fichte »der Widerspruch zwischen theoretischer und praktischer Vernunft« »gehoben«[5].

Das moralische Gesetz der reinen praktischen Vernunft ist in dieser Einheit führend, da es das entscheidende ist, das Gottes eigentliches Wesen ausmacht. Später wird Fichte die Aufhebung des Gegensatzes von Vernunft und Realität auf andere Weise vollziehen. Bedeutsam in unserem Zusammenhang ist erst nur, *daß* er sie überhaupt durchführen will. Hier ist die Keimzelle des idealistischen Identitätsgedankens über Kant hinaus. Kant ist im Suchen nach Vermittlungen nicht so weit gegangen.

Für Fichte ist also der Endzweck von allem, das höchste Gut, und das Wesen Gottes als des vernünftigen Sittengesetzes gegeben. Damit aber ist das Resultat der Kritik aller Offenbarung bereits mitgesetzt. Der Inhalt der Religion nämlich kann gar nichts anderes sein als das Sittengesetz, betrachtet als göttliches Gebot, wie es bereits Kant definiert hat.

Die Frage ist nur, *wie* wir zu dieser Erkenntnis gelangen. Es gibt zwei Möglichkeiten. Gott kann sich durch das Übernatürliche *in uns*, also durch die Vernunft, als Gesetzgeber ankündigen, oder er kann es

3. A. a. O. S. 61.
4. A. a. O. S. 108.
5. A. a. O. S. 49.

durch ein Übernatürliches *außer uns* in der Sinnenwelt tun. Diese zweite Möglichkeit ist gemeint, wenn man von »Offenbarung« spricht.

Die Kritik aller Offenbarung besteht nun darin, daß FICHTE wohl die Möglichkeit einer solchen Ankündigung in der Sinnenwelt zugesteht, aber gleichzeitig die Kriterien dafür aufstellt, was eine solche Offenbarung allein enthalten könnte. Er weiß ja zum voraus durch die Vernunft, die auch das Wesen Gottes ist, was Gott kundtun kann. Wenn eine Offenbarung also etwas anderes enthält als die Ankündigung Gottes als des sittlichen Gesetzgebers, dann ist sie keine Offenbarung. Sonst müßte man das Ungereimte annehmen, daß Gott sich selbst widerspricht.

Das Übernatürliche in uns ist das eigentliche Kriterium der Wahrheit. »Nur diejenige Offenbarung, welche ein Prinzip der Moral, welches mit dem Prinzip der praktischen Vernunft übereinkommt und lauter solche moralische Maximen aufstellt, welche sich davon ableiten lassen, kann von Gott sein.«[6] »Eine Offenbarung hat die Vernunftideen, Freiheit, Gott, Unsterblichkeit darzustellen.«[7]

Die Offenbarung ist also zwar möglich, aber im Grunde ziemlich überflüssig.

Es ist ungemein kühn, mit welcher Sicherheit FICHTE der Offenbarung vorschreiben kann, was sie offenbaren darf und was nicht. Ein solches Urteil ist nur dadurch möglich, daß die praktische Vernunft als das Übernatürliche in uns des Wesens Gottes so unbedingt gewiß ist, daß alles andere verschwindet. Das Argument gegen die Offenbarung besteht letztlich darin, daß wir Gott bereits kennen, so daß alles, was dieser Kenntnis entspricht, überflüssig, was ihr widerspricht, falsch ist. Die Ablehnung der Offenbarung beruht nicht auf Agnostizismus oder Skepsis, sondern auf der unerhörten Eindeutigkeit des Wissens um Gott in der praktischen Vernunft.

Offenbarung ist daher eigentlich nur dann von einem relativen Nutzen, wenn sie auf Menschen trifft, deren moralischer Sinn am Erlöschen ist und nicht durch vernünftige Menschen erweckt werden kann, die sich in der Nähe befinden. Das ist noch weniger als bei LESSING, der in der Erziehung des Menschengeschlechts der Offenbarung doch noch die Funktion zugeschrieben hatte, die Entwicklung zu

6. A. a. O. S. 124f.
7. A. a. O. S. 132.

beschleunigen, indem Offenbarung da eintritt, wo die Vernunft noch nicht entwickelt ist.

Fichte hat mit seinen Bestimmungen die Offenbarung faktisch entmachtet, wenn er sie auch als möglich gelten läßt. Es ist deshalb für die Kirche kaum annehmbar, wenn er versichert, durch seine Beweisführung sei eine bestimmte Offenbarung wie die des Christentums »völlig gesichert« und »aller Streit darüber auf ewige Zeiten beigelegt«[8] – vorausgesetzt, man betrachte nur das am Christentum als geoffenbart, was den Kriterien des reinen Vernunftglaubens entspricht.

Fichte stößt in dieser Frühschrift eigentlich noch nicht über den Gott der Vernunft hinaus vor. Aber die Grundlagen sind gelegt. In der Auffassung des transzendentalen Standpunktes sind die Weichen schon so gestellt, daß sie von Kant wegführen; Kant hat denn auch die »Kritik aller Offenbarung« nicht als eine ihm entsprechende Meinung anerkannt.

Der eigentliche Durchbruch Fichtes erfolgt in der ersten Fassung seiner »Wissenschaftslehre« (1794), von der Schlegel schreiben konnte, es gebe drei große Tendenzen des Zeitalters: die Französische Revolution, Fichtes Wissenschaftslehre und Goethes Wilhelm Meister. Auch die weitere Entwicklung der religiösen Haltung Fichtes ist nur von der Wissenschaftslehre aus verstehbar, obgleich gerade die erste Fassung der Wissenschaftslehre einen Ansatz macht, der für Gott keinen Raum zu bieten scheint und das weltschöpferische Ich in den Mittelpunkt rückt.

Die Wissenschaftslehre enthält die *Grundlegung des radikalen Idealismus.* Fichtes Schritt über Kant hinaus und damit von Kant weg und gegen Kant ist ein doppelter. Einmal sucht Fichte das Wesen dessen, das allen Dingen zugrunde liegt – er nennt es das Ich –, näher zu bestimmen und findet, daß es kein Ding, keine Substanz ist, sondern eine Lebendigkeit, ein Tun, ein reines Handeln. Das ist der geniale Grundgedanke, der erst das deterministische Substanzdenken Spinozas ganz überwindet und auch dem mechanistischen Materialismus die Axt an die Wurzel legt. Mit der Tathandlung am Anfang sind Freiheit und Leben im Grunde alles Wirklichen verankert. Das Substanzhafte ist ein Abgeleitetes, Totes. Es ist als Gegenstand des Bewußtseins zum Objekt gemacht und damit kein Ursprüngliches mehr. Es ist kein Tätiges, Setzendes, sondern ein gesetztes Nicht-Ich und Es.

8. A. a. O. S. 161.

Am Anfang aber steht die »Tathandlung«, die so erzählt werden kann: »Das Ich setzt ursprünglich schlechthin sein eigenes Sein.«[9]
Mit diesem gewaltigen Gedanken wird die Welt der dinghaften Starrheit entrissen und die Möglichkeit geschaffen, sie als Prozeß des lebendigen Geistes zu erfassen. Der Mensch kann nicht mehr als Maschine mißverstanden werden. Im Prinzip des Ich-haften, des Tätigen ist die Freiheit konstitutiv.
Weil das Erste ein reines Handeln und nichts Statisches ist, kommt FICHTE auf den unglücklichen Einfall, von ihm nicht als von einem Sein zu sprechen. Der Begriff »Sein« wird für das Substanzhafte reserviert, und FICHTE wagt noch nicht zu sagen: Das Sein ist Leben! Indem er in dieser Phase seines Denkens noch dem alten Seinsbegriff verhaftet bleibt, gelingt es ihm nicht, die *Wirklichkeit* des Handelns zu beschreiben; denn was kein Sein besitzt, ist nicht. Dieser Umstand wird ihm im Atheismusstreit zum Verhängnis. Später hat FICHTE seinen Sprachgebrauch korrigiert.
Der zweite Grundgedanke der Wissenschaftslehre ist die Überwindung der Spaltung von transzendentaler Vernunft und Ding. Bei KANT entsteht ein Gegenstand der Erfahrung und damit die ganze Sinnenwelt überhaupt durch einen synthetischen Akt des Erkenntnisvermögens, das durch ein »Ding an sich« »affiziert« wird. Dieses Ding steht irgendwie verloren da. Es ist ein X, über das man nichts aussagen kann, da es uns ja nur in der Erfahrungswelt als Gegenstand erscheint und so schon durch den transzendentalen Erkennensprozeß hindurchgegangen ist. Das eigentliche Verhältnis zwischen dem Erfahrungsgegenstand und dem Ding an sich ist unaufhellbar. Ganz unergründlich ist, wieso dieses Ding an sich überhaupt sich den transzendentalen Anschauungsformen und Begriffen fügt, sich der ihm aufgezwungenen Kausalität unterwirft und in Raum und Zeit hineinpaßt.
FICHTE überwindet diesen Dualismus, indem er nicht nur die transzendentalen Formen so wie KANT im ICH verankert, sondern auch das Ding an sich selbst mit Hilfe der produktiven Einbildungskraft aus dem Ich entstehen läßt. Diese Einbildungskraft arbeitet vor aller unserer Erfahrung und kann nur transzendentalphilosophisch aufgefunden werden. KANT hätte zu solch einem spekulativen Unternehmen nie die Hand geboten. Damit ist eigentlich das Ding überhaupt abgeschafft. Die ganze erscheinende Welt ist Produkt der transzen-

9. G. Fichte, Grundlage der gesamten Wissenschaftslehre, Bd. I S. 98.

dentalen Einbildungskraft und des transzendentalen Erkenntnisvermögens. Nunmehr wird bei einem so radikalen Idealismus einsichtig, warum die Erkenntnisformen und die Dinge zueinander passen. Sie haben ja letztlich einen einheitlichen Ursprung.

Die Welt, in der ich mich vorfinde, ist demnach vom Ich selbst als Nicht-Ich gesetzt.

Daraus erwächst der Akosmismus FICHTES und naturgemäß die Verwerfung des kosmologischen Gottesbeweises. Eigentlich ist nur das frei setzende Ich als Tathandlung in einer übersinnlichen Welt (wenn man das Welt nennen will) wirklich.

Diesem Grundgedanken widerspricht nun wiederum der unglückliche Sprachgebrauch, das Wort »Sein« für die nur sekundäre Objektwelt zu reservieren. Das hat FICHTE in unendlich mühselige Mißverständnisse und vergebliche Versuche verstrickt, sie zu beheben.

In diesem Grundentwurf scheint *Gott* keinen Raum zu haben. Die Sinnenwelt entsteht durch Setzung des Ich, das Ich aber setzt sich selbst. FICHTE denkt auch nicht daran, das so beschriebene produktive Ich mit Gott dem Weltschöpfer zu identifizieren. Die Möglichkeit eines prometheischen Atheismus erscheint am Horizont.

Andererseits besitzt dieses produktive Ich als reine Tätigkeit bestimmte Eigenschaften, die durchaus für eine transzendentale Gotteslehre brauchbar wären. Gott als reine Tätigkeit, nicht als tote Substanz – welch großartige Möglichkeit eröffnete sich da! Freilich müßte dieser Gott durch das Setzen des Nicht-Ich nicht wie das Ich der Wissenschaftslehre *beschränkt* werden. Zu FICHTES Gottesbegriff gehört ja durchweg die unantastbare Unendlichkeit und Uneingeschränktheit.

FICHTE vollzieht aber in der ersten Wissenschaftslehre derartige Überlegungen nicht. Er zeigt nicht auf, wie in dieser Ich-Philosophie für Gott Raum sei, und wie allenfalls dieses Ich zu Gott stünde. Denn man kann nicht fragen, wie das Ich entstehe. Das erscheint FICHTE absurd: »Man müßte denn nach dem Grund des Ich selbst fragen. Unter den allerdings originellen Fragen, welche an die Wissenschaftslehre ergingen, blieb jedoch diese dem neuesten Göttingischen Metaphysiker allein vorbehalten, welcher sie in seiner Rec. der W.L. (sc. Rezension der Wissenschaftslehre) in den Göttingischen gelehrten Anzeigen wirklich erhebt. Mit was für Leuten man nicht zu tun bekommt, wenn man sich in unserem philosophischen Jahrhunderte mit Philosophieren beschäftigt! Kann denn das Ich sich selbst erklären, sich selbst

erklären auch nur wollen?«[10]
Diese Ichphilosophie konnte FICHTE freilich nicht auf die Dauer halten. Die Überwindung des Dualismus muß auf andere Weise erfolgen. FICHTE greift später auf den Begriff des Absoluten. Für unsere Fragestellung ist aber noch ein anderes Moment wichtig, bei dem man die Wissenschaftslehre zusammen mit der Sittenlehre betrachten muß.
Bei der bloß theoretischen Ableitung der Welt aus dem schlechthin setzenden Ich ergäbe sich eine schrankenlose, spielerische Freiheit. FICHTE kommt aber von der sittlichen Bestimmung des Menschen her. Das Ich ist deshalb nicht absolut frei, sondern trägt das Sittengesetz in sich, das den Sinn der ganzen Weltsetzung überhaupt ausmacht. Die vom Ich gesetzte Welt ist weder zum Genuß noch zum Spielen da, sondern sie ist das Material unserer Pflicht. Die Pflicht macht den Menschen zum Menschen.
An dieser Stelle nun leben FICHTES Frömmigkeit und Religion. Hier ist der Ort Gottes in FICHTES System. Die Religion hat es im Grunde nur mit dem Verhältnis des pflichtbestimmten Ich mit der moralischen Weltordnung zu tun! In der Kritik aller Offenbarung war das noch Gegenstand eines Gottesbeweises gewesen. Immer mehr wird es nun für FICHTE das allem zugrunde liegende evidenteste, unbezweifelbarste Datum überhaupt. Genuß und Glücksstreben gehören zu der sekundären Sinnenwelt wie das Naturgesetz; er läßt sie weit unter sich.
Insofern ist also auch das Ich bestimmt und nicht nur setzend. Die »Beziehung einer übernatürlichen Weltordnung auf unser sittliches Gefühl ist das erste schlechthin unmittelbare«[11].
Mit diesen Grundbestimmungen des Verhältnisses von Ich, Welt und sittlicher Bestimmung ist der Knoten geschürzt. Der für das ganze idealistische Gottesverständnis so charakteristische Atheismusstreit ist angelegt. FICHTE löst den Zusammenstoß mit dem konventionellen Gottesglauben sowohl christlich-traditioneller wie aufklärerisch-rationalistischer Art durch einen Gelegenheitsaufsatz aus, ohne es zu beabsichtigen. Er bereitet sich damit sein Schicksal und wird zugleich genötigt, die religiöse Frage neu und tiefer aufzunehmen. Aus dem

10. J. G. Fichte, Über den Grund unseres Glaubens an eine göttliche Weltregierung, Bd. V S. 180.
11. J. G. Fichte, Appellation an das Publikum gegen die Anklage des Atheismus, Bd. V S. 208.

Ich-Philosophen wird der Denker des Absoluten und zuletzt des mystischen Untergangs des Ich im seligen Leben in Gott.
Wir legen der Darstellung der Entwicklung Fichtes und des Atheismusstreites deshalb ein so großes Gewicht bei, weil in diesen Auseinandersetzungen eine ungeheure Fülle von Problemen des Gottesglaubens überhaupt an den Tag kam. *Nach* diesem Streit konnte nicht mehr in gleicher Weise von Gott die Rede sein wie vorher. Fichtes Fragen erwiesen sich als unüberhörbar, wenn sie auch in der ungeschicktesten Sprache vorgebracht und an die Ideologie der Wissenschaftslehre gebunden wurden. Obgleich der Streit selbst durch die Konfiszierung der angegriffenen Aufsätze und durch die Entlassung Fichtes als Professor in Jena bald zuungunsten Fichtes erledigt wurde, blieb das in ihm verhandelte Problem lebendig.
Nicht der Verlauf des Atheismusstreites, sondern die in ihm entwickelten Gedanken über Gott sind für uns von Bedeutung. Nur ganz kurz sei auf den Hintergrund des äußeren Geschehens verwiesen:
1798 erschien in dem von Fichte und Niethammer herausgegebenen »Philosophischen Journal« der Aufsatz von Rektor Forberg »Entwicklung des Begriffs der Religion«. Er sollte Fichtes Standpunkt darstellen, enthielt aber einige Partien, die Fichtes Meinung zuwiderliefen. Statt, wie erst erwogen, dies in einigen Anmerkungen festzuhalten, schrieb Fichte einen eigenen Aufsatz »Über den Grund unseres Glaubens an eine göttliche Weltregierung« und veröffentlichte ihn in der gleichen Nummer des Journals. Nachdem vorerst niemand Anstoß genommen hatte, erschien ein anonymes Pamphlet »Schreiben eines Vaters an seinen studierenden Sohn über den fichteschen und forbergschen Atheismus«. Dadurch wurde das Kesseltreiben gegen Fichte ausgelöst. Am 19. November 1798 wurde durch den Kurfürsten von Sachsen das Journal konfisziert und Fichte offiziell des Atheismus bezichtigt. Er wehrte sich in leidenschaftlichen Verteidigungsschriften, die indes durch ihre teils ungeschickte, teils heftige Art seine Position eher verschlimmerten. Fichtes ultimative Drohung, von seinem Lehrstuhl zurückzutreten, falls ihm eine Rüge erteilt werde, zeigt seine völlig falsche Einschätzung der Lage; der Hof von Weimar bekundete darauf unter Billigung durch den Minister Johann Wolfgang v. Goethe die Annahme der Demission.
Wenn auch die Diskriminierung Fichtes als eines Atheisten perfid war, so zeigt doch schon allein die Haltung Goethes, daß Fichte selbst sich in diesem Streit durch seine geistige Arroganz zu viele Blößen

gab, als daß er sich hätte durchsetzen können.
In dem Aufsatz über den Grund unseres Glaubens an eine göttliche Weltregierung geht FICHTE davon aus, daß die Philosophie den Glauben nicht, beispielweise durch einen Beweis, hervorbringen kann, sondern nur das Faktum des Glaubens selbst zu interpretieren und zu erklären vermag.
Es handelt sich dabei um den Glauben an eine göttliche moralische Weltregierung. Dieser Glaube ist für FICHTE ganz unmittelbar gewiß und identisch mit dem Wesen des Menschen selbst, das durch die moralische Vernunft konstituiert ist. Vor und jenseits aller Welt besteht diese Struktur. Sie ist übersinnlich, in der Vernunft selbst gegründet und darum nicht beliebig sondern notwendig. FICHTE wendet sich leidenschaftlich gegen den Versuch, dieses absolute Fundament erst in Zweifel ziehen zu wollen und es nachher mit schwachen Stützen wieder aufzurichten. Diese Stützen bezieht man aus der Sinnenwelt, die man als real gegeben voraussetzt, von ihnen aus auf den Weltschöpfer schließt und endlich von diesem höchsten Wesen auf den moralischen Weltregierer. Dieser Weg kann für FICHTE nur grotesk sein; er läuft den Grundprinzipien der Wissenschaftslehre völlig entgegen.
Vom gewöhnlichen, realistischen Verständnis der Welt aus, also innerhalb der Erfahrung und im Bereich der Naturwissenschaften, kann man gar nicht außerhalb der Welt gelangen; man muß in der Welt bleiben. Das absolute Sein und die Welt sind von da aus identisch. Das Postulat, eine Intelligenz hätte die Welt geschaffen, hilft nicht weiter. Es bleibt bei leeren Worten, die nichts erklären. Noch unverständlicher wird die vorgebrachte Argumentation, wenn man sich auf den transzendentalen Standpunkt stellt. Von da aus, und das ist FICHTES Auffassung, ist die Welt gar nichts für sich Bestehendes sondern bloß der Widerschein der eigenen inneren Tätigkeit. Aus der Sinnenwelt kann man deshalb niemals zur moralischen Weltordnung gelangen, wenn man sie nicht schon heimlich vorausgesetzt hat.
Der Glaube an die moralische, göttliche Weltordnung ist einzig in der übersinnlichen Welt begründet.
Den Grund finden wir darin, daß wir absolut tätige Wesen sind, daß aber gleichzeitig unsere Freiheit nicht unbestimmt ist. Sie hat einen Zweck, der in ihr selbst liegt. Die Freiheit ist mit ihrer moralischen Bestimmung identisch! Das ist für uns das schlechthin erste. Daran zweifeln, heißt uns selbst aufheben. Wenn man theoretisch noch

weiter fragte, würde man den Menschen »in das unbegrenzte Bodenlose« stürzen, dorthin, wo ein »grenzenloser Ozean« ist[12]. Die elementare Bindung verhindert das. Wollte ich weiter fragen, dann müßte ich mich mit mir selbst in Widerspruch setzen, mich selber zerstören. Hier liegt das Element, das »den Geist bindet, weil es das Herz bindet«[13]. Die Überzeugung von der moralischen Bestimmung lebt durch keine Logik, sondern durch sich selbst unmittelbar. Insofern ist sie *Glaube*. Indem diese Gewißheit unmittelbare, letzte Gewißheit ist, schließt sie ein, daß das daraus folgende Handeln möglich ist. Aus der Wirklichkeit der sittlichen Bestimmung folgt die Möglichkeit der Ausführung: »Ich kann, denn ich soll«[14].

So ist meine ganze Existenz der Sinnenwelt überlegen und ruht in einem höheren Gesetz. Die Welt bekommt einen anderen Stellenwert. Der entscheidende Überstieg liegt in der Folgerung: »Die sittliche Tat gelingt, zufolge derselben Einrichtung, unfehlbar, und die unsittliche mißlingt unfehlbar.«[15] Im Anklang an PAULUS kann das heißen, »daß jede wahrhaft gute Handlung gelingt, jede böse sicher mißlingt, und daß denen, die nur das Gute recht lieben, alle Dinge zum Besten dienen müssen«[16].

Mit diesem kühnen Satz ist der *Welt* das höhere sittliche Gesetz weit über das hinaus, was KANT hätte sagen können, aufgeprägt. Die höhere sittliche Ordnung ist deshalb eine Weltordnung, eine Weltregierung.

Im Grunde ist der Satz: »Die sittliche Tat gelingt unfehlbar, die unsittliche mißlingt unfehlbar« in der moralischen Terminologie FICHTES ebenso kühn wie die spätere Behauptung HEGELS, daß alles, was wirklich ist, vernünftig, und was vernünftig, wirklich ist. Die Welt steht unter der Leitung der Vernunft; hier bei FICHTE ist es die praktische Vernunft. Daß es sich »unfehlbar« so verhält, ist nur konsequent. Jede Ausnahme oder Abschwächung würde das Ganze stürzen.

Es zeigt sich nun die Bedeutung des Gedankens, daß das Naturgesetz und das Sittengesetz letztlich gleichen Ursprungs sind. Die Welt ist ja vom transzendentalen Standpunkt aus bloß die nach »begreiflichen

12. Über den Grund, Bd. V S. 182.
13. Ebenda.
14. A. a. O. S. 183.
15. A. a. O. S. 184.
16. A. a. O. S. 188.

Vernunftgesetzen versinnlichte Ansicht unsers eigenen innern Handelns«[17]. Das Reelle in den Dingen ist nur, Anlaß zu sein für unsere Pflicht. »Unsere Welt ist das versinnlichte Materiale unserer Pflicht.«[18]

Zusammenfassend formuliert FICHTE in der »Bestimmung des Menschen«: »Von jenem Bedürfnis des Handelns geht das Bewußtsein der wirklichen Welt aus, nicht umgekehrt vom Bewußtsein der Welt das Bedürfnis des Handelns; dieses ist das erste, nicht jenes, jenes ist das abgeleitete. Wir handeln nicht, weil wir erkennen, sondern wir erkennen, weil wir zu handeln bestimmt sind; die praktische Vernunft ist die Wurzel aller Vernunft. Die Handelsgesetze für vernünftige Wesen sind *unmittelbar* gewiß: ihre Welt ist gewiß nur *dadurch, daß jene gewiß sind.* Wir können den ersteren nicht absagen, ohne daß uns die Welt, und mit ihr wir selbst, in das absolute Nichts versinken; wir erheben uns aus diesem Nichts und erhalten uns über diesem Nichts lediglich durch unsere Moralität.«[19] Die moralische Ordnung ist das Göttliche; mithin ist das Rechttun das einzige gültige Glaubensbekenntnis.

Soweit könnten FICHTES Ausführungen bei aller Ablehnung der Begründung des Glaubens aus der Sinnenwelt kaum Ärgernis erregen. Entscheidend aber für die Behauptung, er sei Atheist, ist die These, daß mit dem Gesagten der Glaube bereits vollständig beschrieben sei. Die Probe auf das Verständnis der ganzen Gedankenführung FICHTES bildet der an dieser Stelle auftauchende Kernsatz: »Jene lebendige und wirkende moralische Ordnung ist selbst Gott; wir bedürfen keines anderen Gottes und können keinen anderen fassen. Es liegt kein Grund in der Vernunft, aus jener moralischen Weltordnung herauszugehen und vermittelst eines Schlusses vom Begründeten auf den Grund noch ein besonderes Wesen, als die Ursache desselben, anzunehmen.«[20]

Gerade das Fehlen dieses »Wesens« ruft den Verdacht auf Atheismus hervor. Wenn aber, so meint FICHTE, jemand ein von der Welt verschiedenes Wesen annimmt, um die moralische Weltordnung zu begründen, und ihm Persönlichkeit und Bewußtsein verleiht, dann ist nur die menschliche Beschränktheit hinaufprojiziert, und man hat

17. A. a. O. S. 184.
18. A. a. O. S. 185.
19. J. G. Fichte, Die Bestimmung des Menschen, Bd. II S. 263.
20. Über den Grund, Bd. V S. 186.

nicht Gott gedacht und die moralische Weltordnung nicht erklärt. Sie bleibt absolut wie zuvor, man hat »bloß mit einem leeren Schalle die Luft erschüttert«[21] und versucht, als endliches Wesen das Unendliche zu erfassen.

Diese Aussage ist bedeutsam, da sie gleichzeitig das Argument Feuerbachs vorwegnimmt und auf der anderen Seite entkräftet. Die Vorstellung vom höchsten Wesen, das Persönlichkeit und Bewußtsein hat, ist in der Tat die Projektion. Wer sich Gott so vorstellt, wird Feuerbach nicht entgehen können. Aber es ist nicht Gott. Ein höchstes Seiendes als Person, unendlich gesetzt, ist genau das Phantasieprodukt des Menschen, der sich selbst vergrößernd in den Himmel abbildet. Aber, und das ist vorwegnehmend gegen Feuerbach gesagt, der Mensch ist ein endliches Wesen. Er kann nur das Unendliche nicht umfassen, aber er ist es nicht selbst. Nicht das Unendliche, sondern seine Personifizierung in Menschenähnlichkeit ist die Projektion!

Mit der Abweisung des höchsten Wesens hinter der Ordnung selbst ist auch der Satz Forbergs kritisiert, es sei zweifelhaft, ob ein Gott sei oder nicht. Dieser Satz hatte gerade Fichtes Replik herausgefordert. Es ist vielmehr »das Gewisseste, was es gibt, ja der Grund aller anderen Gewißheit, das einzig absolut gültige Objektive, daß es eine moralische Weltordnung gibt«[22]. Das ist der Ursprung der Konstitution des Ich überhaupt, der absolute Anfang von jedem Bewußtsein, das Grundaxiom der menschlichen Existenz.

Insofern ist Gott das Gewisseste, aber eben als diese Ordnung, nicht als ein besonderes Wesen, eine besondere Substanz *hinter* der Ordnung. Ein solcher Substanzbegriff von Gott wäre »unmöglich und widersprechend«, und »es ist erlaubt, dies aufrichtig zu sagen, und das Schulgeschwätz niederzuschlagen, damit die wahre Religion des freudigen Rechttuns sich erhebe«.[23]

Es war für Fichte unfaßlich, daß er wegen dieses Aufsatzes des Atheismus angeklagt wurde. Von seinem Standpunkt aus können wir diese Reaktion nachvollziehen. Versetzen wir uns aber in den »gesunden Menschenverstand« eines gewöhnlichen Lesers, dem Fichtes Gedankenwelt fremd ist, dann begreifen wir auch, wie provokativ es

21. A. a. O. S. 187.
22. A. a. O. S. 188.
23. Ebenda.

wirkte, wenn er ein besonderes Wesen hinter der Ordnung, das Persönlichkeit, Bewußtsein und Substanz besaß, verneinte.

Fichte hat selbst dazu beigetragen, die Mißverständnisse zu wecken. Besonders fragwürdig ist der Ausdruck von der Ordnung, hinter der kein Ordner stehen soll. Ein Geordnetes scheint doch jemanden vorauszusetzen, der ordnet. Es hilft wenig, daß Fichte betont, es sei eine lebendige und wirkende Ordnung. Darunter kann sich ein gewöhnlicher Leser nichts vorstellen. Erst im Verlaufe des Streites enthüllt Fichte, daß er das Wort »Ordnung« in einer ganz ungewöhnlichen Weise anwende, die aber für ihn die gebräuchliche sei. Diese Erläuterung ist für die Denkweise Fichtes sehr erhellend:

»Sie hören das Wort *Ordnung* nennen. – Nun – diesen Ausdruck verstehen sie wohl. Er bedeutet ein *gemachtes*, schon fertiges – bestimmtes Nebeneinander*sein* und Nacheinander*sein* eines Mannigfaltigen, wie z. B. der Hausrat in ihrem Zimmer in einer gewissen Ordnung steht (ordo ordinatus).«[24] Für Fichte aber bedeutet das Wort etwas ganz anderes: »Wenn ich sonach in Rede und Schrift, die ich für *philosophisch* ausgebe, des Ausdruckes *Ordnung* mich bediene, so ist ohne weiteres klar, und soll ohne weiteres klar sein, daß ich darunter nur ein *tätiges Ordnen* (ordo ordinans) verstehe. In diesem Sprachgebrauch bin ich so befestigt, daß ich kein auf *ung* endendes Wort anders nehme, und z. B. unter *Wirkung* stets den Akt des Wirkens selbst, nie aber, wie es wohl bei anderen Philosophen geschieht, den Effekt verstehe, für welchen letzteren ich das *Bewirkte* sage.«[25]

Ähnlich steht es mit dem Begriff des Seins, den Fichte, wie wir bereits erwähnten, in jener Phase seines Denkens sehr seltsam und wider jeden üblichen Sprachgebrauch benutzt. Es ist ja verständlich, daß Fichte, um die Lebendigkeit hervorzuheben, dem Sein der Substanz das Handeln des Subjekts gegenüberstellt. Aber der Begriff des Seins ist doch tiefer und nicht mit dem Substanzhaften identisch. Indem Fichte Gott das Sein abspricht, ruft er unausweichlich das Mißverständnis hervor, er annihiliere Gott.

Im Verlaufe des Streites sieht er das selbst und korrigiert: »Rein philosophisch müßte man von Gott so reden: Er ist (die logische Kopula) kein Sein, sondern ein *reines Handeln* (Leben und Prinzip einer übersinnlichen Weltordnung), gleichwie auch ich, endliche In-

24. J. G. Fichte, Aus einem Privatschreiben, Bd. V S. 381.
25. A. a. O. S. 382.

telligenz, kein Sein, sondern ein reines Handeln bin: – pflichtmäßiges Handeln, als *Glied* jener übersinnlichen Weltordnung.«[26]

Wenn FICHTE sich selbst, als Ich, kein Sein zuschreibt, dann ist deutlich, daß er nicht meint, Gott sei nichts, sei eine Fiktion. Hätte er doch gleich gesagt: Gott ist kein Sein, sondern er ist ein Handeln! Dann hätte die naheliegende Folgerung: Gott ist kein Sein, also ist er ein Phantasiegebilde des Gehirns, nicht so leicht als seine Meinung ausgegeben werden können. Gott ist das die Welt moralisch ordnende Handeln – ein solcher Satz wäre verstehbarer gewesen als der Ausdruck, die Ordnung sei alles, wir suchten hinter ihr keinen Ordner.

Über die an dieser Stelle gegebenen Klärungen hinaus veranlaßte der Atheismusstreit FICHTE zu einem Weiterdenken in der Gottesfrage selbst.

Die Radikalisierung seines Standpunktes zeigt sich in mehrfacher Hinsicht. Noch vehementer als vorher betont er die Unbegreiflichkeit und Unendlichkeit Gottes, die durch die naive Rede von dem höchsten Wesen gefährdet sind. Er geht so weit, zu sagen: »Dadurch, daß etwas begriffen wird, hört es auf, Gott zu sein; und jeder vorgebliche Begriff von Gott ist notwendig der eines Abgottes.«[27] Damit richtet er eine fromme Schranke auf, die der Tendenz des späteren Idealismus entgegensteht. Gerade SCHELLING und HEGEL suchten Gott zu begreifen. Eine größere Ehrfurcht vor der Unbegreiflichkeit Gottes hätte den Idealismus vor manchen überspekulativen Äußerungen bewahrt, die dann mit zu seinem Sturze beitrugen.

Eine noch entscheidendere Radikalisierung ist aber FICHTES immer deutlichere völlige Entgegensetzung von Sittlichkeit und Glückseligkeit, die er noch in der Kritik aller Offenbarung mit KANT im höchsten Gute vereinigt hatte.

Nunmehr verfällt er in schroffe Antithetik. Die Glückseligkeit gehört zum sinnlichen Standpunkt und ist Ausdruck des Götzendienstes, ja der eigentlichen Gottlosigkeit, der Moralismus dagegen lebt in der übersinnlichen Welt und entspricht dem wahren Gottesdienst. Indem FICHTE seine Gegner, die von der Sinnenwelt auf einen Schöpfer schließen, des götzendienerischen Glückseligkeitsstrebens und damit des eigentlichen Atheismus bezichtigt, sucht er diesen Gesichtspunkt

26. J. G. Fichte, Gerichtliche Verantwortung gegen die Anklage des Atheismus, Bd. V S. 261.
27. A. a. O. S. 266.

polemisch für sich fruchtbar zu machen. Er hat aber damit wenig Erfolg. Denn es war doch nicht möglich, alle seine Gegner als flache Eudämonisten hinzustellen.

Immerhin hat er mit seinem Rigorismus an einer Stelle genau ins Schwarze getroffen. Es ist kein Zweifel, daß im Christentum, selbst in seiner radikal weltentsagenden und asketischen Form, ein gewaltiges Stück Eudämonismus verborgen liegt. Die Hoffnung auf die ewige Glückseligkeit entschädigt für den entgangenen Genuß im Diesseits, die Furcht vor den ewigen Strafen aber hält vom Genuß ab. Ja, das Ziel des Verzichts auf diesseitigen Genuß ist der größere ewige Genuß. Schwerlich können sich diejenigen der Wucht der FICHTESCHEN Argumentation entziehen, die auch im Himmel nur sich selbst suchen und deren religiöse Hauptfrage ist: »Wie werde ich selig?« Bis zuletzt hielt FICHTE an dieser Entgegensetzung fest und geißelt die Mentalität, die spricht: »Herr! es geschehe nur mein Wille, und dies zwar in der ganzen, eben deshalb seligen Ewigkeit, und dafür sollst du auch den deinigen haben, in dieser kurzen und mühseligen Zeitlichkeit.«[28] Er nennt das Aberglaube, Irreligiosität und Lästerung. Wenn FEUERBACH und MARX später behaupten, Religion sei Egoismus, dann treffen sie nur die Frömmigkeit, die bereits FICHTE als Aberglauben bezeichnet hat.

FICHTES Polemik gegen das Glücksstreben übertrifft noch den Rigorismus KANTS, der doch wenigstens die Synthese des höchsten Gutes als erstrebenswert hingestellt hat. Es könnte fast als Widerspruch erscheinen, daß FICHTE nun gleichwohl am Ende, als letztes Wort seiner Religionsphilosophie, eine Anweisung zum *seligen* Leben ausgibt. Das ist aber nicht der Fall. Denn FICHTE identifiziert das Leben als Leben in Gott mit dem Seligsein selbst, ohne daß eine äußere Glückseligkeit als Bedingung der Seligkeit vorgegeben wäre. Der Satz, daß der Tugendhafte selig sei, wird ihm aus einem synthetischen wieder zu einem analytischen wie seinerzeit den Stoikern; KANT hatte das als moralische Schwärmerei bezeichnet.

Die Anweisung zum seligen Leben ist nur von der Weiterentwicklung der Wissenschaftslehre her zu verstehen. Wir müssen uns daher kurz dieser philosophischen Grundlegung neu zuwenden, ehe wir die letzte Phase der Religionsphilosophie FICHTES aufnehmen können.

Das entscheidende Moment in der Weiterentwicklung der Wissen-

28. J. G. Fichte, Die Anweisung zum seligen Leben, Bd. V S. 522.

schaftslehre liegt darin, daß Fichte das reine Ich-Prinzip in den Hintergrund treten läßt und immer stärker den Begriff des *Absoluten* in den Mittelpunkt rückt. Das Absolute ist für die ganze idealistische Denkungsart von zentraler Bedeutung. Es ist an sich der Ausgangspunkt, der nicht weiter begründbar ist, der unabhängig dasteht und den Ort einnimmt, der in der früheren Metaphysik dem Substanzbegriff zukam. Man kann jedenfalls nicht hinter es zurückgehen. Das Absolute kann »nicht außer dem Absoluten gesucht werden«.[29]

Das Absolute ist beweglicher als die Substanz und viel geeigneter, auch als Prinzip der Lebendigkeit zu dienen, wie es der gesamten Denkungsart FICHTES entspricht. Nachdem in der ersten Wissenschaftslehre das Ich gleichsam das Absolute war und deshalb die Frage nach der Ableitung des Ich als absurd zurückgewiesen wurde, ändert das Absolute nun seinen Charakter. Es wird zum Ausdruck für Gott; so kann die Wissenschaftslehre auch geradezu als Gotteslehre bezeichnet werden. Gleichzeitig nimmt FICHTE den Begriff des Seins wieder positiver auf und reserviert ihn nicht mehr nur für das tote, abgeleitete, dinghafte Sein, sondern gebraucht ihn auch für das Sein, das Leben ist. Damit behebt er eine Schwierigkeit, die zu überflüssigen Mißverständnissen geführt hatte.

Das Absolute, als solches verschlossen, ist sich selbst im absoluten Wissen hell. Als Wissen ist das Sein *Da*sein. Das bedeutet, daß das absolute Sein in seinem letzten Geheimnis »geistig«[30] ist. Nur wenn das Innerste des Seins Geist und damit absolutes Wissen ist, ist endgültig manifest, daß das Sein nichts Starres, Substanzhaftes, Totes ist. »Alles Sein ist Wissen. Die Grundlage des Universums ist nicht Ungeist, Widergeist ... sondern selbst Geist. Kein Tod, keine leblose Materie, sondern überall Leben, Geist, Intelligenz: ein Geisterreich, durchaus nichts Anderes.«[31] Es ist zu beachten, wie Gott nicht mehr bloß als sittliche Weltordnung beschrieben wird. Der Begriff des Geistes, der absolutes Wissen in sich schließt, greift über die Ordnung hinaus.

Das absolute Wissen realisiert sich in den wissenden Subjekten, so daß »wir«, unbeschadet der letzten Unbegreiflichkeit Gottes, das absolute Wissen sind. Das bedeutet nun keineswegs, daß »wir« Gott sind,

29. J. G. Fichte, Die Wissenschaftslehre (1804), Bd. X, S. 305.
30. J. G. Fichte, System der Sittenlehre, Bd. XI S. 32.
31. J. G. Fichte, Darstellung der Wissenschaftslehre, Bd. II S. 35.

sondern umgekehrt, daß nur noch das Sein Gottes Wirklichkeit ist und wir, soweit wir sind, in Gott sind. Außer Gott gibt es kein Sein.

In immer neuen mühsamen Anläufen versucht FICHTE das Sein Gottes, sein Dasein, den Begriff, die Freiheit und die Notwendigkeit in eine letzte Ordnung zu bringen und im Absoluten aufgehen zu lassen. Man kann nicht sagen, daß es ihm geglückt ist, seine tiefsten Gedanken in einheitlicher Form abzurunden. Aber es gelang ihm doch, die Konsequenzen dieser letzten Spekulationen um das Absolute, das absolute Wissen und die intellektuelle Anschauung als Selbstanschauung des absoluten Wissens in einer faßlichen Darstellung als Religionslehre zu formulieren. Diesen 1806 gehaltenen Vorlesungen über die Anweisung zum seligen Leben können wir uns nunmehr zuwenden.

FICHTE geht davon aus, daß das Sein nicht, wie man gewöhnlich denkt, starr und tot ist. Er prägt ihm die Lebendigkeit seiner Philosophie auf. Sein und Leben ist ein und dasselbe! Das Sein ist Leben, ist Licht, ist Liebe und darum seinem Wesen nach bereits seliges Sein. Es fällt sogleich auf, daß FICHTE mit den Bestimmungen Leben, Licht und Liebe an das Johannesevangelium anknüpft. Er versteht seine letzte Religionsphilosophie als philosophische Interpretation der Johanneischen Theologie.

Das Sein ist ruhiges Bestehen; es ist durch sich selber. Es gilt der Satz: »Nur das Sein *ist.*«[32] Dieses Sein – als Leben, nicht als Substanz – ist Gott. So gibt es nichts, kein wahres Leben außer Gott. Um selig zu werden, braucht der Mensch darum bloß das Nichtige zu lassen. Er braucht die Seligkeit nicht zu schaffen; er vermöchte es auch nicht. Das Ewige aber ist stets um ihn und in ihm, so daß es in dem Augenblick, da er das Nichtige läßt, zu ihm kommt. Der Gegensatz zwischen der übersinnlich-sittlichen und der sinnlich-glückstrebenden Welt ist damit ein letztes Mal, diesmal in mystischer Vertiefung, aufgenommen.

FICHTE steuert aber keineswegs auf einen irrationalen Mystizismus los. Dieser Gott, der das Sein ist, ist ja als Dasein zugleich das absolute Wissen. So ist das Leben nicht etwa im Sinne moderner Irrationalisten der Widersacher des Geistes. Vielmehr ist *»der Gedanke«*[33] das Element und die substantielle Form des wahrhaftigen Lebens. Nur

32. Die Anweisung, Bd V S. 405.
33. A. a. O. S. 410.

»durch das eigentliche, reine und wahre Denken«[34] können wir Gott und damit das selige Leben ergreifen. Das »reine Denken ist selbst das göttliche Dasein«[35]! Es ist zu beachten: Das Denken ist nicht das göttliche Sein, sondern sein Dasein, mithin sein Offenbarsein im absoluten Wissen, jedoch zunächst im absoluten Wissen Gottes selbst. Niemals ist es so zu verstehen, daß Gott sein Sein nur in unserem Wissen hätte. Dieser das Ganze umkehrende FEUERBACHSCHE Gedanke ist das genaue Gegenteil von dem, was FICHTE aussagen will.

Das göttliche Sein selbst ist zugleich göttliches Dasein. In dieser Bestimmung spricht sich nur genau aus, daß Gott Geist ist. Was für uns getrennt ist, ist für Gott Eins; in ihm ist die Identität von Sein und Geist, also Selbstbewußtsein. Das göttliche *Da*sein ist das göttliche Sein als offenbares Sein betrachtet.

Denn Dasein ist nichts anderes als die »Offenbarung« des ohne Dasein verschlossenen Seins[36]. Diese Identität ist gerade das Geheimnis des Absoluten, das, »so wie es nur durch sich selbst sein kann, auch nur durch sich selber dasein«[37] kann. Darum ist das absolute Wissen das Wesen des absoluten Seins als Leben: »Das reale Leben des Wissens ist daher, in seiner Wurzel, das innere Sein und Wesen des Absoluten selber, und nichts anderes, und es ist zwischen dem Absoluten oder Gott, und dem Wissen in seiner tiefsten Lebenswurzel gar keine Trennung, sondern beide gehen völlig ineinander auf.«[38] Die Körper, die Dinge sind gar nicht in Wahrheit *da*, sondern nur als Bewußtes und Gedachtes im Bewußtsein und Denken. Außer Gott ist einzig das Wissen *da*, »und dieses Wissen ist das göttliche Dasein selber, schlechthin und unmittelbar, und inwiefern wir das Wissen sind, sind wir selber in unserer tiefsten Wurzel das göttliche Dasein«.[39]

Wir sind nicht dieses Dasein als Ganzes, sondern partizipieren daran. Denn FICHTE legt Wert darauf, auch immer wieder darauf hinzuweisen, daß mit dem Absoluten auch ein schlechthin Unbegreifliches mitgegeben ist. Diese letzte Zurückhaltung wird bei ihm viel deutlicher fühlbar als bei SCHELLING und HEGEL.

34. A. a. O. S. 418.
35. A. a. O. S. 418f.
36. A. a. O. S. 439.
37. A. a. O. S. 443.
38. Ebenda.
39. A. a. O. S. 448.

Alle drei zielen aber dahin, den bloßen Glauben durch das Wissen zu erhellen. Die Religion soll deshalb nicht bei einem Glauben stehenbleiben, der sich mit einem heteronomen Fürwahrhalten aus zweiter Hand begnügt. Damit verharrt man auf der Stufe des Aberglaubens. Wahre Religion entsteht erst, wenn der Mensch Gott mit seinem eigenen geistigen Auge anschaut. Nochmals ist mit höchster Kraft die *Autonomie* der Gotteserkenntnis gegen jede Autorität von außen festgehalten. Es ist auch der eschatologische Vorbehalt überstiegen, den PAULUS im Neuen Testament macht, wenn er erklärt: »Denn wir wandeln hier im Glauben, und nicht im Schauen«[40]. Für FICHTE fallen Denken und Anschauen im tiefsten zusammen, da die intellektuelle Anschauung das höchste Erkenntnisvermögen ausmacht. So gilt: »Die Wissenschaft hebt allen Glauben auf und verwandelt ihn in Schauen.«[41]

Diese Aussagen sind keineswegs prometheisch gemeint. Es geht nicht darum, sich Gottes zu bemächtigen, sondern in ihm aufzugehen, letztlich sein eigenes Ich und seine Freiheit zu verlieren, um ganz nur noch in Gott zu leben. Indem ich so in Gott bin, repräsentiere ich ihn und sein Wesen, so daß FICHTE auf die Frage: Was ist Gott? die kühne Antwort zu geben vermag: »Er *ist* dasjenige, was der ihm Ergebene und von ihm Begeisterte *tut.*«[42] Es ist eine radikale Mystik der ethischen Tat, die aber das mystische Schauen mit einschließt. Die Versenkung vollzieht sich in der äußersten Helle des wissenden Bewußtseins.

FICHTE, der beim Ich, welches sich selbst und das Nicht-Ich setzt, begann, endet damit, daß er betont, daß der Mensch nur durch das *Aufgeben* des Ich am seligen Leben in Gott teilnehmen kann.

Die Rangordnungen sind gerade umgekehrt als später bei FEUERBACH bestimmt. »So lange«, betont FICHTE, »nun aber irgend ein Ich noch in irgend einem Punkte der Freiheit steht, hat es noch ein *eigenes* Sein, welches ein einseitiges und mangelhaftes Dasein des göttlichen Daseins, mithin eigentlich eine Negation des Seins ist.«[43] Diese gleichsam vorletzte Stufe ist die höchste, die der Mensch einnehmen kann, wenn er zwar dem Gesetz gehorcht, es aber doch mit eigenem Willen

40. 2. Kor. 5,7.
41. Die Anweisung, Bd. V S. 472.
42. Ebenda.
43. A. a. O. S. 517.

und eigener Freiheit tut. Es ist der Ort der Philosophie und des kategorischen Imperativs KANTS.

Wenn aber durch den höchsten Akt der Freiheit, die sich selbst in Gott aufgibt, diese letzte Ichheit überwunden wird, »fällt das gewesene Ich hinein in das reine göttliche Dasein«[44]. Anders ausgedrückt: »So lange der Mensch noch irgend etwas selbst zu sein begehrt, kommt Gott nicht zu ihm; denn kein Mensch kann Gott werden.«[45] Damit ist die völlige Ablehnung einer Vergottung des Menschen ausgesprochen; selbst eine Bemächtigung Gottes durch den Menschen ist unmöglich, und schon gar nicht ist die Rede davon, daß Gott nur eine Fiktion des menschlichen Bewußtseins sei, im Grunde das mißverstandene menschliche Wesen selbst.

Statt FICHTE in Richtung FEUERBACH auszulegen, scheint es sachgemäßer, sich an dieser Stelle zu überlegen, ob nicht vielmehr eine letzte Versöhnung mit dem Geist SPINOZAS vorliegt. Es ist freilich ein völlig in die idealistische Denkform hinein verwandelter Spinoza: An die Stelle der Substanz ist die absolute Lebendigkeit getreten, an die Stelle der geometrischen Notwendigkeit die Freiheit. Aber im gemeinsamen mystischen Versinken in dem Gott, der Alles in Allem ist und in dem Alles ist, ist etwas Verwandtes spürbar. FICHTES Mystik mutet wie ein ins Lebendig-Freiheitlich-Tätige übersetzter Spinozismus an. Es scheint, als ob erst von *diesem* Standort aus SPINOZA *wirklich* überwunden sei. Sein Gott, der gleichsam in Starrheit gebunden und damit tot war, ist nun wie zum Leben erweckt, aus dem verschlossenen Sein ins offenbare Dasein getreten. Gemeinsam aber ist beiden, SPINOZA wie FICHTE, dieses unbedingte Aufgehen im Ozean Gottes, das eigene Bewußtsein als das Bewußtsein Gottes empfindend, wie FICHTE es sagt, die eigene Gottesliebe als Selbstliebe Gottes erfassend, wie SPINOZA es ausdrückt. Beiden gemeinsam ist diese gegenwärtige Seligkeit, die darin liegt, in Gott und nichts anderes als in Gott zu sein, so daß für SPINOZA die Affekte, für FICHTE aber die ganze Welt versinken.

FICHTE selbst fühlt aber noch eine ganz andere Verwandtschaft. Gott als das Sein des Absoluten, als Leben und Liebe, und sein Dasein als Licht und absolutes Wissen findet er im Evangelium des Johannes wieder. Vorzüglich sind es die Verse des Prologs, dessen tiefsinnige Bildersprache je und je die Interpreten fasziniert und eine spekulative

44. A. a. O. S. 518.
45. Ebenda.

Auslegung herausgefordert hat, die Fichte bewegen. Der junge Fichte stand noch auf dem Standpunkt Fausts: »Im Anfang war die Tat.« Jetzt wird für ihn der Logos das Licht des Wissens als des offenbaren Daseins Gottes.

Wenn Fichte die Verwandtschaft zum johanneischen Denken derart gewichtig herausstellt, dann verfolgt er nicht den Zweck, seine Philosophie mit der Autorität der Bibel zu legitimieren. Sein autonomes philosophisches Selbstbewußtsein ist zu stark entwickelt, als daß es einer solchen Stütze bedürfte. Er empfindet eine echte Affinität. Dies zeigt, in welch hohem Maße der Idealismus sich bestimmten Aspekten des Christlichen nahe fühlte, besonders der Aussage, daß die Spaltung zwischen Gott und Mensch, Gott und Welt überwunden sei. Nirgendwo im Neuen Testament ist dies in eine so prägnante Formel gefaßt wie in dem Wort aus dem Johannesprolog, daß der Logos Fleisch geworden sei. Wir haben bereits darauf hingewiesen, daß der Idealismus dahin tendiert, diese exklusiv christologische Aussage universal auszulegen. Gleichzeitig erhebt er das konkret-historisch Gemeinte, als einmaliges und außerordentliches Wunderereignis Gedachte zum allgemeinen metaphysischen Prinzip.

Die Kirche beurteilte das als Verfälschung der christlichen Lehre durch die Idealisten. Diese ihrerseits aber verstanden es als die philosophische Entschlüsselung der tieferen, eigentlichen Wahrheit des von der Kirche bloß historisch aufgefaßten und damit im Grunde mißverstandenen, ja unverstandenen Glaubens.

Für Fichte konzentriert sich diese Auseinandersetzung auf Johannes, den er allein als den »Lehrer des ächten Christentums gelten«[46] lassen will. Dieses muß »reiner und vollendeter Ausdruck« der »Vernunft« sein, wenn es auf Wahrheit und Gültigkeit Anspruch erheben will[47]. Johannes aber ist vorzüglich der Evangelist, der vor der Vernunft Achtung hat.

Der Logos ist die Vernunft, und indem der Logos *am Anfang* bei Gott ist, ist das Dasein Gottes eins mit dem Sein Gottes und ist nicht etwa erst nachträglich geworden. Indem dieser Logos auch Wort, also Ausdruck und Offenbarung ist, ist er das Bewußtsein seiner selbst und Gottes. Weiter sind alle Dinge durch den Logos gemacht. Darin findet Fichte seine Lehre ausgedrückt, daß die Welt Derivat des Gedankens

46. A. a. O. S. 476.
47. Ebenda.

ist und nicht an sich besteht.
So ist für ihn der Johannesprolog der Ausdruck seines eigenen Gottesverständnisses, das er an diesem Leitfaden in knappster Form so zusammenfassen kann: »Ebenso ursprünglich als Gottes inneres Sein ist sein Dasein, und das letztere ist vom ersten unzertrennlich, und ist selber ganz gleich dem ersten: und dieses göttliche Dasein ist in seiner eigenen Materie notwendig Wissen: und in diesem Wissen allein ist eine Welt und alle Dinge, welche in der Welt sich vorfinden, wirklich geworden.«[48]
Die Differenz zu Johannes erscheint jedoch, wie wir schon erwähnten, in der christologischen Zuspitzung. Bei Johannes gewinnt der Logos im historischen Jesus von Nazareth persönlich-sinnliches Dasein. Er wird geschichtlich. Das ist für FICHTE die zeitbedingte, zu überwindende Vorstellung. Es geht letztlich um die »absolute Einheit des menschlichen Daseins mit dem göttlichen«[49] als tiefste Erkenntnis, aber eben um die Einheit des gesamten Menschseins mit Gott, nicht nur um die spezielle wunderbare Gottmenschheit Jesu Christi. An dieser Stelle ist die den ganzen Idealismus durchziehende Tendenz klar ausgesprochen. Wir finden Ähnliches bei HEGEL wieder. Es ist der entscheidende Punkt, an dem idealistische Religionsphilosophie und kirchliche Theologie auseinandertreten.
Wohl würdigt FICHTE die historische Erscheinung Jesu. Vor ihm ist die Einsicht in die Einheit des menschlichen Daseins mit dem göttlichen nicht dagewesen. Seine Erscheinung hat sie hervorgebracht, und alle Verständigen werden sich bis ans Ende der Tage vor Jesus »tief beugen«[50]. Aber nicht diese historische Menschwerdung, nicht der Kreuzestod, nicht die Auferstehung *schaffen* das Heil. Sie stellen es nur dar, aber es ist im Grunde ewig.
Lapidar spricht es FICHTE aus: »Nur das Metaphysische, keineswegs aber das Historische, macht selig.«[51]
Von besonderer Bedeutung an FICHTES Erklärung des Johannesprologs ist über diese Differenzierung des Historischen und Metaphysischen hinaus die erneuerte und endgültige Polemik gegen die Weltschöpfung und gegen Gott als Weltschöpfer. Dieser der Aufklärung so liebe

48. A. a. O. S. 481.
49. A. a. O. S. 483.
50. A. a. O. S. 485.
51. Ebenda.

Gedanke war für FICHTE bereits zur Zeit des Atheismusstreites ein Ungedanke, da für ihn die Realität der Welt sekundär ist. FICHTE versäumt nicht, die Aussage des Johannesprologs, daß alle Dinge durch den Logos gemacht sind, gegen die Schöpfungsgeschichte des Alten Testaments auszuspielen. Die betonte Anknüpfung des Johannesprologs an die ersten Sätze des Alten Testaments kommt ihm dabei zu Hilfe.

Dem »Im Anfang – schuf Gott« der »jüdischen« Religion[52], die Gott und Welt abstrakt scheidet und der Welt ein Gott entgegengesetztes Sein an sich zubilligt, setzt er Johannes gegenüber: Im Anfang »schuf Gott nicht«, sondern es – »war schon; es war das Wort«[53], in dem alle Dinge gemacht sind. Damit ist ein letztes Mal nicht der Atheismus, wohl aber der Akosmismus FICHTES bekräftigt.

Im Lichte dieses Logos lebt die Liebe, die höher ist als die Vernunft, ja die »Quelle der Vernunft« ist »und die einzige Schöpferin des Lebens und der Zeit«[54].

Wenn wir diesen großartigen, mit johanneischer Substanz durchtränkten Appell Fichtes zum seligen Leben mit dem noch ganz in kantisch-nüchternen Bahnen sich bewegenden Versuch der Kritik aller Offenbarung zusammenhalten, erkennen wir deutlich, welch weiten Weg FICHTE zurückgelegt hat. Wenn wir andererseits von diesem Anfang und diesem Ende her den als atheistisch gebrandmarkten Aufsatz über den Grund unseres Glaubens an eine göttliche Weltregierung bedenken, dann wird eindeutig klar, daß die Anklage auf Gottlosigkeit auf absurden Mißverständnissen beruhte, soweit sie nicht einfach böswillig war.

FICHTES Denken ist teilweise einseitig und gewaltsam. Er hat die großen, anregenden Gedanken des Idealismus als erster gedacht. Er war der ungestüme Anreger, aber es war ihm nicht vergönnt, der reife Vollender zu sein. Zu seinen Schwierigkeiten mag gehören, daß er zugleich leidenschaftlich emotional und ungemein abstrakt dachte. So kam er nie ganz über die Ambivalenz zwischen der Unmittelbarkeit des Anschauens, in dem alles schlechthin evident und gewiß ist, und dem durch den Begriff vermittelten Wissen hinaus. Er wollte zum absoluten Wissen vordringen, ohne die Unmittelbarkeit preiszuge-

52. A. a. O. S. 479.
53. A. a. O. S. 479 f.
54. A. a. O. S. 541 f.

ben. Der Idealismus wollte beides, ohne es zusammenbringen zu können. Es trat bei SCHLEIERMACHER, der auf das unmittelbare Gefühl setzte, und HEGEL, der das vermittelte Wissen forderte, in schroffem Gegensatz auseinander.
Unverlierbar ist die Einsicht FICHTES, daß das Absolute nur als Lebendigkeit erfaßt werden kann, nie aber als tote Substanz. Ebenso tief ist die immer wieder betonte Erkenntnis, daß dieses Sein nicht als geschlossenes, dunkles aufgefaßt werden darf, sondern als in sich helles Dasein, also als Geist verstanden werden muß, wenn wir überhaupt sinnvoll von Gott reden wollen.
Fragwürdig ist seine Theorie von der Setzung der Welt, auch wenn er sie später aus dem Ich in den Logos verlegt hat. In der intoleranten Schroffheit seiner unbedingten Forderung beruhte zum Teil sein Scheitern. Ein Mehr an verstehender Güte hätte den Hochflug des Idealismus nicht gefährdet.
Bewundernswert bleibt die unbedingte Stärke seiner Gewißheit, die sich durch keinen Zweifel erschüttern läßt. Daß es Wahrheit, dem Menschen zugängliche und klar zu begreifende Wahrheit gebe und daß er an ihr teilhabe, ist ihm »nicht so gewiß, wie die Sonne am Himmel, oder dieses Gefühl meines Körpers, sondern unendlich gewisser«[55].

55. A. a. O. S. 554.

3. Gott und sein Grund

Friedrich Wilhelm Joseph von Schelling (1775–1854)

Schelling ist uns in seiner ersten Phase als der Identitätsphilosoph begegnet, der Natur und Geist, Ideales und Reales harmonisch – ästhetisch vereinigt[1]. Sein romantischer Pantheismus erfaßt Gott als das Unendliche und das eine All, das sich in Raum und Zeit vielfältig in der Endlichkeit darstellt. Die Natur erscheint als der schlummernde Geist, der im Menschen zu sich selbst kommt.

Schon früh zeigt sich, daß Schelling bei dieser heilen Welt nicht bleiben kann. Es erweist sich ihm bei schärferer Analyse als unmöglich, das Endliche aus dem Unendlichen wirklich abzuleiten. Das Hervortreten des Endlichen wird zum unvermittelten Abbruch. Wird diese Dissonanz durch ein christliches Bild ausgedrückt, dann bedeutet das, daß diese so wunderbare Welt in den Schatten des Sündenfalls eingetaucht wird.

Dieser schon 1804 geäußerte Gedanke ist nur das erste Anzeichen der gewaltigen Kehre, die Schelling entschlossen vor allem seit seinem Umzug nach München 1806 vollzieht. Es ist die große Wende zur Anerkennung des Dunklen, Irrationalen und Fragwürdigen in der Realität. Gleichzeitig bedeutet es eine Annäherung an das Christliche. Der personale Gott, der als der Herr des Seins über der Welt steht, drängt das Pantheistische zurück.

Mit dieser Entwicklung steht Schelling in den Tendenzen der Spätromantik, die unter heftiger Abstoßung der Aufklärung immer mehr das Dunkle, Irrationale betont und in einer Rückwendung zur Vergangenheit die christliche Tradition neu belebt. Für Schelling wurde dabei weniger die Erweckungsbewegung, die in die Restauration mündete, als vielmehr die christlich-theosophische Spekulation bedeutsam. Es ist jene Sonderlinie christlicher Tradition, die nicht spirituali-

1. Vgl. U. Neuenschwander, Gott im neuzeitlichen Denken, Bd. I.

stisch und naturfeindlich war, sondern sich mit der Naturphilosophie der Renaissance verband und deren Wurzeln tief bis in die mittelalterliche Alchemie oder gar bis zur Weisheit der Kabbala reichten. Die theosophische Strömung war in der Kirche immer nur als Rand- oder Untergrunderscheinung gegenwärtig. Sie taucht nunmehr in spezifisch romantischer Färbung wieder auf.
Im Münchner Kreis gewinnt vor allem Franz von BAADER (1765–1841) auf SCHELLING Einfluß. Die eigentlichen Befruchter seines Denkens aber werden Friedrich Christoph OETINGER (1702–1782) und Jakob BOEHME (1575–1624).
SCHELLING, der zeit seines Lebens unterwegs war und sich immer neuen Anregungen öffnete, wird oft nicht in der Kontinuität und Einheit seines Denkens verstanden. Man hat versucht, seine Philosophie in fünf oder noch mehr Phasen einzuteilen. Es ist aber doch wohl Horst FUHRMANS zuzustimmen, wenn er sagt: »Schellings Gesamtphilosophie kennt darum, wie ich glaube, nur *zwei* große Perioden.«[2] Wir dürfen deshalb die Spätphilosophie als Einheit darstellen, auch wenn diese christliche Theosophie in drei Versionen vorliegt.
Einen ersten Anlauf unternimmt SCHELLING 1809 mit den »Untersuchungen über das Wesen der menschlichen Freiheit«. Es ist dies das letzte bedeutende Werk, das er veröffentlichte und womit er eine breite Wirkung erzielte. Daraufhin vertiefte er sich in die Arbeit, die sein philosophisches Lebenswerk werden sollte, die er aber nicht zu vollenden vermochte, so daß sie das Denkmal seines tragischen Scheiterns wurde. Es ist dies die Philosophie der *Weltalter*. Die vielen Entwürfe gediehen nicht über den ersten der vorgesehenen drei Teile hinaus. Zweimal gab SCHELLING diesen ersten Teil in Druck und zog ihn wieder zurück. Endlich resignierte er. Der dritte Versuch liegt in der Philosophie der Mythologie und Offenbarung vor. Es handelt sich dabei vorwiegend um die Berliner Vorlesungen von 1841. Wie weit die Dunkelheit dieser Philosophie Tiefsinn, wie weit altersbedingtes Nachlassen der Schöpferkraft ist, bleibt umstritten. Die drei Konzeptionen haben, bei aller Differenzierung im einzelnen, doch ein einheitliches Gefälle. Unter dem Eindruck Jakob BOEHMES wird die Zerrissenheit und Dunkelheit der Welt in ihrer Tiefe erfaßt und auf Gott selbst zurückgeführt. SCHELLING geht gleichsam daran, das Gottesdrama,

2. H. Fuhrmanns, Schellings Philosophie der Weltalter, Düsseldorf 1954, S. 6.

das BOEHME mythisch erzählt, mit den raffiniertesten Mitteln der idealistischen Dialektik ins Spekulative zu erheben. Beherrschend ist die Frage nach dem *Bösen*, im Zusammenhang damit nach der Freiheit, die nicht nur ihre lichten Aspekte hat. Die Philosophie der Freiheit geht davon aus, daß das Böse jede harmonische Lösung der Weltfrage vereitelt. Das Böse aber ist mit der Freiheit gegeben; die Freiheit indes ist Wesensbestimmung des Menschen.

Wie jedoch kann der Mensch gleichzeitig von Gott abhängig und doch frei sein? SCHELLING antwortet, daß der Mensch zwar dem Werden, aber keineswegs dem Sein nach abhängig sei. Wenn nämlich Gott selbst das Prinzip der Freiheit in sich hat und nicht wie bei SPINOZA notwendig-starre Substanz ist, dann widerspricht es der Idee Gottes nicht, daß er Freies, Selbständiges setzt. »Gott ist nicht ein Gott der Toten, sondern der Lebendigen.«[3] Dieses Christuswort legt SCHELLING auf die Frage nach der Freiheit der Menschen hin aus. So sind die Wesen, die aus Gott folgen, »so wie Gott ist«[4]. Das gilt aber nur in bezug auf die Freiheit, nicht schlechthin etwa in bezug auf das Ungewordensein. Gott wird nur durch die Vergegenständlichung von Wesen offenbar, die ihm ähnlich sind, also selbsttätig und lebendig.

Wohl ist alles in Gott, nichts außerhalb Gottes; aber es ist nicht als totes Ding in Gott. Der Fehler SPINOZAS »liegt keineswegs darin, daß er die Dinge *in Gott* setzt, sondern darin, daß es *Dinge* sind«.[5]

Der bisherige Idealismus sah nur den formellen Begriff der Freiheit und deshalb auch die harmonische Bewußtseinsentwicklung. Der Realismus SPINOZAS dagegen hat keine Freiheit und keine Lebendigkeit. Der Real-Idealismus dieser Philosophie der Freiheit SCHELLINGS umfaßt das Ganze und taucht damit die Freiheit in die Problematik des Dunklen, Irrationalen ein. So kommt SCHELLING zu der lapidaren Feststellung: »Der reale und lebendige Begriff (der Freiheit) aber ist, daß sie ein Vermögen des Guten und des Bösen sei.«[6]

Worin jedoch gründet das Böse? Wenn von Gott nur das Positive

3. Die Werke Schellings werden zitiert nach: Schellings Werke, ed. M. Schröter, Münchner Jubiläumsdruck 1958. In Klammer beigefügt sind die Band- und Seitenzahlen der Originalausgabe.
   Philosophische Untersuchungen über das Wesen der menschlichen Freiheit, Bd. IV, S. 238 (VII S. 346).
4. A. a. O. S. 239 (S. 347).
5. A. a. O. S. 241 (S. 349).
6. A. a. O. S. 244 (S. 352).

kommt, dann muß man entweder das Böse als positiv auffassen und verharmlosen oder einen Dualismus setzen, der untragbar ist. Es muß also, so schließt SCHELLING, die Möglichkeit, die Basis des Bösen *in Gott* gesucht werden, sonst müßte ja die Freiheit, die auch ein Vermögen des Bösen ist, eine »von Gott unabhängige Wurzel haben«[7]. Ein solcher Dualismus aber, der an das Manichäische erinnert, wäre nur »ein System der Selbstzerreißung und Verzweiflung der Vernunft«[8]. Das führt auf ein tieferes Erfassen Gottes selbst. Gott kann nicht als reine Idealität gedacht werden. »Gott ist etwas Realeres als eine bloße moralische Weltordnung«[9], wendet SCHELLING gegen FICHTE ein, und in diesem Realeren muß der Grund des Bösen gefunden werden. Aber wie ist es denn mit diesem Realen in Gott und seinem Verhältnis zum Idealen?

An dieser entscheidenden Stelle bringt SCHELLING einen für ihn außerordentlich charakteristischen Gedanken vor. Es ist bei einer Sache zwischen dem Wesen, sofern es existiert, und dem Wesen, sofern es nur *Grund* der Existenz ist, zu unterscheiden. Für alles außer Gott nun liegt der Grund seiner Existenz außerhalb seiner, nicht aber für Gott.

»Da nichts vor oder außer Gott ist, so muß er den Grund seiner Existenz in sich selbst haben.«[10] Diese Bestimmung scheint zunächst nicht weiter als zu dem alten Grundsatz von der causa sui zu führen, daß eben nur Gott seiner Existenz selbst mächtig sei. Bisher hatte man diesen Grund vor allem logisch gedacht, nicht als das eigentlich Reale, das der Existenz Gottes zugrunde liegt. SCHELLING aber schließt nunmehr weiter: Der Grund in Gott ist als Grund nicht Gott selbst als existierendes Wesen. Gott hat also etwas *in sich*, was nicht Er selbst ist, nämlich seinen Grund! Aber dieser, obwohl er nicht Gott selbst ist, ist doch nicht außer Gott. Dieser Grund kann auch mit den alten Naturtheosophen als die »Natur«[11] in Gott bezeichnet werden. Er ist die reale Basis für die Existenz des existierenden Gottes. Der Grund geht Gott voran, weil Gott als Existierender dieses Grundes bedarf, gleichzeitig aber geht Gott dem Grund voran, weil der Grund ja nur ist, wenn Gott existiert; er ist ja in Gott. Es ist also nicht zuerst ein

7. A. a. O. S. 246 (S. 354).
8. Ebd.
9. A. a. O. S. 248 (S. 356).
10. A. a. O. S. 249 (S. 357).
11. A. a. O. S. 250 (S. 358).

Grund für sich da und dann Gott; dann hätte Gott seinen Grund außer sich.

Im Auseinandertreten Gottes und seines Grundes findet ein Auseinandertreten der idealen und der realen Momente statt. Der Grund ist Realmoment als Basis der Existenz Gottes. Weil er das Reale repräsentiert, folgt, daß auch die Dinge, die durch Gott entstehen, aus diesem Grund stammen. Sie haben deshalb von ihrer Entstehung her Anteil am Dunklen, Irrationalen und damit an der Möglichkeit zum Bösen, die im idealen, »existierenden«, als Geist, Person und Liebe wesenden Gott nicht ist. Der Grund selbst ist aber nicht etwa als böse zu charakterisieren. Er trägt nur die Möglichkeit des Bösen in der Verselbständigung des Chaotischen und Maßlosen, das in der realen Natur liegt, in sich. Dies ist für SCHELLING der einzig wahre Dualismus, weil er letztlich von der Einheit ausgeht. Gott und sein Grund sind ja nicht zwei entgegengesetzte Wesen. Wir haben es hier mit der ins Spekulative umgeschriebenen Spannung von Jakob BOEHMES erstem und zweiten Prinzip zu tun[12].

Der Grund Gottes, der dunkel und real ist, ist »die Sehnsucht, die das ewig Eine empfindet, sich selbst zu gebären«[13]. Diese Aussage über den Grund, die auch an BOEHME erinnert, hat das Mißverständnis hervorgerufen, SCHELLING meine, dieser dunkle Schoß wolle Gott als den hellen, aktuellen Geist gebären. Das ist aber gerade nicht die Meinung SCHELLINGS. Er billigte nie dem Realen den Vorrang vor dem Idealen zu, sondern setzte die Indifferenz beider an den Anfang. Das wird bei der Analyse des Gottesgeschehens in den »Weltaltern« noch deutlicher werden. Mit dem »sich gebären« meint SCHELLING, daß der Grund sich durch die Realisierung der Welt darstellt.

SCHELLING hat zweifellos das Mißverständnis selbst produziert, aber er hat seine Meinung sogleich präzisiert. Gegen ESCHENMAYERS Einwand in diesem Punkt erläutert er: »Es ist in Gott außer dem, was in ihm eigentlich *Er Selber* ist, ein anderes von diesem verschiedenes, obgleich nicht abzutrennendes Prinzip, dessen Charakter Sehnsucht ist, und zwar bestimmt Sehnsucht, das Göttliche in sich zu empfangen und *darzustellen.*«[14] Gegen GEORGII aber betont er: »*Der* Gott, der in

12. Vgl. U. Neuenschwander, Gott im neuzeitlichen Denken, Bd. I.
13. F. Schelling, A. a. O. S. 251 (S. 359).
14. F. Schelling, Antwort auf das Schreiben von Eschenmayer, Bd. IV, S. 545 (VIII S. 169 f.).

der Natur von Gott gezeugt wird, ist nicht der Gott kat' exochen, nur Gott der *Sohn.*«[15]

Der Grund stößt auch nicht die Schöpfung, schon gar nicht den geistbegabten Menschen einfach aus sich heraus. Gott selbst als Ganzes hat ja den »Willen zur Natur« gefaßt[16]. Darum ist in der Schöpfung auch Licht, das Licht des sich in der Natur emporringenden Geistes. Da tritt der »in der Tiefe verschlossene göttliche Lebensblick«[17] ans Tageslicht, der in die Tiefe des Grundes gefallen war, als Gott den Willen zur Natur faßte. So ist der Mensch auf das Lichte, den Geist, die Liebe hin angelegt, aber er trägt die Möglichkeit des Bösen in sich, die dann auch real wird.

Die Verworrenheit, mit der SCHELLING an dieser Stelle die Schöpfung beschreibt, kann nicht befriedigen. Die Anteile des Grundes und des Lichtes sind nicht deutlich auseinandergehalten. Dazu kommt noch die Schwierigkeit, daß das Reale nie ohne Ideales, das Ideale nie ohne Reales ist. Dadurch kompliziert sich der Zusammenhang noch mehr. Die Philosophie der Weltalter bringt in die in der Philosophie der Freiheit gegebene Darstellung der Schöpfung noch einiges Licht. Wir werden darauf zurückkommen müssen.

Die Schwierigkeit besteht für SCHELLING darin, zwischen dem rein idealen Gott und der Geburt Gottes aus dem dunklen Chaos hindurchzukommen, da er die Welt nicht ohne Anteil am Geist darstellen will. In der Betonung der Einheit und Zweiheit zugleich, also im Dualismus, der von der Einheit ausgeht, sind der Geist und die Liebe die führenden Mächte, doch soll das Reale als Basis auch der realen Welt mit einbezogen sein. Etwas weniger rätselhaft als mit dem Satz vom »verschlossenen Lebensblick« führt er auch aus: Gott ist »durch die Verbindung des idealen Prinzips in ihm mit dem (relativ auf dieses) unabhängigen Grunde, da Basis und Existierendes in ihm sich notwendig zu Einer absoluten Existenz vereinigen, die höchste Persönlichkeit; oder auch, wenn die lebendige Einheit beider Geist ist, so ist Gott, als das absolute Band derselben, Geist im eminenten und absoluten Verstande. So gewiß ist es, daß nur durch das Band Gottes mit der Natur die Personalität in ihm begründet ist, da im Gegenteil der Gott des reinen Idealismus, so gut wie der des reinen Realismus notwendig

15. G. L. Plitt, Aus Schellings Leben in Briefen, Leipzig 1869 f., Bd. II, S. 222.
16. Untersuchungen, Bd IV, S. 255 (VII S. 363).
17. Ebd.

ein unpersönliches Wesen ist, wovon der Fichtesche und Spinozische Begriff die klarsten Beweise sind. Allein weil in Gott ein unabhängiger Grund von Realität und daher zwei gleich ewige Anfänge der Selbstoffenbarung sind, so muß auch Gott nach seiner Freiheit in Beziehung auf beide betrachtet werden. Der erste Anfang zur Schöpfung ist die Sehnsucht des Einen, sich selbst zu gebären, oder der Wille des Grundes. Der zweite ist der Wille der Liebe, wodurch das Wort in die Natur ausgesprochen wird und durch den Gott sich erst persönlich macht.«[18]

Das heißt zum mindesten, daß die Schöpfung aus der Freiheit Gottes gewollt ist und nicht nur aus der Sehnsucht des Chaotischen erwachsen konnte, und daß der Entschluß des Willens der Liebe die Personalität Gottes bereits vor der Schöpfung konstituiert. Zugleich bedeutet es, daß »Gott« im Sinn des ganzen Personseins unter der Führung des Willens der Liebe nicht das Böse gewollt hat, aber es ist nicht außerhalb seiner entstanden. Die Möglichkeit des Bösen hat wohl in der Dunkelheit des Grundes einen gleich ewigen Anfang wie die ganze Schöpfung, aber nicht gleiche Ewigkeitsgeltung im Hinblick auf das Ziel der Schöpfung. Das Weltgeschehen hat ein Ziel. Die Hoffnung auf die endgültige Überwindung des Bösen gehört zu der Geschichte Gottes und der Schöpfung. Damit kommt in SCHELLINGS Darstellung ein eschatologisches Moment, das aber nicht nur die Schöpfung allein betrifft, sondern Gottes Vollendung mit einbezieht. Während FICHTES Absolutes und SPINOZAS Substanz in sich vollendet sind und deshalb auch das selige Leben bei ihnen Gegenwart sein kann, spielt sich bei SCHELLING die Vollendung als Drama ab.

Fragt man SCHELLING, warum denn der Umweg über das Böse notwendig sei und weshalb Gott nicht gleich von Anfang an den vollkommenen Zustand geschaffen habe, dann erteilt er die tiefsinnige Antwort: »Weil Gott ein Leben ist und nicht bloß ein Sein.«[19] Damit ist dem Aristotelischen Gott des unbewegten Seins der Abschied gegeben, und Gott selbst ist in die Veränderung und die Zeit mit einbezogen; der Mythos BOEHMES ist spekulativ gefaßt.

Indem Gott *lebt*, ist er auch dem Gesetz der Entwicklung unterworfen oder, besser, er hat sich selbst freiwillig unterworfen, indem er aus der Indifferenz heraustrat, Licht und Finsternis (vorerst in sich selbst)

18. A. a. O. S. 287 (S. 395).
19. A. a. O. S. 295 (S. 413).

schied, sein Selbstbewußtsein ergriff, sich aktualisierte und damit die Natur zu seinem Grund machte, mit einem Wort: indem er *persönlich* wurde. Wie alles Leben, so hat auch das göttliche Leben ein Schicksal und ist mit dem Werden auch dem *Leiden* untertan.

In Selbstwerdung und Weltschöpfung vollzieht sich *sein* Schicksal; er steht nicht außerhalb des Ringens. Es fallen die entscheidenden Worte: »Ohne den Begriff eines menschlich leidenden Gottes, der allen Mysterien und geistigen Religionen der Vorzeit gemein ist, bleibt die ganze Geschichte unbegreiflich.«[20]

Durch das Leiden hindurch erreicht aber Gott sein Ziel. Die Natur wird botmäßig, die Finsternis dem Licht untertan, das Böse ausgeschieden. Indem die ganze Schöpfung in Gott sein wird, ist Gott Alles in Allem, und zwar Gott als Geist, mehr noch: als Liebe. Denn der Geist ist nicht das höchste, er ist nur »der Hauch der Liebe«[21]. SCHELLING kommt hier zu ganz ähnlichen Wendungen wie FICHTE, nur daß er das eschatologische Ziel beschreibt, FICHTE aber die Seligkeit des gegenwärtigen Daseins des Absoluten.

Die Liebe ist von Anfang an das letzte Ziel. Die Differenz von Grund und Aktualität in Gott ist ja auch nicht der erste Anfang, sondern bereits die zweite Stufe in der Geschichte Gottes. Vorher ist die absolute Indifferenz da. Vor allem Grund und allem Existierenden, vor aller Dualität aus der Einheit ist der Urgrund oder Ungrund. Die ursprüngliche Identitätsphilosophie ist nicht vergessen. Der Ungrund ist die Abwesenheit aller Gegensätze und letztlich die Liebe, aber die Liebe nicht als aktuelle, existierende. Dies kann sie erst nach der Spaltung in Grund und Existieren sein. Denn »dies ist das Geheimnis der Liebe, daß sie solche verbindet, deren jedes für sich sein könnte und doch nicht ist, und nicht sein kann ohne das andre«[22].

Hat SCHELLING in dieser Philosophie der Freiheit vor allem die Situation gekennzeichnet, in der die Natur in Gott zur Schöpfung ruft, so unternimmt er es nun in der Philosophie der Weltalter, den ganzen Prozeß zu beschreiben und das Geschehen schon im Ungrund genauer darzustellen. Von diesem Unternehmen aus fällt noch manches Licht auf das in der Philosophie der Freiheit teilweise recht dunkel Ausgeführte.

20. Ebd.
21. A. a. O. S. 297f. (S. 405f.).
22. A. a. O. S. 300 (S. 408).

Der große Entwurf der Weltalter ist im Grunde nichts anderes als eine Geschichte Gottes und seiner Verwirklichung, aber nicht nur eine Geschichte Gottes mit seiner Schöpfung, sondern die Erhellung dessen, was sich in Gott vom Uranfang abgespielt hat.

Die Weltalter enthalten die drei Teile Vergangenheit, Gegenwart und Zukunft. Vergangenheit ist das vorweltliche Stadium Gottes, Gegenwart der Zustand der bestehenden Schöpfung und Zukunft das Reich Gottes, in dem auch die Schöpfung ihren endgültigen, ruhenden Bestand in Gott gefunden haben wird.

Von der gängigen christlichen Tradition unterscheidet sich diese Schau dadurch, daß Gott selbst eine Entwicklung durchmacht und auch nicht eines Tages die Schöpfung aus nichts schafft, ohne daß das für ihn eine Veränderung bedeutete. Ebenso verschieden aber ist SCHELLINGS Gedanke von einem dynamischen Pantheismus, der Gott durch die Weltentwicklung hindurch zu sich selbst kommen läßt und dem Menschen einen wesentlichen Anteil an der Gottwerdung Gottes gewährt, indem im Bewußtsein des Menschen erst Gott zu sich kommt. Endlich entfernt sich SCHELLING von seiner eigenen Vergangenheit, indem er die transzendente Persönlichkeit Gottes stärker betont. Sein Gott ist nicht mehr das All, transzendental als Einheit betrachtet, sondern er ist der *Herr* des Seins. Das ist eine Annäherung an das überlieferte christliche Gottesverständnis, aber kein Aufgehen darin, weil die Entwicklung Gottes der kirchlichen Tradition nicht entspricht.

SCHELLING sucht durchgängig seinen Real-Idealismus festzuhalten, indem er das Reale und das Ideale ins Gleichgewicht bringt. So kann er in der Verwirklichung Gottes zwei Momente auseinanderhalten, die im Pantheismus vermengt werden. Die Bewußtwerdung Gottes als die Verwirklichung des Idealen und als Konstituierung seiner Personhaftigkeit fällt nicht zusammen mit der Selbstdarstellung oder Vergegenständlichung oder Offenbarung Gottes in einer realen Welt. Diese Unterscheidung ist ein eminenter Fortschritt, der viele Unklarheiten überwindet.

Die vielen Entwürfe der Weltalter selbst kommen nicht über den ersten Teil, die vorweltliche Entwicklung Gottes, hinaus. Es ist begreiflich, daß SCHELLING nicht weiterkam. Da eine solche Beschreibung des vorweltlichen Gottes überhaupt keinen Anhalt an der Erfahrung hat und sich keinerlei Kriterien zeigen, die Wahrheit einer aufgestellten These zu prüfen, sind die verschiedensten Varianten sozusagen gleichberechtigt; der konstruktiven Phantasie sind keine Zügel angelegt. Die Ambivalenz kann zwischen allen Entwürfen hin und her schwanken, besonders zwischen einer mehr hellen und einer mehr düsteren Sicht.

Eindeutig für SCHELLING ist, daß wir bei der absoluten Indifferenz, beim Urgrund oder Ungrund Gottes, einsetzen müssen, der in der Philosophie der Freiheit beschrieben ist. Dieser Ungrund ist als reine Potentialität wie nichts, »wie die lautere Freiheit ein Nichts ist; wie der Wille, der nichts will, der keiner Sache begehrt, dem alle Dinge gleich sind und der darum von keinem bewegt wird«[23]. In diesem Zustand des Ungeschiedenseins von Realem und Idealem ist noch kein Selbstbewußtsein möglich, Gott ist infolgedessen auch noch nicht im eigentlichen Sinne Person. Noch ungeschieden sind Grund und eigentliche Existenz Gottes.

Dieser Ungrund, der SCHELLING mit der mystischen Tradition verbindet, ist nun aber nicht die schwarze Nacht oder gärende Finsternis. Er ist »die reine Froheit in sich selber«[24], »die gelassene Wonne ... die stille Innigkeit«[25], also ein heller, seliger Zustand, in dem die verborgenen Abgründe noch nicht aufgebrochen sind.

Man kann diese indifferente Ruhe Gottes auch als »stilles Sinnen«[26] beschreiben, in dem Gott aber seiner selbst nicht bewußt ist. Er ruht ganz in sich, aber als ruhender *Geist,* wenn auch noch nicht zur Aktualität zusammengefaßter Geist. Dieses Vorstadium des noch nicht personhaft-bewußten Geistes, der aber von Anfang an etwas anderes als Natur, Nacht und Abgründigkeit ist, kann nur in Steigerungen umschrieben werden: Er ist »über alle Geister, der geistigste Geist, reiner unfaßlicher Hauch, gleichsam der Geist von allem Geist«[27]. Die Gottheit ruht wie ein Kind, das noch nicht um seine Möglichkeiten und Abgründe weiß, aber sie schon in sich trägt.

In dieser seligen Verschlossenheit, dieser reinen Implikation (Einfaltung) kann Gott nicht verharren, denn es fehlt die Entfaltung (Explikation) aller schöpferischen Möglichkeiten Gottes, das Gestaltwerden

23. M. Schröter, F. Schelling, Die Weltalter, Fragmente, München 1946, S. 15. (Die Weltalter werden nach dieser Ausgabe zitiert außer dem »Bruchstück« 1813, das in Werke Bd IV aufgenommen ist.)
24. A. a. O. S. 16.
25. Ebd.
26. A. a. O. S. 17.
27. F. Schelling, Die Weltalter, Bruchstück (1813), Bd IV, S. 613 (VIII S. 237).

aller Mächte in Gott selbst, aber auch ihre Offenbarung in der realen Gestaltung einer Welt.

Die Geschichte Gottes kommt in Bewegung, indem sich in Gott selbst die Mächte zu regen beginnen und Reales und Ideales sich scheiden. In dieser Differenzierung erst wird Sein und Bewußtsein. Es beginnt auch schon die Offenbarung, das Heraustreten aus der Verschlossenheit, die Selbstdarstellung Gottes, jedoch noch nicht die reale Schöpfung. Aus dem ursprünglichen Willen, der »nichts will«[28], weil er als still Sinnender ruht, wird der Wille, der will. Damit gestaltet sich die erste Spannung in Gott selbst. Zwei polare Mächte treten auseinander. Einmal ist es das »kontrahierende«, egoistische Prinzip, das gleichzeitig die geballte Kraft und die Selbsterhaltung der Persönlichkeit darstellt und damit auch die Voraussetzung aller Schöpferkraft und Energie ist, gleichsam das erste Prinzip Boehmes. Daneben steht das »expandierende« Prinzip der Liebe. Die erste Bewegung ist die Kontraktion; die Liebe erhebt sich dagegen. Aus dieser Spannung entstehen Bewegung und Leben überhaupt. »Dieser Widerspruch gebiert ihren Aufbruch, ja, er ist das Zeugende alles Lebens ... Was zum Handeln treibt, ja zwingt, ist allein der Widerspruch. Ohne Widerspruch ... wäre keine Bewegung, kein Leben, kein Fortschritt, sondern ewiger Stillstand, ein Todesschlummern aller Kräfte.«[29]

In diesem ersten Prozeß ersteht die erste Welt, aber keineswegs die reale Welt, sondern die ideale der Ideen in Gott. Gegenüber der Ideenwelt Platons oder auch den Ideen im Logos der neuplatonischen Metaphysik besitzen Schellings Ideen aber nicht die größte Realität, die die Realität der Welt weit übertrifft. Das ideale Sein kann in diesem Real-Idealismus keine mächtigere Realität haben als das reale Sein. An dieser Stelle findet eine bedeutsame Umschichtung der Seinsmächtigkeiten der Ideen statt.

Die Ideenwelt ist deshalb nicht die eigentliche Welt, von der die konkrete Welt bloß ein Abglanz ist. Sie ist vielmehr nur so etwas wie eine vage Traumwelt. Die Ideen sind auch nicht ewig und unveränderlich wie bei Platon, sondern tauchen in Gott auf und versinken wieder. Es sind auch nicht abstrahierte Allgemeinbegriffe, sondern Bilder und schon deshalb nur eine Vorschattung des Leiblichen, Sinnlichen, Realen. In diesem Gestaltwerden der idealen Traumbilder

28. M. Schröter, a. a. O. S. 18.
29. F. Schelling, a. a. O. S. 595 (S. 219).

beginnt Gott seine schöpferischen Möglichkeiten zu fühlen.
Bis dahin ist für SCHELLING die Entwicklung deutlich. Nun aber ergeben sich die beiden Möglichkeiten, zwischen denen er schwankt: Beginnt schon in der Ideenwelt die Abgründigkeit, oder wiegt die selige, spielerische Harmonie in diesen Träumen Gottes vor? Darüber Erkenntnisse sammeln zu wollen ist unmöglich; wenn SCHELLING darüber spekuliert, wundert uns nicht, daß er zu keiner Entscheidung gelangt.
Er kann einmal sagen, die Bildung der Ideen sei die »spielende Lust im anfänglichen Leben Gottes«[30]. Im großen und ganzen aber verlegt er doch schon in diese Phase die Tiefe des Konflikts, der bereits durch die Spannung der Kontraktion und Extraktion gegeben ist. Die Gottheit empfindet in dem Augenblick, da sie aus der Indifferenz heraustritt, die ganzen Gegensätze, möchte eigentlich in die Stille zurück, kann es aber nicht mehr. Der Prozeß ist irreversibel. Reales und Ideales treten in heftigem Kampf gegeneinander an, um die Herrschaft zu erlangen. In der Gottheit selbst ist kein ruhiges Sein mehr, sondern »ein beständiger Wechsel von Sterben und Leben«[31].
Nicht nur die beiden Schichten Reales und Ideales trennen sich. Es gibt ja für SCHELLING nie das rein Reale und das rein Ideale, sondern in der Natur ist immer auch Geist, in der Idealität auch Reales, nur dominiert je eine Kraft in je einer Schicht. So entbrennt der Kampf in Gott auch innerhalb der Schichten selbst. Das bedeutet, daß sich auch in der idealen Schicht die Bildung der Ideen nicht so hell und spielerisch vollzieht. Gott träumt nicht nur selige, sondern auch schreckliche Träume. Das Unvernünftige, Dunkle, Irrationale dringt hinein. An Stelle der von Licht erfüllten Innigkeit, in der das Urwesen mit den Ideen spielte, brütet nun »das in diesem Widerstreit existierende Wesen wie in schweren, aus der Vergangenheit ... aufsteigenden Träumen; bald mit wachsendem Streit ziehen jene Geburten der Nacht wie wilde Phantasien durch sein Inneres, in denen es zuerst alle Schreckniß seines eigenen Wesens empfindet«[32]. Die herrschende Empfindung ist die Angst. Ja, die Gottheit ringt am Rande des Wahnsinns. So ist bereits in der Gottheit selbst, noch vor der Schöpfung, das Dämonische gegenwärtig. Indem Gott seine Schöpfungs-

30. M. Schröter, A. a. O. S. 30.
31. A. a. O. S. 36.
32. F. Schelling, a. a. O. Bd IV, S. 712 (Bd. VIII S. 336).

macht ahnt, treten alle grauenhaften Möglichkeiten der Natur vor sein Inneres.

Gott selbst muß so durch das Dunkel und den Schmerz hindurch, bis er alles ins Helle wenden kann. Er muß die mögliche Fehlentwicklung in sich selbst überwinden und die maßlosen, ungeheuren Mächte des Realen seinem Geist unterwerfen.

In diesem Zusammenhang greift SCHELLING das uralte Symbol des sinnlos ewig rollenden Rades des Lebens auf. Wenn Liebe und Logos in Gott von den dunklen, mächtig wütenden, ungezügelten Kräften des Realen überwältigt würden, dann bliebe Gottes schöpferische Potenz »ewige Zerrüttung, ewiges Chaos, ewige Qual und Angst«[33]. Gott muß gleichsam von diesem sinnlos ewig rollenden Rad erlöst werden. Die Lösung des drehenden Rades der Gottheit wird zur entscheidenden Aufgabe. Es ist aber keine Rede davon, daß etwa der Mensch der Erlöser der Gottheit oder des Seins sei. Die Funktionen, die SCHOPENHAUER, Eduard von HARTMANN oder SCHELER dem Menschen zutrauen, sind hier überhaupt nicht erwogen. Gott selbst muß in sich diese Tat vollbringen. Die Lösung geschieht, indem sich der Geist in Gott als die in Wahrheit stärkere Macht erweist.

Damit gelangt Gott in eine neue Helligkeit, die höher ist als die ursprüngliche. Jetzt erst ist die Möglichkeit gegeben, eine Welt zu schaffen, die gebändigt ist und die Realisierung der Liebe ermöglicht.

In einem weiteren Entwurf läßt SCHELLING nicht den Wahnsinn in Gott einbrechen, sondern er hält Natur und Geist mehr auseinander. Er bezeichnet sie nun als die Notwendigkeit und Freiheit Gottes. Wieder entsteht das rollende Rad. Aber die Erlösung erfolgt hier dadurch, daß die Notwendigkeit Gottes, d. h. die irrationale Natur, der Freiheit Gottes begegnet, die von allem trüben Wahnsinn frei ist. Bei dieser Konfrontation wird sie ihrer wirklichen Funktion inne und unterwirft sich. »In dem Anblick des Höchsten lernt jedes Prinzip die ihm zukommende Stelle kennen.«[34] Dieser Augenblick bedeutet die eigentliche Selbstfindung Gottes, in der das Chaotische überwunden, das Rad erlöst wird. Der Augenblick, in dem die Hierarchie in Gott bewußt wird, ist die Selbstkonstituierung Gottes als Geist. Er weiß sich nun als Geist, hat sich entschieden, Geist zu sein, und wird damit Person.

33. M. Schröter, a. a. O. S. 54.
34. F. Schelling, a. a. O., Bd. IV, S. 616 (VIII S. 240).

Das alles geschieht vor der Schöpfung, so daß SCHELLING nunmehr die Schöpfung in einer Weise verstehen kann, die der christlichen Tradition nähersteht. Sie stammt aus dem freien Willen des persönlichen, über der Welt stehenden Gottes.
SCHELLING schildert den Vorgang der Schöpfung geradezu mythisch. Die Ideen als Schattenbilder des Seins bitten und klagen um mehr Realität. Sie sind nur »wie Träume und Visionen, die wohl wirklich werden *könnten*, wenn er den *nicht* Seienden riefe, daß sie *seiend* seien; aber noch ist jener Wille in sich gewendet, noch gleichgültig gegen das Sein, und nimmt sich desselben nicht an«[35].
Durch den Ruf der Ideen wird Gott zur Entscheidung genötigt. Bisher hat er nur kontemplativ die Ideen *angeschaut*, jetzt ist er zur *Tat* gerufen. Bisher hat er sich als Bewußtsein erfahren, jetzt erfährt er sich als *Macht*. Als Wille, als Herr des Seins vermag er das Sein hervorzubringen. Bisher war alles die Selbstentwicklung Gottes im Innern, nunmehr erfolgt als Entscheid der Freiheit die Wendung nach außen. Gott könnte die Welt schaffen, könnte es auch nicht tun. Es zu tun ist ein irreversibles Geschehen; Gott kann nicht mehr zurück. Aber Gott hatte die Freiheit, es zu tun oder zu lassen, nachdem die Ideen nach Realität verlangten. »Hier ist also der Wendepunkt zwischen Notwendigkeit und Freiheit. Bis hierher war der Fortschritt des göttlichen Lebens ein notwendiger, schreitet es von jetzt an fort, so ist dies nur vermöge eines freien göttlichen Entschlusses ... Wenn also die Gottheit des Seins sich angenommen, sich tätlich durch es geoffenbart (wie wir denn als wirklich geschehen erkennen müssen), so konnte der Entschluß dazu nur aus der höchsten Freiheit kommen.«[36]
Die geschaffene Welt ist eine Evolution von unten nach oben. Aber die Entwicklung vollzieht sich nicht sehr harmonisch. SCHELLING erlebt die Welt in der ganzen Leidenschaft ihres Kampfes, in dem Ringen von Licht und Finsternis, in der Tiefe des Leidens und der Schwermut und in der Gefährdung ihres Bestandes. *»Wo nicht Kampf, da ist nicht Leben.«*[37] *»Alles Leben muß durchs Feuer des Widerspruchs gehen, Widerspruch ist des Lebens Triebwerk und Innerstes.«*[38]
So legt SCHELLING eine faszinierende Schau der Gesamtentwicklung

35. A. a. O. S. 657 (S. 281).
36. A. a. O. S. 676 (S. 300).
37. Untersuchungen, Bd. IV, S. 292 (VII S. 400).
38. Die Weltalter, Bd. IV, S. 697 (VIII S. 321).

Gottes und der Welt vor. Man kann so etwas als Mythos erzählen, aber nicht als philosophische Wahrheit erweisen. Es ist nicht zufällig, daß SCHELLING immer neue Varianten entwarf und nie zu Ende kam. Das Unternehmen ist unmöglich, so war er gescheitert, ehe er begann. Diese Feststellung hindert nicht, den Tiefsinn seiner Aussagen zu würdigen. Es sind tiefe Einsichten in die wahnsinnig-chaotischen Möglichkeiten der Realität, die zu der Formkraft des Geistes und dem Willen zur Liebe in unerhörter Spannung stehen. Wie ist das alles auf einen einheitlichen schöpferischen Grund zurückzuführen? SCHELLINGS Bemühungen warnen gleichzeitig vor einem ontologischen Dualismus, diesem System der verzweifelten Selbstzerreißung der Vernunft, und einer vorschnellen Harmonisierung, die die Abgründe zudeckt. Der philosophische Mythos SCHELLINGS bleibt aufwühlend und beunruhigend, auch wenn das Phantastische dieser Lösungsversuche deutlich zutage tritt.

Gegen Ende seines Lebens unternahm es SCHELLING noch, seine »positive« Philosophie, die das Konkret-Reale einbezieht, der »negativen« HEGELS, die spekulativ in der logischen Notwendigkeit verbleibt, gegenüberzustellen. Er entwickelte seine Gedanken in den Vorlesungen über die Philosophie der Mythologie und Offenbarung. Sie fanden aber kein Echo mehr. Als SCHELLING 1841 nach Berlin berufen wurde, um dem Hegelianismus entgegenzutreten, ergriff er mit großen Hoffnungen die Chance, den alten Gegner doch noch überwinden zu können. Das Unternehmen endete in einer bitteren Enttäuschung. Das Zeitalter war weitergeschritten. Nicht einmal mehr die Fragestellung der Idealisten und Spätromantiker wurde verstanden. Es war die Stunde der STRAUSS, FEUERBACH, BAUER, MARX[39].

Diese letzte Philosophie SCHELLINGS erfährt verschiedene Beurteilung. Die einen halten sie für seine reifste Leistung, andere sehen in

39. In jene Jahre gehören: D. F. Strauss, Glaubenslehre (1840), K. Marx, Differenz der demokritischen und epikureischen Naturphilosophie (1841), L. Feuerbach, Das Wesen des Christentums (1842), Bruno Bauer, Das entdeckte Christentum (1843), K. Marx, Zur Kritik der Hegelschen Rechtsphilosophie (1844), M. Stirner, Der Einzige und sein Eigentum (1844). Diese radikalen und materialistischen Denker des Linkshegelianismus führen den Geist der Zeit an und negieren Hegel auf ganz andere Weise, als es Schelling gleichzeitig versucht. In den Sturz Hegels wird der gesamte Idealismus mit hineingerissen, und Schelling steht verlassener da als je zuvor.

ihr das Erlahmen der Gestaltungskraft. Noch stärker ausgeprägt als in den »Weltaltern« ist die Hinwendung zum Christlichen. Die Religionsgeschichte mit ihrer Mythologie erscheint als der Vorbau der tieferen Offenbarung der erlösenden Wahrheit in Christus. Das Christentum ist die Wahrheit des Heidentums. Das Drama der Erlösung wird zentral, da der Sündenfall und die Zerrissenheit der Welt in ihrer ganzen Tiefe ausgesprochen sind. Immer wichtiger wird für SCHELLING in der Darstellung Gottes die Vorstellung der Trinität. Auch von dieser Seite her vollzieht sich eine stärkere Annäherung an die kirchliche Überlieferung, aber das Ganze bleibt doch in die theosophische Spekulation eingebettet.

4. Der Gott des absoluten Geistes

Georg Wilhelm Friedrich Hegel (1770–1831)

Wie man das Werk Hegels im übrigen auch beurteilen mag, so ist doch bei Freunden und Gegnern eines unbestritten: Hegel nimmt in der Entwicklung des abendländischen Geistes eine entscheidende Schlüsselposition ein. Er hat als letzter die gesamte geschichtliche Bewegung vom griechischen wie vom biblischen Anfang her in einer umfassenden Einheit zusammengedacht. Insofern ist er der Vollender des abendländisch-christlich-humanen Philosophierens.

Nach dem Tode Hegels jedoch vollzog sich der gewaltige revolutionäre Bruch, der die zweite Hälfte des 19. Jahrhunderts kennzeichnet, in der Auseinandersetzung um die Gültigkeit dieser universalen Synthese, die Gott und Welt, Subjekt und Substanz, Geist und Stoff, Denken und Sein, Vernunft und Geschichte versöhnte. Es sind gerade die Schüler Hegels selbst gewesen, die die Methode des Meisters gegen dessen eigene tiefste Absichten kehrten und den unversöhnlichsten Gegensatz von Gottesglauben und Humanität, Christentum und Philosophie, Religion und Vernunft, Tradition und Zukunft verkündigten.

Das letzte und oberste Ziel der Denkungsart Hegels war es, »die Vernunft mit der Religion zu versöhnen«[1]. Umgekehrt aber wurde es das leidenschaftlichste Anliegen der nachhegelschen kritisch-radikalen revolutionären Strömung, das Band zwischen Vernunft und Christentum endgültig zu zerreißen.

Da Hegel die Philosophie nicht nur als Weltweisheit auffaßte, sondern sie in der Frage nach Gott, nach dem Absoluten gipfeln ließ, nimmt er auch in unserer Untersuchung eine zentrale Stellung ein. Wir haben ihn bereits im ersten Teil als Vollender der Philosophie der

1. G. W. Hegel, Vorlesungen über die Philosophie der Religion II, Bd. 16, S. 355. (Die Werke Hegels werden zitiert nach der Jubiläumsausgabe, 4. Aufl. Stuttgart 1965).

Vernunft zur Sprache gebracht[2]. Doch ist die Bestimmung Gottes als der absoluten Vernunft bloß ein Teilaspekt seiner Gesamtschau. An dieser Stelle sind nunmehr die umfassenderen Gesichtspunkte zur Geltung zu bringen.

HEGELS Denken über Gott, Mensch und Welt ist nur von seiner gesamten philosophischen Methode aus verstehbar. Deren wichtigste Grundzüge sind deshalb zuerst in Erinnerung zu rufen. HEGEL hat die *dialektische* Methode zur Vollendung gebracht. Er steht damit in der Tradition des deutschen Idealismus, der seit FICHTE die starre Verstandesargumentation der Aufklärung zu überwinden sucht.

Da es kaum angeht, den Sinn der dialektischen Methode auf einen einzigen Nenner zu bringen, stellen wir einige Grundelemente nebeneinander, deren Zusammenwirken das Spezifische dieser Denkmethode ausmacht.

1. Für HEGEL vollzieht sich nicht nur das Geschehen, sondern auch das Denken in einer sinngerichteten *Bewegung*. Es verharrt nicht auf fixierten Gesichtspunkten, sondern schreitet, sich verwandelnd, vorwärts. In diesem Denken ist etwas Heraklitisches. HEGEL selbst hat geäußert, in seine Lehre seien alle Sätze jenes antiken Philosophen eingegangen, dessen Grundanschauung in dem Satze zusammengefaßt wurde, alles sei im Fluß. Das Werden, nicht das Sein ist das Material unseres Erkennens. Deshalb soll man auch nicht einfach ein einzelnes Moment festhalten und als *die* Wahrheit ausgeben. Das Einzelne ist stets nur eine Einseitigkeit und ein Element des Ganzen. »Das Wahre ist das Ganze. Das Ganze aber ist nur das durch seine Entwicklung sich vollendende Wesen.«[3]

2. Dieses Ganze ist aber, trotz seiner letzten Sinnfülle, kein harmonisch Vollendetes. Die Welt ist voller Gegensätze. Auch jener Satz HERAKLITS, daß der Kampf der Vater und König aller Dinge sei, gehört zur Denkungsart HEGELS. Schon der allererste Schritt, den das Gegebene, das Unentwickelte, das Ansich des Dinges tun muß, um sich zu entfalten, ist ein Heraustreten, also eine Äußerung, eine Entäußerung, ein Gegenübersetzen, ein Gegensatz, eine Vergegenständlichung, eine Negation, eine Entfremdung. Damit ist der dialektische Prozeß, der durch alle Widersprüche führt, eingeleitet. Das Zusichkommen führt nur über die Selbstentzweiung.

2. Vgl. U. Neuenschwander, Gott im neuzeitlichen Denken, Bd. I.
3. G. W. Hegel, Phänomenologie des Geistes, Bd. 2, S. 24.

In der abstrakten Terminologie Hegels ausgedrückt heißt das, daß das Ansich zum Fürsich werden muß, bis es sich im Anundfürsich vollendet.
Dieser ganze Prozeß der Entäußerung, der Negation der ursprünglichen Position ist nichts Harmloses. Die Gegensätze, die sich in den jeweiligen Extremen sammeln, suchen sich gegenseitig zu vernichten, obgleich sie, jeder für sich, keineswegs die ganze Wahrheit darstellen. In langem Kampf bildet sich endlich der Weg zur Wahrheit aus. Sie ist das Resultat unendlicher Mühe der Arbeit am Negativen. Zu ihr gehört aber der ganze Weg; Wahrheit ist nicht als blankes Resultat abstrahierbar. Ebensowenig kann sie am Anfang prinzipiell gesetzt werden. Solches wäre nur die leere Tiefe der unentwickelten Behauptung. Die Tiefe muß ausgeschritten werden.
3. Das Auseinandertreten, die Negation, der Kampf der Extreme sind aber nicht das Ziel der Entwicklung selbst. Der Sinn des Ganzen ist vielmehr das Zusichselbstkommen des Ganzen. Die Entfremdung ist nur Durchgangspunkt. Es kommt alles auf die Vereinigung der beiden Grundarten des Erkennens, des *Gegensatzes* und der *Bewegung*, an. Durch die Bewegung hören die Gegensätze auf, in einer Endgültigkeit zu erstarren. Der Gegensatz wird fließend und kann sich in der höheren Vereinigung auflösen. These und Antithese finden sich in der Synthese als dem dritten Glied des dialektischen Dreischrittes. Deshalb bietet die Weltschau Hegels nicht das trostlose Bild einer endgültigen Zerrissenheit, wie sie das unglückliche Bewußtsein charakterisiert, das Hegel dem abstrakten Verstandesdenken etwa der Aufklärung zuschreibt. Der Weltprozeß bietet vielmehr den Anblick einer immer neuen Überwindung der Gegensätze in einer höheren Einheit, in der sie aufgehoben sind. Es ist dies die *Versöhnung*, logisch gesprochen die *Vermittlung*. Echtes Erkennen von Wahrheit ist immer vermittelt. Das Unmittelbare ist nur vorläufiger Anfang. Das Gesetzte und das zum Andern Gewordene, aus ihm Herausgesetzte, Entäußerte, Entfremdete erfahren ihre Verwandtschaft, ja ihre *Identität*. Die Entdeckung der Identität ist die letzte Offenbarung der Wahrheit. Es ist aber keine direkte Identität, da ja gerade der Charakter des erscheinenden Andersseins vorausgesetzt ist. Es ist ein tieferes Zusammengehören, die *Identität des Identischen mit dem Nichtidentischen*. Die billige Identität wäre beispielsweise der banale Pantheismus: Gott und Welt sind dasselbe. Die Hegelsche Identität aber ist die vermittelte: Der von Gott getrennte, endliche Geist und die Welt als die Entäuße-

rung Gottes im Gesamten erfahren ihre Zusammengehörigkeit mit Gott und sind *als* die Anderen eins mit ihm. Es liegt alles an dem Verständnis der indirekten Identität, die den Widerstand des Andersseins ernst nimmt. Eine Identität als Kurzschluß führt die Denkweise HEGELS sofort ad absurdum.

4. Diese Identität löst die idealistischen Gegensätze auf. Im Idealismus finden wir als das grundlegende Gegensatzpaar *Subjekt* und *Substanz*, Bewußtsein und Sein, Ideales und Reales. SCHELLING sucht diesen Gegensatz zu überbrücken, indem er die Identität an den Anfang setzt, nicht als Resultat, sondern als Voraussetzung, vor aller Scheidung in Subjekt und Objekt; diese Identität findet er unmittelbar kraft der intellektuellen Anschauung. HEGEL bezeichnet diese Weise, zur Identität zu gelangen, als die »Nacht«, worin »alle Kühe schwarz sind«, und als die »Naivität der Leere an Erkenntnis«[4]. Für HEGEL ist die Erkenntnis der Identität erst das Letzte.

Das Substanzhafte, Tote muß so lange durchdrungen werden, bis es als das Andere des Geistes erfaßt wird. Es kommt »alles darauf an, das Wahre nicht als *Substanz*, sondern ebensosehr als *Subjekt* aufzufassen und auszudrücken«[5]. »Die lebendige Substanz ist ferner das Sein, welches in Wahrheit Subjekt oder, was dasselbe heißt, welches in Wahrheit wirklich ist, nur insofern sie die Bewegung des Sichselbstsetzens oder die Vermittlung des Sichanderswerdens mit sich selbst ist.«[6]

Die Dialektik von Substanz und Subjekt ist letztlich dieselbe wie diejenige von *Notwendigkeit* und *Freiheit*. Der gesamte Idealismus hat um das Problem der Freiheit gerungen und sich gegen den Mechanismus der Aufklärung und den Determinismus SPINOZAS aufgelehnt. HEGEL führt das Problem auf die Frage Substanz-Subjekt zurück. So ist seine Philosophie eine Philosophie der werdenden, wachsenden Freiheit. Bereits die Logik vollzieht im Schritt von der objektiven zur subjektiven Logik den Gang von der Notwendigkeit zur Freiheit[7]. Für die Realität aber gilt, daß die Weltgeschichte »die Entwicklung des Bewußtseins des Geistes von seiner Freiheit und der von solchem Bewußtsein hervorgebrachten Verwirklichung« darstellt[8].

4. A. a. O. S. 22.
5. Ebd.
6. A. a. O. S. 23.
7. G. W. Hegel, Wissenschaft der Logik, II, Bd. 5, S. 9ff.
8. G. W. Hegel, Vorlesungen über die Philosophie der Geschichte, Bd. 11 S. 101.

5. Da Sein und Bewußtsein als die beiden Seiten derselben Wahrheit letztlich identisch sind, sind die Realdialektik der Wirklichkeit und die Idealdialektik der Logik weitgehend gleichlaufend. Die Logik zeichnet gleichsam die Gedanken Gottes nach, die sich in der Realität entsprechend verwirklichen. Diese enge Bindung von Bewußtsein und Sein verursacht eine gewaltige Schwierigkeit für die Gesamtinterpretation der Philosophie HEGELS. Wenn nämlich die Realdialektik das entscheidende Moment ist, dann kommt in das Ganze eine atemberaubende Dynamik wirklicher Entwicklung. Das Gewicht liegt auf der Evolution, dem echten Fortschritt. Wenn aber die Realdialektik bloß die Kehrseite der logischen Entwicklung ist, dann wird die Welt doch letztlich statisch. Das Ganze ist ein bloßer Bewußtseinsprozeß, indem das, was an sich schon immer war, durch die Negation des Fürsich hindurch endlich im Anundfürsich in Wahrheit erkannt wird.

Bei SCHELLING war die Selbstverwirklichung Gottes in zwei Phasen geschieden. Gott wird als Selbstbewußtsein vorweltlich Person, um dann durch die Erschaffung der Welt die Ideen seines Bewußtseins zu realisieren. Bei HEGEL können wir die beiden Seiten nicht derart einfach zeitlich auseinanderhalten. Die Interpretation HEGELS hängt weitgehend davon ab, ob man bei HEGEL primär die logische Darstellung findet, die sich im Realen spiegelt, oder den dramatischen Realprozeß, der durch die Logik erhellt wird. Das hat seine schwerwiegenden Konsequenzen für das Gottesverständnis. Wird Gott auf den Prozeß reduziert, in dem er zu seinem Selbstbewußtsein kommt? Aber wozu bedürfte es dann der wirklichen Geschichte mit all ihrem Leiden, all ihrer Mühsal? Kann ein bloßer Bewußtseinsprozeß dermaßen mühevoll sein und eine ganze Schöpfung erfordern? Würden dann nicht HEGELS Vorstellungen über Gott und Welt zu eben jener »Fadheit« herabsinken, die er dort sieht, wo »der Ernst, der Schmerz, die Geduld und Arbeit des Negativen« fehlen[9]?

Es ist eindeutig, daß beim jungen HEGEL, nicht nur in den theologischen Jugendschriften, die dynamische Realdialektik stärker zum Ausdruck kommt, in der »Wissenschaft der Logik« dagegen die Entwicklung des Gedankens im Vordergrund steht. Zweifellos ist bei HEGEL, je weiter er fortschreitet, eine Stärkung der logischen Seite festzustellen. Dennoch halten wir daran fest, daß es ein Mißverständnis wäre, ihn so zu interpretieren, daß die Realdialektik in der logi-

9. Phänomenologie, Bd. 2, S. 23.

schen Dialektik untergegangen wäre. Die frühe Dynamik ist nicht erstarrt. Wir dürfen nicht unter dem Eindruck der revolutionären junghegelianischen Kritiker HEGEL ins Statisch-Konservative verzeichnen und das echt Evolutionär-Fortschrittliche übersehen.

Die ganze Frage nach dem Verhältnis der logischen zur realen Dialektik hat über HEGEL hinaus die weitreichendsten Folgen gezeitigt. Sie wirkt sich auf die Auseinandersetzung zwischen Karl MARX und den übrigen Linkshegelianern, speziell Bruno BAUER und Ludwig FEUERBACH, aus. MARX wirft den beiden vor, sie verlören sich in der Darstellung des Bewußtseinsprozesses und vernachlässigten die Realität, die nur durch Praxis und nicht durch Gedanken zu verändern sei. Wir werden in den Kapiteln über FEUERBACH und MARX ausführlich darauf zurückkommen, in welcher Weise diese Frage die Interpretation der Religion im atheistischen Linkshegeltum wesentlich mitbestimmt hat.

6. Da HEGEL vom Umfassenden, Ganzen her denkt, ist für ihn stets der Gesichtspunkt des Absoluten und nicht der des einzelnen Individuums maßgeblich. Das Absolute ist keineswegs die Abstraktion des Einzelnen, das Unendliche nicht die Projektion des Endlichen. Gott ist nicht die Schöpfung des Menschen, sondern der endliche, menschliche Geist ist das Sekundäre und Abgeleitete und partizipiert am Absoluten. Erst die Umkehrung dieser Hierarchie ermöglicht den Linkshegelianern den Atheismus mit Hilfe der dialektischen Methode. Bei HEGEL aber führt in der Identität der Gegensätze der Geist vor der Substanz, das Absolute vor dem Relativen, Gott vor der Welt und dem Menschen. Damit ist bei ihm freilich auch die Rücksichtslosigkeit des Ganzen gerechtfertigt, das den einzelnen für seine Zwecke aufopfert.

Mit diesen Hinweisen sind die Grundzüge der Methode HEGELS skizziert. Aus ihnen ergibt sich bereits die zentrale Stellung, die Gott als absoluter Geist in dem Gesamtdenken HEGELS einnimmt. Die Frage nach Gott bildet den Höhepunkt seiner Philosophie. Es wird auch schon deutlich, daß nicht wie bei SCHELLING die Natur, die mehr das Unbewußte, Substanzhafte, Ungeistige repräsentiert, sondern die Geschichte als der Raum des sich zur Freiheit emporringenden Geistes das eigentliche Kraftfeld darstellt.

Auch die Religion wird demnach den Weg von der Natur zum Geiste zurücklegen müssen und erst in der Religion des absoluten Geistes ihre Ruhe finden. Darüber hinaus aber wird die Religion, die die Wahrheit in der Gestalt der Vorstellung in sich trägt, durch die philosophische Fassung in der Form des Begriffs erst in ihrer ganzen Wahrheit begriffen werden. Das Glauben wird im Wissen aufgehoben und darin die eigentliche Erfüllung finden.

Diese Aufhebung des Glaubens im Wissen, der Religion in der Philosophie bedeutet aber nicht etwa den Atheismus und die Beseitigung der Religion. Für HEGEL ist das Aufheben, das die Wahrheit der Religion auf höherer Ebene aufbewahrt und verklärt und nur die unvollkommene Form ersetzt, kein »Vergehen«, kein »Untergang« der Religion[10], da das »Reich Gottes für ewig gegründet ist«[11]. Nur die Aufklärung als der endliche Verstand ist die Negation der Religion, die Philosophie des Geistes dagegen die »*Verklärung* des Glaubens in der Philosophie«[12].

Wenn auch die Religion sich selbst erst in der Religionsphilosophie durchsichtig wird, so ist sie doch als Wahrheit schon vor der Philosophie da und kann durch keine Philosophie geschaffen werden. Die Philosophie setzt vielmehr die Religion im Menschen bereits voraus und fügt der Substanz nach nichts Neues hinzu. Wollte sie es tun, dann wäre dies »ebenso verkehrt, als wenn man in einen Hund Geist hineinbringen wollte dadurch, daß man ihn gedruckte Schriften kauen ließe«[13]. Die Philosophie kann bloß die vorhandene Religion verstehend durchdringen.

Das scheint HEGEL besonders in seinem Zeitalter dringlich, in dem die Religion mit dem allgemeinen Geistesleben entzweit ist. Die Versöhnung des religiösen Gefühls mit der erkennenden Vernunft ist die zeitgerechte Aufgabe der Philosophie, der »Gott und nichts als Gott und die Explikation Gottes«[14] der höchste Gegenstand ist.

Die Religion ist, auf den allgemeinsten Ausdruck gebracht, die *Erhebung des endlichen Lebens zum unendlichen Leben.* Sie ist nur dem Menschen als Geist möglich; es geht ja um die Erhebung des endlichen Geistes zum unendlichen Geist. Das Tier hat keine Religion. Dennoch spricht HEGEL von der Erhebung des Lebens und nicht nur der Vernunft. Wohl ist das Menschliche im Geist konzentriert, aber HEGEL will nicht einem Intellektualismus das Wort reden. Er meint den Menschen als Ganzes. Geist ist ihm ja Lebendigkeit und nicht kalter

10. Philos. der Religion II, Bd. 16, S. 354.
11. Ebd.
12. A. a. O. S. 316.
13. Philos. der Religion I, Bd. 15, S. 22.
14. A. a. O. S. 37.

Bewußtseinsmechanismus. Wenn HEGEL auch besonderen Wert darauf legt, daß Gott als absoluter Geist absolute Wahrheit und absolutes Wissen ist, so spricht er doch immer wieder vom göttlichen *Leben*. Der Seite der dynamischen Lebendigkeit in HEGELS Gottesauffassung muß ein genügendes Gewicht gelassen werden.

Die religiöse Erhebung des Lebens kann die verschiedensten Formen annehmen. Wenn man vom »Schreckbild des Gegensatzes des Endlichen und Unendlichen« [15] ausgeht, gelangt man zu einer ganz anderen Religion, als wenn dies Schreckbild überwunden wird.

Die Wahrheit des unendlichen Lebens in seiner Einheit mit dem endlichen wird erst am Ende, nach langer Mühsal, offenbar. Zunächst erscheint es nur als Allgemeines, als abstrakte Einheit und ist damit in sich selbst verschlossen. Im höchsten Falle gilt es dann als *»absolute Substanz«* [16]. Dies ist die Stufe des Pantheismus. Der Pantheismus in seiner Substanzialität ist gerade keineswegs HEGELS Standpunkt. Sosehr man ihn auch des Pantheismus bezichtigt hat, so verfehlt man mit solchen Deutungen die Grundintention seines Gottesverständnisses. Für HEGEL entscheidet sich alles am Geistbegriff. Gott als Geist, als absolutes Subjekt, bleibt in der Identität mit dem Anderen gewiß »auch Substanz, aber er ist nicht nur Substanz, sondern in sich als Subjekt bestimmt« [17]. Diejenigen, die bei HEGEL die Diagnose »Pantheismus« stellen, »übersehen die Hauptsache, wie immer« [18], wie HEGEL sarkastisch bemerkt. Der Schein des Pantheismus entsteht bei ihm dadurch, daß er Gott nicht abstrakt von der Welt trennt, daß er eben Religion nicht von jenem Schreckbild der Zerrissenheit zwischen Unendlichem und Endlichem bestimmt sein läßt. Damit entfernt er sich von dem abstrakten Theismus auch der Aufklärungsphilosophie. Vom Pantheismus aber ist er durch seine Auffassung von der geisthaften Subjektivität Gottes getrennt.

Weil Gott Geist ist, liegt der Religion das Verhältnis von Geist zu Geist zugrunde. Dieses Verhältnis kann freilich durch die abstrakte Abtrennung Gottes von der Welt im Äußerlichen verharren oder im Unmittelbaren stecken bleiben.

Das Unmittelbare in der Religion ist das bloße Gefühl. Gegen den

15. A. a. O. S. 210f.
16. A. a. O. S. 106.
17. A. a. O. S. 109.
18. Ebd.

Standpunkt SCHLEIERMACHERS, daß die Unmittelbarkeit Gottes im Gefühl die *bleibende* Mitte der Religion sei, wendet sich HEGEL mit gesteigerter Heftigkeit. Das Gefühl ist bloß das, »was der Mensch mit dem Tiere gemein hat; es ist die tierische, sinnliche Form. Wenn also das, was Recht, Sittlichkeit, Gott ist, im Gefühl aufgezeigt wird, so ist dies die schlechteste Weise, in der ein solcher Inhalt nachgewiesen werden kann. Gott ist wesentlich im Denken. Der Verdacht, daß er *durch* das Denken nur *im* Denken ist, muß uns schon dadurch aufsteigen, daß nur der Mensch Religion hat, nicht das Tier.«[19] Für SCHLEIERMACHER dagegen ist das Gefühl als das unmittelbare Selbstbewußtsein gerade der Vereinigungspunkt von theoretischer und praktischer Vernunft und eine Spitze des Humanen.

Vom Gefühl, der niedrigsten Art, steigt der Geist zur Kunst auf. Er nimmt Gott nicht mehr in der Natur, sondern im vom Menschen geschaffenen Kunstwerk – beispielsweise einem Götterbild – wahr. Dann entwickelt er sich zur Vorstellung. In dieser vorstellenden Weise der Verinnerlichung lebt die christliche Religion, bis die Erhebung des endlichen zum unendlichen Geiste schließlich durch die Philosophie im Begriff gefaßt zu werden vermag. Immer aber, selbst unter den rohesten Formen, geht es um die Bewegung der Erhebung zu Gott, in der das Unendliche und das Endliche sich vermitteln.

Sofern das Unendliche nur als das Jenseits des Endlichen, das Endliche nur als das Jenseits des Unendlichen erfahren wird, solange also zwischen dem Unendlichen und dem Endlichen nur ein negatives Verhältnis angenommen wird, bleibt die religiöse Beziehung gestört. Wenn aber die versöhnende Einheit des Endlichen und Unendlichen gefunden wird, tritt das religiöse Verhältnis in seine Wahrheit ein.

Im spekulativen Begriff der Religion wird dieses wahre Verhältnis im *Bewußtsein* erfaßt. Denn der absolute Geist weiß sich in seinem Bewußtsein. *Er weiß sich deshalb auch im Bewußtsein des endlichen Geistes,* sofern dieser eben nicht nur das abgetrennte Andere, sondern das Identische ist.

So kann HEGEL zu dem oft im Sinne des Pantheismus oder auch des Atheismus mißverstandenen Gedanken fortschreiten, daß Gott in der Religion sich selbst weiß. Die Religion wird zum Selbstbewußtsein Gottes, analog zu der Anwesenheit des Heiligen Geistes im menschli-

19. A. a. O. S. 144.

chen Geist, wie sie in manchen Formen der christlichen Überlieferung beschrieben wird.

So ist »die Religion die Idee des Geistes, der sich zu sich selbst verhält, *das Selbstbewußtsein des absoluten Geistes*«[20]. Ja, die Religion ist »Wissen des göttlichen Geistes von sich *durch Vermittlung des endlichen Geistes*«[21]. Oder noch ausgeprägter: »Wir haben die Religion näher bestimmt als Selbstbewußtsein Gottes; das Selbstbewußtsein hat als Bewußtsein einen Gegenstand und ist sich seiner in diesem bewußt; dieser Gegenstand ist auch Bewußtsein, aber Bewußtsein als Gegenstand, damit endliches Bewußtsein, ein von Gott, vom Absoluten verschiedenes Bewußtsein; es fällt darein die Bestimmtheit und damit die Endlichkeit; Gott ist Selbstbewußtsein, er weiß sich in einem von ihm verschiedenen Bewußtsein, das *an sich* das Bewußtsein Gottes ist, aber auch *für sich*, indem es seine Identität mit Gott weiß, eine Identität, die aber vermittelt ist durch die Negation der Endlichkeit. – Dieser Begriff macht den Inhalt der Religion aus. Gott ist dies: sich von sich selbst zu unterscheiden, sich Gegenstand zu sein, aber in diesem Unterschiede schlechthin mit sich identisch zu sein – der Geist.«[22]

In diesem Abschnitt ist im Kern die ganze Religionsphilosophie HEGELS enthalten. Es muß nochmals betont werden, daß alles darauf ankommt, zu verstehen, was Identität des Verschiedenen ist. Als Kurzschlußidentität resultiert daraus entweder die Aufhebung der Selbständigkeit des endlichen Subjekts, also der Pantheismus, oder die Aufhebung der Selbständigkeit des absoluten Subjekts, also der Atheismus FEUERBACHS. HEGELS Position aber ist die schwebende dialektisch vermittelte Identität des Identischen und Nichtidentischen auf dem Niveau des Geistes. Wenn Gott die Welt als Gegenstand aus sich heraus setzt und sich den Menschen als endlichen Geist gegenüberstellt, dann beruht die Möglichkeit der Religion gerade auf diesem Gleichgewicht von »anders« und »identisch«.

Das alles aber ist nicht bloßer abstrakter Gedanke, sondern real erfüllt durch die fortschreitende Verwirklichung in der allgemeinen Religionsgeschichte, die in der Geschichte des Christentums gipfelt. Die Religionsgeschichte ist analog der Weltgeschichte die Geschichte der

20. A. a. O. S. 216.
21. Ebd.
22. Philos. der Religion II, Bd. 16, S. 191.

wachsenden Freiheit im Aufstieg des Geistes. So wie die Weltgeschichte das Weltgericht ist, ist der Gang der Religionsgeschichte »die wahrhafte Theodizee«[23]. Er zeigt die Notwendigkeit der ganzen Entwicklung auf, weil der Geist lebendig und ein Trieb »durch die Reihe seiner Erscheinungen zum Bewußtsein seiner selbst und aller Wahrheit hindurchzudringen« ist.[24]

Für Hegel ist die gesamte Religionsgeschichte ein einziger großer Entwicklungszusammenhang. Er muß es dabei in Kauf nehmen, daß sich die wirkliche Historie seiner Konstruktion nur mit Gewalt fügt, genauso wie sich auch seine Konstruktion der Weltgeschichte nicht konkret durchführen läßt. Auch die Religionsgeschichte bietet uns den Anblick verschiedener sich selbständig entwickelnder Kreise, die wohl gewissen gegenseitigen Einflüssen unterliegen, aber nicht in eine einheitliche Aufwärtsbewegung eingespannt werden können. Man kann wohl von einer allgemeinsten Entwicklung sprechen, die sich aus der archaischsten magischen Praxis zu sublimeren Formen der Frömmigkeit hinauf bewegt. Solche Entwicklungen finden aber innerhalb der einzelnen Kulturkreise selbst und nicht als Übergang des einzelnen Kulturkreises in den nächsten statt. Überdies wechseln Fortschritt und Zerfall gerade auch in der Religionsgeschichte ab.

So scheint die Religionsgeschichte gleich wie die Weltgeschichte bei Hegel in ein zwar großartiges, aber doch gewalttätiges Schema gepreßt zu werden.

Wie die Weltgeschichte, so läuft für Hegel auch die Religionsgeschichte von Osten nach Westen. Damit kommt er sogleich in die Verlegenheit, die wohl alten, aber hochentwickelten Geisteskulturen Chinas und Indiens im Rang unter die zum Teil wesentlich primitiveren Mittelmeerreligionen, etwa die vorderasiatischen Fruchtbarkeitskulte, zu stellen. Ebenso ist bezeichnend, daß er die alttestamentliche Religion nicht ganz eng mit dem Christentum zu verbinden vermag. Das Judentum ist ihm in gleicher Weise Vorstufe wie die griechische und die römische Religion. Er versteht ohnehin das Judentum vorwiegend von seinem Gegensatz zum Christentum her. Bereits in dem schon zwischen 1798 und 1800 entstandenen frühen Fragment über den Geist des Judentums, dem ersten Versuch zur Durchführung seiner entstehenden dialektischen Methode, sieht er das Judentum auf

23. Philos. der Religion I, Bd. 15, S. 100.
24. Ebd.

der Stufe des abstrakten Gegensatzes zwischen Gott und Welt und findet die Versöhnung erst im Geist des Christentums.
Im einzelnen vollzieht sich der Gang der Religionsgeschichte nach dem Schema HEGELS kurz gesagt in folgenden Schritten:
Am Anfang steht die Naturreligion. Sie ist noch jene Unmittelbarkeit, in der der Mensch Natürliches und Geistiges nicht unterscheidet. Das Höhere, das Moment der Erhebung, ist noch in das Natürliche eingeschlossen und erscheint demnach einfach als Zauberei. Damit ist das magische Weltgefühl der primitiven Religionen angesprochen.
Mit der Entzweiung des Bewußtseins, das Natur und Geist unterscheidet, wird Gott zur absoluten Macht, der Mensch aber zur Nichtigkeit. Die höchste Würde des Menschen wird, sich als Nichtiges zu wissen. Diese Art der Erhebung sieht HEGEL seltsamerweise, aber ganz seinem Schema gemäß, in den drei großen ostasiatischen Religionen verwirklicht. Er versteht sie als Religionen der Substanz, da in ihnen weder Gott noch Mensch als Subjekt gewürdigt sind und infolgedessen auch die Freiheit ihren Platz nicht erhalten hat. Diese Religionen sind noch nicht über den Stand der Naturreligion hinausgeschritten, haben aber die Unmittelbarkeit der Einheit mit der Natur bereits durch die Entzweiung eingebüßt. Die chinesische Religion, innerhalb derer HEGEL Taoismus und Konfuzianismus nicht unterscheidet, erscheint ihm als die Religion des Maßes, der Brahmanismus als die Religion der Phantasie und der Buddhismus als die Religion des Insichseins.
Weiter gegen Westen findet HEGEL drei Religionen, in denen die Naturreligion sich im Übergang zur Subjektivität und damit zur Freiheit befindet. Für die Religion des Guten und des Lichts, wie er die Lehre Zarathustras bezeichnet, mag er dafür angemessene Gründe finden, da der persische Dualismus in der Tat das Individuum in den Kampf mit der Welt hineinstellt. Nur mit Gewalt aber sind die vorderasiatischen Fruchtbarkeitskulte, die ganz der Naturreligion verhaftet sind, aber auch die recht unindividuelle altägyptische Religion in diese Perspektive zu rücken. Weil im vorderasiatischen Naturkult der sterbende und auferstehende Gott eine Rolle spielt, wird ihm diese Religion zur Religion des Schmerzes, der ägyptische Isis- und Osiriskult dagegen zur Religion des Rätsels. Es ist ein Rätsel, wie HEGEL diese Religionen über die großen Weltreligionen des Ostens, vor allem den Buddhismus, stellen kann. Das Schema hat über die konkrete Wirklichkeit gesiegt; dieser Sieg wurde dadurch erleichtert, daß HEGEL

noch nicht die religionsgeschichtlichen Einzelkenntnisse zur Verfügung standen, die seither zugänglich geworden sind.

Den Durchbruch zur geistigen Individualität findet HEGEL schließlich im Judentum (Religion der Erhabenheit), im Griechentum (Religion der Schönheit) und im Römertum (Religion der Zweckmäßigkeit). Diese Religionen sind freilich alle immer noch nur »bestimmte« Religionen, die ein einzelnes Moment hervorheben. Doch befinden sie sich auf der Stufe der Subjektivität und haben die Substanzialität hinter sich gelassen.

Der Schematismus dieser universalen religionsgeschichtlichen Schau vermag nicht zu überzeugen, ebensowenig auf weite Strecken hin die einzelnen Interpretationen der angeführten Religionen. Es fehlt auch jeder Hinweis auf die mittelamerikanischen Religionen der Inka, Tolteken und Azteken, die nun freilich in keiner Weise in das vorgesehene Schema hineingepaßt hätten. Es scheint deshalb von geringem Wert, auf diese künstliche religionsgeschichtliche Konstruktion noch näher einzutreten. Unser ganzes Interesse richtet sich vielmehr auf die Konfrontation mit dem Christentum, das für HEGEL die höchste Stufe erreicht, die bestimmte Religion hinter sich läßt und als absolute Religion die Wahrheit in der höchsten Gestalt enthält, die religiös, also in der Form der Vorstellung, möglich ist.

Das Christentum ist die wahre Religion, die offenbare Religion, die absolute Religion, die Religion des Geistes. Es ist die Wahrheit *als* Religion.

Wenn HEGEL sein eigenes Denken in den Grundsätzen des Christentums wiedererkennt, dann ist vor allem zu fragen, wie er das Christentum denn interpretiere. Was ist ihm das Wesentliche? Was das Nichtige? Das Entscheidende liegt darin, daß der christliche Glaube die *Versöhnung* der gefallenen Welt und des mit Gott zerfallenen Menschen verkündigt und diese Verkündigung an die Erscheinung des *Gottmenschen* Jesus Christus bindet. Weiter beschreibt das christliche Dogma von der *Dreieinigkeit* Gottes eine dynamische, innere Struktur in Gott, die der grundlegenden Denkweise HEGELS entspricht: Der Vater als das allgemeine Prinzip setzt den Sohn aus sich heraus, als Gegenüber, das ihm doch wesensgleich ist. Der Sohn als der Andere ist doch durch die Wesensgleichheit mit dem Vater identisch in seiner Unterscheidung von ihm. Diese Identität wird im Heiligen Geist manifest. Gott hat also für HEGEL gleichsam eine doppelte Geschichte: eine innertrinitarische und eine Geschichte der Entäußerung an die

Welt und der Versöhnung mit der Welt und dem endlichen Geist des Menschen.

HEGEL greift damit zweifellos zentrale Gehalte der christlichen Überlieferung auf. Gegenüber der Aufklärung, die im Rückgang auf das Neue Testament und den historischen Jesus die Dogmen der Trinität und der Gottmenschheit, die der hellenisierten Kirche angehören, abgestoßen hatte, nähert sich somit HEGEL wieder dem kirchlichen Dogma und kann als ein philosophischer Retter des Dogmas gegen die historische Kritik gelten. Andererseits aber bringt HEGEL diese Zentraldogmen des nachbiblischen hellenistischen Katholizismus in einen neuen Zusammenhang und hebt sie zudem philosophisch in die Spekulation auf, so daß die Kirche dieser Unterstützung nicht froh wurde. HEGEL wurde gleichzeitig begeistert als Retter des Dogmas und mißtrauisch als sein Verfälscher gekennzeichnet.

Die spekulative Verallgemeinerung des Dogmas beginnt bereits damit, daß HEGEL die Zeugung des Sohns, als Setzung der Differenz in Gott, mit der Hervorbringung der Welt, die als die Natur das Andere Gottes ist, in Parallele setzt. Zwar ist beides zu unterscheiden, »sonst kann der falsche Sinn und die unrichtige Auffassung entstehen, als ob der *ewige Sohn des Vaters*, der sich selbst gegenständlich seienden Göttlichkeit, *dasselbe* sei als die *Welt* und unter jenem nur diese zu verstehen sei«[25]. Im Gegensatz zu der kirchlichen Überlieferung ist aber doch nicht die Zeugung des wesensgleichen Sohns und die Erschaffung der Welt aus dem Nichts als etwas ganz anderes voneinander getrennt, sondern auch der Weltprozeß wird in der Form des Andersseins als Identität beschrieben, ebenso der Mensch als endlicher Geist. Und es gilt, daß ohne Welt Gott nicht Gott ist.

In der Welt, die in eine Welt der Natur und eine Welt des endlichen Geistes zerfällt, ist der endliche Geist der Ort der Gottesbegegnung. Als Geist soll er zu sich selbst kommen und muß deshalb durch die Entzweiung hindurch. Er nimmt sich erst als von Gott getrennt in einer von Gott getrennten Welt wahr. Er ist wohl von Natur gut, das heißt an sich betrachtet, in der reinen Unmittelbarkeit. Aber das ist gerade die Einseitigkeit. Der Geist ist eben nicht natürlich, nicht unmittelbar, »als Geist ist der Mensch dies, aus der Natürlichkeit herauszutreten, in diese Trennung seines Begriffs und seines unmit-

25. Philos. der Religion II, Bd. 16, S. 251 f.

telbaren Daseins überzugehen«[26]. Er kann nicht bleiben, was er unmittelbar ist, er muß den *Abfall* von seiner Unmittelbarkeit tun und aus dem Paradies, dem Garten der Tiere, weichen. Der Sündenfall gehört unausweichlich zu seinem Geistwerden. Insofern kann man auch sagen: Der Mensch ist von Natur böse, weil seine Bestimmung nicht die ist, bloß Natur zu sein. Der Sündenfall konstituiert die konkrete Situation des Menschen als endlichen Geistes im Raume der Natur. Von daher ist die Heilsgeschichte zu verstehen.

Durch den trennenden Abfall sind im Menschen die Schuld und das Böse gesetzt. Hegel legt auch darauf Wert, daß entsprechend der Sündenfallgeschichte »der Zusammenhang des *Böseseins* mit der *Erkenntnis*«[27] festgehalten wird. Damit ist das Böse nicht auf die natürliche, sondern die geistige Struktur des Menschen zurückgeführt.

Die Entzweiung des Menschen kann nicht tief genug gesehen werden. Sie konkretisiert sich in der Entzweiung mit Gott. Der Mensch ist sich dessen bewußt, daß er »im Innersten dieser Widerspruch ist; so ist das der *unendliche Schmerz über sich selbst*«.[28] Die Reue ist der Ausdruck dieses Schmerzes. Die Trennung von Gott erscheint aber auch als Unglück.

Alle partiellen Versöhnungen helfen letztlich nichts. »Die abstrakte Tiefe des Gegensatzes erfordert das unendliche Leiden der Seele und damit eine Versöhnung, die ebenso vollkommen ist.«[29] Weder das einzelne Subjekt noch die Menschheit als Ganzes können diese unendliche Versöhnung leisten. Nur wenn der Gegensatz an sich aufgehoben ist, kann das Subjekt ihn auch für sich weglegen. Die Versöhnung besteht letztlich in dem Gedanken der Identität, daß wir, obgleich andere als Gott, mit Gott eins sind. Im Sohne Gottes ist ein solches Modell der Identität gegeben. Der Sohn ist sowohl durch sein Anderssein als der Vater wie durch seine Identität mit ihm bestimmt.

Damit dieses Bewußtsein aber im Menschen gewiß werden kann, bedarf es der Anschaulichkeit der Idee. Sie muß äußerliches Dasein erhalten, »in einem *Diesen*, der zugleich gewußt werde als göttliche Idee«[30], also in Jesus Christus, der zugleich konkreter Mensch und allgemeine Idee ist.

26. A. a. O. S. 259.
27. A. a. O. S. 263.
28. A. a. O. S. 271.
29. A. a. O. S. 275.
30. A. a. O. S. 283.

Wie seinerzeit ANSELM VON CANTERBURY in seinem Buche »Cur deus homo« die Notwendigkeit des Gottmenschen aus den Bedingungen des Heils ableitete, so versucht auch HEGEL, die Menschwerdung des Gottessohnes aus allgemeinen Prinzipien abzuleiten. Der Gottmensch ist für ihn das »schwerste Moment in der Religion«[31].

Der Gottmensch ist eine Zusammensetzung von gegensätzlichen Begriffen, eine Zumutung und ein harter Widerspruch dem Verstande gegenüber. In ihm liegt aber gerade das Ungeheure, das die Vernunft vermittelnd einsehen kann, indem das Anderssein, die Schwäche und Endlichkeit der menschlichen Natur nicht die Einheit mit Gott ausschließt. Im Gottmenschen Jesus Christus ist also die *allgemeine* Identität des Andern mit Gott anschaulich. Das bedeutet die Verallgemeinerung der Christologie in einem der kirchlichen Tradition nicht entsprechenden Sinne. Durch den Gottmenschen können wir nach der altkirchlichen Auffassung wohl auch Söhne Gottes *werden*, aber nicht erkennen, daß wir es an sich schon sind. Hier wirkt sich der Unterschied aus, daß für HEGEL die Welt und der endliche Geist nicht im Gegensatz zum gezeugten Sohn aus dem Nichts geschaffen sind, sondern auch das Andere Gottes sind.

Der Gottmensch, damit die allgemeine Identität des Andern mit Gott, widerstreitet nur dem Verstand, entspricht aber den Möglichkeiten der dialektischen Vernunft. Das ist für HEGEL von ungeheurer Wichtigkeit. Es ermöglicht, den Gottmenschen zu verallgemeinern und ihn mit der Vernunft zu vermitteln. An dieser Stelle erhebt sich der radikale Einwand Sören KIERKEGAARDS gegen HEGEL[32]. Gleichzeitig ist die Möglichkeit geschaffen, nur noch den verallgemeinerten Gottessohn anzuerkennen und die Sonderstellung Christi zu eliminieren. Dieser entgegengesetzte Weg führt zur Auflösung der HEGELSCHEN Religionsphilosophie durch David Friedrich STRAUSS und seine Fortsetzer in der linkshegelianischen Schule.

Der Gottmensch Jesus ist seiner menschlichen Seite nach als Lehrer zu verstehen. Die Lehre allein ist aber nur abstrakte, vorgestellte Idee. Entscheidend ist die konkrete Wirklichkeit des Seins Christi. Wird Christus als bloßer Lehrer vom Unglauben her betrachtet, so ist seine Geschichte von der des Sokrates nicht zu unterscheiden.

Das religiöse Verhältnis zu Christus wird erst an der Stellung zu

31. A. a. O. S. 285.
32. Vgl. unten S. 82f.

seinem Tode manifest. In der Auffassung des Todes Christi liegt die Differenz zwischen der bloß äußeren Interpretation Christi ohne Glauben und dem glaubenden Verhältnis.
Menschlich betrachtet ist der Tod Christi bloß der natürliche Ausdruck seiner Endlichkeit. Für das eigentliche Verstehen aber wird der historische Karfreitag zum spekulativen Karfreitag. Er enthält die abgrundtiefe Einsicht, die sich in den zentralen Worten ausspricht:
»Es tritt nun aber auch eine weitere Bestimmung ein. Gott ist gestorben, Gott ist tot – dieses ist der fürchterlichste Gedanke, daß alles Ewige, alles Wahre nicht ist, die *Negation selbst in Gott* ist; der höchste Schmerz, das Gefühl der vollkommenen Rettungslosigkeit, das Aufgeben alles Höheren ist damit verbunden.«[33]
Gott ist tot – dieser Ruf kommt von HEGELS Karfreitag her, und er enthält auch schon im Keim, was NIETZSCHE später ausführt: Der Tod Gottes bedeutet den Nihilismus, indem alles Wahre, alles Ewige nicht ist[34].
Der ungeheure Gedanke des Todes Gottes, der seit NIETZSCHE durch das Abendland geht, hat in HEGEL den christlichen Hintergrund der Karfreitagsinterpretation und ist im volkstümlichen lutherischen Raum vorgebildet. HEGEL selbst verweist ausdrücklich in diesem Zusammenhang auf das Passionslied von Johann RIST (1607–1667) »O Traurigkeit, o Herzeleid«, dessen zweite Strophe mit der Klage beginnt: »O große Not, Gott selbst ist tot.« Diese bestürzende Aussage ist in manchen modernen Kirchengesangbüchern sorgfältig ausgetilgt und durch harmlosere Wendungen wie »der Herr ist tot« und ähnliche ersetzt worden.
Nicht erst in der Religionsphilosophie, sondern bereits in seinen frühen Schriften hat HEGEL das Wort vom Tode Gottes ausgesprochen. In der Phänomenologie des Geistes drückt er es so aus, daß die Abstraktion des göttlichen Wesens den Tod erleide. Dieser »ist das schmerzliche Gefühl des unglücklichen Bewußtseins, daß *Gott selbst gestorben* ist«[35]. Der Tod Gottes ist also eigentlich der Ausdruck des verkehrten, bloß verstandesmäßigen, alles zerreißenden Bewußtseins, das unfähig ist, die Trennung zwischen Gott und Welt zu

33. Philos. der Religion II, Bd. 16, S. 300.
34. Vgl. unten S. 135.
35. Phänomenologie S. 598.

überwinden und deshalb in der Welt lebt, die als von Gott getrennte Gott verloren hat.
Schon in dem frühen Aufsatz »Glauben und Wissen« (1803) ist dieser ganze Gedankengang zwar in schwerfälliger Sprache, aber der Sache nach völlig klar ausgesprochen: »Der reine Begriff aber, oder die Unendlichkeit, als der Abgrund des Nichts, worin alles Sein versinkt, muß den unendlichen Schmerz, der vorher nur in der Bildung geschichtlich und als das Gefühl war, worauf die Religion der neuen Zeit beruht, – das Gefühl: Gott selbst ist tot (dasjenige, was gleichsam nur empirisch ausgesprochen war, mit Pascals Ausdrücken: la nature est telle qu'elle marque partout un *Dieu perdu* et dans l'homme et hors de l'homme) rein als Moment, aber auch nicht mehr denn als Moment, der höchsten Idee bezeichnen; und so dem, was etwa auch entweder moralische Vorschrift einer Aufopferung des empirischen Wesens oder der Begriff formeller Abstraktion war, eine philosophische Existenz geben, und also der Philosophie die Idee der absoluten Freiheit, und damit das absolute Leiden oder den spekulativen Charfreitag, der sonst historisch war, und diesen selbst, in der ganzen Wahrheit und Härte seiner Gottlosigkeit wiederhergestellt: – aus welcher Härte allem (weil das Heitre, Unergründliche und Einzelnere der dogmatischen Philosophien, so wie der Naturreligionen verschwinden muß) die höchste Totalität in ihrem ganzen Ernst und aus ihrem tiefsten Grunde, zugleich allumfassend, und in die heiterste Freiheit ihrer Gestalt auferstehen kann und muß.«[36] Die drei Äußerungen über den Tod Gottes 1803, 1807 und in den späten Vorlesungen zeigen den Entwicklungsgang HEGELS deutlich.
Der Tod Gottes ist das zentrale Problem überhaupt. Ist Gott tot oder ist er der Gott des lebendigen Geistes? Um diese Frage kreist nicht nur HEGELS, sondern auch unser ganzes Bemühen.
Der Tod Gottes bedeutet für HEGEL nicht nur den Nihilismus, sondern er ist die Selbstzersetzung Gottes. Indem die Negation selbst in Gott ist, zerfällt die ganze Identität, alles bricht in ein unendliches Anders- und Fremdsein auseinander, der Geist ist nicht mehr Geist.
Das kann für HEGEL so wenig die endgültige Wahrheit sein wie für die christliche Deutung des Karfreitags. Die Möglichkeit des Todes Gottes ist nur vorübergehend und keinesfalls endgültig. Das Geschehen bleibt ja nicht an diesem Punkte stehen, sondern »es tritt nun die

36. G. W. Hegel, Glaube und Wissen, Bd 1, S. 433.

Umkehrung ein; Gott nämlich *erhält* sich in diesem Prozeß, und dieser ist nur der *Tod des Todes*. Gott steht wieder auf zum Leben: es wendet sich somit zum Gegenteil.«[37] Die Auferstehung gehört wesentlich zum glaubenden Verständnis des Karfreitags, und der Unglaube konnte gar nicht den Tod Gottes, sondern nur den menschlichen Tod wahrnehmen. Der Tod Christi wird als die Negation der Negation zum Tod des Todes.

Etwas freilich bleibt tot. Die unmittelbare Anschaulichkeit des einzelnen Gottmenschen ist aufgehoben.

An Tod und Auferstehung kommt letztlich zum Ausdruck, daß die Zertrennung, die Negation, die Entgegensetzung zwischen endlichem Geist und Gott nicht die eigentliche Wahrheit darstellten. Damit ist die konkrete Basis für die Gewißheit der Versöhnung gegeben. Das Schwache, Endliche, Schuldige darf sich mit Gott eins wissen. Die Gemeinde, aus dem Geist redend, erfaßt diesen Sinn des Todes Christi. Seine Bedeutung wird offenbar: »In dem Tode Christi ist für das wahrhafte Bewußtsein des Geistes die Endlichkeit des Menschen getötet worden. Dieser Tod des Natürlichen hat auf diese Weise allgemeine Bedeutung: Das Endliche, Böse überhaupt ist vernichtet. Die Welt ist so versöhnt worden; der Welt ist durch diesen Tod ihr Böses *an sich* abgenommen worden.«[38]

So wird das Reich des Geistes möglich. Das Christentum kann sich als die Religion des Geistes entfalten, indem es die wahrhaftige Bestimmung der Natur des Geistes ausspricht, nämlich die »*Vereinigung des unendlichen Gegensatzes* – Gott und die Welt«[39].

Von dieser philosophischen Darstellung der Heilsgeschichte geht die ganze religionskritische Auseinandersetzung des fortgehenden 19. Jahrhunderts aus.

KIERKEGAARD zieht aus den Prämissen HEGELS die entgegengesetzten Schlüsse, indem er die dialektische Logik verwirft und an die Stelle der vermittelnden Vernunft des absolute Paradox setzt. Gegen die Behauptung der Vereinigung des unendlichen Gegensatzes zwischen Gott und Welt hält er an dem unendlichen qualitativen Unterschied fest, den nur das absolute Wunder des einmaligen Gottmenschen Jesus Christus durchbricht. Für David Friedrich STRAUSS wird im

37. Philos. der Religion II, Bd. 16, S. 300.
38. A. a. O. S. 305.
39. A. a. O. S. 315.

Gegenteil der eine Gottmensch fraglich. Die Gattung der Menschheit selbst ist Trägerin der Gottmenschheit, der historische Gottmensch verliert das Besondere. Für FEUERBACH wird sogar der absolute Geist selbst fraglich. Vom konkreten Menschen ausgehend läßt er Gott nur noch als sekundäre Vergegenständlichung des menschlichen Wesens selbst gelten, das dafür das Prädikat der Unendlichkeit an sich nimmt. Bruno BAUER endlich will bereits bei HEGEL den Atheismus vorgeprägt finden, den er selbst vertritt.

Wir werden auf alle diese Entwicklungen näher einzugehen haben. Sie leiten sich aus einzelnen Formulierungen HEGELS her, treffen aber an seiner Intention als ganzer weit vorbei. Sie sind jedoch für das Argumentationsfeld der atheistischen Religionskritik seit dem Tode HEGELS, die für die abendländische Geschichte von so umstürzender Bedeutung geworden ist, entscheidend.

HEGEL selbst empfand sich als Interpreten der christlichen Wahrheit, die er zur philosophischen Erhellung brachte. Seine Aufhebung der Religion war ihm nicht deren Vernichtung, sondern deren wahres Verstehen in einer dem denkenden Geiste angemessenen Form, die die Vorstellung durch den Begriff ersetzt. Er wollte die Vernunft mit der Religion versöhnen und betonte: »Der Philosophie ist der Vorwurf gemacht worden, sie stelle sich *über die Religion:* dies ist aber schon dem Faktum nach falsch, denn sie hat *nur diesen* und keinen anderen Inhalt, aber sie gibt ihn in der Form des Denkens; sie stellt sich so nur *über die Form des Glaubens,* der Inhalt ist derselbe.«[40]

HEGEL betrachtet sich als Glied der Gemeinde, freilich der Gemeinde, deren Aufgabe es ist, Gemeinde des *Geistes* zu sein.

40. A. a. O. S. 353.

5. Der Gott des absoluten Paradoxes

Sören Kierkegaard (1813–1855)

In der Kritik an Hegel schlägt der Däne Sören Kierkegaard einen radikalen und einsamen, erst im 20. Jahrhundert zu unübersehbarer Wirkung gelangenden Weg ein. Während die Junghegelianer in die Richtung eines kompromißlosen Atheismus drängen, der sich antiidealistisch als Materialismus konstituiert, zieht Kierkegaard aus seiner Kritik gerade die entgegengesetzten Folgerungen. Er bleibt im idealistisch-spätromantischen Raum. Die Preisgabe der großen Synthese Hegels bedeutet nicht den Verlust Gottes, da Hegels System selbst bereits wesenhaft Heidentum ist. Die Überwindung Hegels eröffnet vielmehr erst wieder den Blick für das wirkliche Christentum. Kierkegaards ganze Existenz wird zu einem Ruf in ein radikales Christsein, dessen unbedingter Entscheidungscharakter die lauen Vermittlungsversuche zwischen Christentum und Welt weit hinter sich läßt. Kierkegaard erhebt dabei nicht den Anspruch, ein besserer Christ zu sein, sondern argumentiert ausdrücklich lediglich im Namen der Redlichkeit, um den Mißbrauch des Christentums, den großen Betrug an Gott, schonungslos aufzudecken.

Die ganze Wendung seines Denkens ist nicht ohne einen Blick auf seine Persönlichkeit zu verstehen. Charakter und Schicksal dieses Mannes lassen uns manchen schroffen Gedankengang verstehen, ohne daß damit der Sachgehalt seiner Aussagen auf biographische oder gar psychologische Fakten zurückgeführt werden soll. Es gilt ja für jedes Ringen um Gott, daß es sich immer im Rahmen eines konkreten Lebensschicksals abspielt und durch die seelischen, geschichtlichen und gesellschaftlichen Umstände mitgeformt wird. Aus diesen Zufälligkeiten löst es sich stetsfort; sonst wäre es unmöglich, daß ein Denker über Generationen hinaus die verschiedensten Menschen bewegen könnte. Das Denken bleibt nicht beim Anlaß des Denkanstoßes stehen, sondern führt darüber hinaus. Der konkrete Anlaß eines

Lebensproblems spricht nicht gegen die Gültigkeit einer gefundenen Lösung über den unmittelbar gegebenen Ausgangspunkt hinaus. Diese konkreten Bedingungen des Denkens sind jedoch nicht in jedem Falle gleich mächtig oder wenigstens nicht im selben Maße an der Oberfläche sichtbar. Bei einem Denker wie KIERKEGAARD, der mit existentieller Leidenschaft die *subjektive* Wahrheit der Existenz derart dynamisch der *objektiven* Wahrheit der Wissenschaft und Spekulation entgegengeschleudert hat, drängt sich das Persönliche unübersehbarer in den Vordergrund.

Von erheblicher Prägungskraft für den jungen KIERKEGAARD war zweifellos zunächst die eigenartige Erziehung durch den starken Vater, der als wohlhabender Geschäftsmann in Kopenhagen gleichzeitig eine schwere, unbewältigte seelische Last trug. Er hatte als armer Hüterjunge eines Tages auf der Heide Gott verflucht und war kurz darauf von seinem reichen Onkel nach Kopenhagen geholt worden, um zum Kaufmann ausgebildet zu werden. Sein Erfolg erschien ihm wie eine Ironie Gottes. Er lebte unter der Zwangsvorstellung, von Gott verflucht zu sein und schaute stets nach der Strafe Gottes aus. Dazu gehörte der Gedanke, er werde alle seine Kinder überleben. Die düstere Strenge der religiösen Erziehung lastete auf dem Knaben Sören ebenso wie die spätere Entdeckung der Schuld des Vaters, die er als ein »Erdbeben« erlebte[1].

Die Studienzeit vollzog sich nicht nach dem Wunsche des Vaters. Der junge Spätromantiker beschäftigte sich statt mit der Theologie mit den schöngeistigen Künsten und geriet an die Grenze einer ästhetisch-nihilistischen Weltanschauung, wie er sie im ersten Teil des Werkes »Entweder – Oder« geschildert hat. In diese Zeit fällt ein unklares, der Gottverfluchung durch den Vater im Effekt ähnliches Ereignis[2], das dazu führte, daß Kierkegaard sich fortan als »Pönitierender« verstand. Nach dem Tode des Vaters vollendete er sein Theologiestudium, ohne aber jemals ein Amt anzunehmen. Seine Schwermut, seine radikale Frömmigkeit und sein Schuldgefühl, verbunden mit der Überzeugung, eine Ausnahme zu sein, verhinderten ihn, das »Allgemeine« zu realisieren. So bereute er auch bald seine Verlobung mit Regine OLSEN

1. S. Kierkegaard, Tagebücher Bd. I, S. 221. (Die Werke Kierkegaards werden zitiert nach Sören Kierkegaard, Gesammelte Werke, übers. von Emanuel Hirsch u. a., Düsseldorf 1952ff.)
2. Vgl. E. Hirsch, Kierkegaard-Studien, Gütersloh 1933, Bd. I, S. 109ff.

und zwang diese, die Verlobung wieder aufzuheben. Regine heiratete später Fritz SCHLEGEL. KIERKEGAARD hingegen blieb bis an sein Lebensende innerlich an Regine gebunden.
Er hatte seine Braut, die er leidenschaftlich liebte, aus inneren Gründen verlassen und mußte sie tief verletzen, konnte ihr aber gleichzeitig seine letzten Motive nicht enthüllen. Sie waren religiöser Natur. Das ließ ihn zu drei Einsichten kommen, die er sogleich verallgemeinerte und am Beispiel ABRAHAMS, der ISAAK opfern mußte, ohne es begreiflich machen zu können, analysierte. Einmal erweist sich die *Paradoxie* des Lebens und der Wahrheit, indem der äußere Schein der tieferen Wirklichkeit nicht entspricht. Die Wahrheit erscheint als zweideutig: Ist ABRAHAM ein Mörder oder ein Gott Glaubender und Gehorsamer? Zum zweiten ist es ABRAHAM unmöglich, die Situation direkt zu offenbaren. Die Paradoxie der Wahrheit zwingt zur *indirekten Mitteilung*. Endlich ist die Wahrheit im zweideutigen Gewand des Paradoxes anstößig und erweckt notwendig *Ärgernis*. Nur der unerschütterliche Glaube vermag angesichts des Ärgernisses durchzuhalten.
Die indirekte Mitteilung vollzieht KIERKEGAARD teilweise dadurch, daß er einfache oder mehrfache Pseudonyme erfindet, die er als Verfasser oder Herausgeber seiner Schriften ausgibt. Diese Verfremdung macht undeutlich, wie weit man die Aussage eines Pseudonyms direkt für KIERKEGAARD selbst in Anspruch nehmen kann. Die Pseudonyme sind personifizierte einseitige Möglichkeiten seines Denkens, die aber seiner eigenen Gesamtauffassung verschieden nahe stehen. Die Interpretation KIERKEGAARDS hängt weitgehend davon ab, wie wir den Stellenwert je eines Pseudonyms beurteilen. Auf die Einzelheiten dieser Problematik können wir uns hier nicht einlassen.
Von diesen Voraussetzungen her – die radikale religiöse Erziehung, die ästhetisch-nihilistische Phase, das Schulderlebnis Gott gegenüber und die paradoxe Liebe zu Regine – entwickelt KIERKEGAARD in steter Auseinandersetzung mit HEGEL mit höchster dialektischer Brillanz und leidenschaftlich bohrendem Ernst sein Verständnis Gottes und des Menschen. Er trifft sich mit dem späten SCHELLING und den revolutionären Junghegelianern in der Kritik HEGELS. Von den Junghegelianern ist er andererseits in seiner Gesinnung abgrundtief geschieden. Diese lösen die HEGELsche Synthese und Versöhnung auf, indem sie das jeweils *Untere* als die wirkliche Basis wählen – den

einzelnen Menschen, die Materie, die Welt, keineswegs aber Gott als den absoluten Geist. Während sie so in einem das Christentum völlig verwerfenden Atheismus die Wahrheit finden, geht KIERKEGAARD den Weg eindeutiger Christlichkeit. In dieser stellt er die Offenbarung den idealistischen Vermittlungen entgegen und holt zur vernichtenden Kritik am zeitgenössischen säkularisierten Christentum aus. Seine Angriffe richten sich viel mehr gegen ein schwächlich gewordenes Christentum als gegen den Atheismus.

KIERKEGAARD will an sich nichts Neues vorbringen, sondern vor allem das neutestamentliche Christentum in die Christenheit wieder einführen. Er unternimmt das mit Hilfe der idealistischen Reflexion auf höchstem dialektischen Niveau, gleichzeitig aber mit einem Schuß von spätromantischem Irrationalismus. Damit nimmt er in den Jahrzehnten nach 1840, die für die Entwicklung des europäischen religiösen Denkens eine so verhängnisvolle Rolle spielen sollten, eine einzigartige Stellung ein. Seine Wirkung war freilich zunächst verschwindend klein und zudem auf Dänemark beschränkt. Später aber gelangte er in einer völlig gewandelten kulturellen Situation zu wesentlicher Bedeutung.

Er greift vehement HEGELS Grundgedanken an, der darin besteht, daß das letzte Geheimnis des Wirklichen die Identität des Identischen mit dem Nichtidentischen sei. Damit ist die versöhnende Vermittlung zwischen Gott und Welt, göttlichem und menschlichem Geist, Vernunft und Glaube zerrissen. Zwischen Gott und Mensch besteht ein unendlicher qualitativer Unterschied. »Daß da der unendliche Qualitätsunterschied ist zwischen Gott und Mensch, das ist die Möglichkeit des Ärgernisses, die man nicht fortnehmen kann.«[3] Die Differenz kann nicht dialektisch vermittelt werden. Das führt nur zu einer Vermengung von Göttlichem und Menschlichem und damit zur Verfälschung.

Wohl bejaht KIERKEGAARD den idealistischen Satz, daß Gott Geist ist und gleichzeitig auch der Mensch Geist ist. »Der Mensch ist Geist. Was aber ist Geist? Geist ist das Selbst. Was aber ist das Selbst? Das Selbst ist ein Verhältnis, das sich zu sich selbst verhält, oder ist das an dem Verhältnisse, daß das Verhältnis sich zu sich selbst verhält; das Selbst ist nicht das Verhältnis, sondern daß das Verhältnis sich zu sich selbst verhält. Der Mensch ist eine Synthesis von Unendlichkeit und

3. S. Kierkegaard, Die Krankheit zum Tode, 24./25. Abt., S. 129.

Endlichkeit, von dem Zeitlichen und dem Ewigen, von Freiheit und Notwendigkeit.«[4]

Dieser idealistische Ansatz reicht aber nicht aus, um Gott mit dem Menschen zu vermitteln. Die letzte Nicht-Identität bleibt. Kierkegaard anerkennt das Flüssigwerden der Gegensätze in der dynamischen Dialektik Hegels nicht, sondern bringt die Logik wieder in die starre Form des Entweder-Oder. Das führt nun aber nicht wie bei den Linkshegelianern zu der Wahl eines einseitigen Standpunktes unter Vernichtung des gegensätzlichen Extrems. Vielmehr läßt Kierkegaard die Gegensätze dialektisch sich im *Paradox* treffen, fixieren und vereinigen, denn er hat nicht die Identität, sondern das schmerzliche Paradox als Lebenswirklichkeit erfahren. Damit wird das Paradox für das Gottesverständnis bedeutsam. Es ist nicht an sich ein logischer Widerspruch, sondern primär ein existentieller Gegensatz, der nicht aufgelöst werden kann, sondern ertragen werden muß. Er kann in die Ambivalenz oder den logischen Widerspruch abgleiten. Im echten Paradox treten sich Schein und Sein entgegen.

Das Christentum ist besonders reich an paradoxen Aussagen. Gekreuzigt und doch der Christus: das ist das christologische Grundparadox der Paulinischen Theologie. Ein Sünder und doch gerechtfertigt: das ist die fundamentale Aussage der Reformation über den Menschen. Diese beiden Paradoxa enthalten keine logischen Widersprüche.

Anders ist es mit dem Paradox des christologischen Dogmas der hellenisierten Kirche: Christus ist der Gottmensch, wahrer Gott und wahrer Mensch. Das *dem Begriff* nach Widersprüchliche ist damit als Glaubensaussage zusammengebunden.

Auch für Hegel war der Gottmensch das Geheimnis der absoluten Religion. Er ist aber nicht das Paradox, sondern der Schlüsselausdruck der dialektischen Identität, deshalb die tiefste Einsicht der vermittelnden Vernunft. Gerade im Gottmenschen ist für Hegel die Vernunft mit der Religion versöhnt, gleichzeitig ist spekulativ der Gottmensch verallgemeinert zu dem wahren Verhältnis der Gotteskindschaft, in der der menschliche und der göttliche Geist versöhnt sind.

Bei Kierkegaard dagegen ist der Gottmensch das vernunftmäßig nicht einsehbare Paradox, ja das absolute Paradox, ja das Absurde und damit auch das unaufhebbare Ärgernis. Er ist auch das einmalige Wunder und kann nicht verallgemeinert werden, ohne das Christen-

4. A. a. O. S. 8.

tum gerade ins Gegenteil zu verkehren. Die Schärfe der Polemik gegen HEGEL ist an dieser Stelle unüberbietbar:

»Daß ein einzelner Mensch Gott ist, das heißt, sagt, er sei Gott, ist ja das Ärgernis schlechthin. Aber was ist denn Ärgernis, das Ärgerliche? Das, was wider alle (menschliche) Vernunft streitet... Kann man denn das, was wider alle Vernunft streitet, zum Vernünftig-Wirklichen machen? Doch wohl nicht, wofern man sich selbst nicht widersprechen will.«[5]

»Man hat den Gott-Menschen dozierenderweise gemacht zu jener spekulativen Einheit von Gott und Mensch unter der Form des Ewigen oder vielmehr als erscheinend in der nirgendseienden Sphäre des reinen Seins, während doch der Gott-Mensch vielmehr die Einheit ist des Gott Seins und des ein einzelner Mensch in geschichtlich wirklicher Lage Seins.«[6]

»Was ist nun das Absurde? Das Absurde ist, daß die ewige Wahrheit in der Zeit geworden ist, daß Gott geworden ist, geboren ist, gewachsen ist usw., ganz und gar wie der Einzelmensch geworden ist, nicht zu unterscheiden von einem anderen Menschen; denn alle unmittelbare Erkennbarkeit ist vorsokratisches Heidentum und jüdisch angesehen Abgötterei.«[7]

»Das Absurde ist gerade durch das objektive Abstoßen der Kraftmesser des Glaubens in Innerlichkeit.«[8]

Diese letzte Aussage über das Absurde zeigt, wie eng das Abstoßen vom Vernunftmäßig-Beweisbaren mit dem Abstoßen vom objektiven Wahrheitsbegriff verknüpft ist und wie dabei der Gegensatz von Wissen und Glauben zum Tragen kommt, den HEGEL auch versöhnen wollte.

Damit sind wir bei dem zweiten Punkt der fundamentalen Hegelkritik KIERKEGAARDS angelangt. Die nachhegelianischen Kritiker haben alle nicht nur die Vermittlungen HEGELS als letztlich unzutreffend aufgelöst, sondern auch der Tendenz zum Allgemeinen und Ganzen gegenüber, die bei HEGEL sichtbar wird, das wirklich existierende, konkrete Individuum hervorgehoben.

Für KIERKEGAARD aber bedeutet »wirklich existieren« noch mehr als

5. S. Kierkegaard, Einübung im Christentum, 26. Abt., S. 23 f.

6. A. a. O. S. 117.

7. S. Kierkegaard, Abschließende unwissenschaftliche Nachschrift, 26. Abt., S. 201 f.

8. A. a. O. S. 202.

bloß ein Individuum sein. Während für HEGEL Denken und Sein zusammenfallen, ist für KIERKEGAARD das bloße Denken – und damit die bloß objektive, wissenschaftliche oder spekulative Wahrheit – etwas vom Leben Abstrahiertes. Es ist ein bloßes Gedankengebäude, in dem man nicht lebt. Der spekulative Philosoph ist wie ein Architekt, der einen Palast errichtet, aber im Gärtnerhäuschen nebenan wohnt. Die eigentliche Wahrheit ist die Wahrheit, die im Existieren verwirklicht wird. Sie ist also subjektiver Art und weist sich nicht durch den logischen Beweis, sondern durch den Vollzug aus. Ähnlich hat auch MARX die Praxis gefordert, aber er zielt auf das gesellschaftliche Sein, während KIERKEGAARD auf die subjektive Existenz des einzelnen bezogen ist.

Die echte Wahrheit ist gerade nicht objektiv-uninteressiert, sine ira et studio, sondern besteht in dem Engagement, in dem ich selbst mit unendlicher Leidenschaft beteiligt bin. Das spekulative Wissen fällt daneben als schattenhaft zurück. Die Verwirklichung ist nicht durch kontinuierliche Schritte der dialektischen Vermittlung zu erreichen, sondern nur durch den Sprung, durch den ich mich entschlossen in die Wirklichkeit versetze. Mit dem Begriff des Sprungs weist KIERKEGAARD auf den Glaubenssprung JACOBIS zurück, den dieser LESSING vergeblich anempfahl.

Damit ist der objektiven Wahrheit die subjektive, existentielle Wahrheit entgegengesetzt. Die Existenzphilosophie ist geschaffen. Wenn auch KIERKEGAARD diese Wahrheit bisweilen, vor allem in der »Abschließenden unwissenschaftlichen Nachschrift«, mit der Innerlichkeit gleichsetzt, so geht der Begriff des Existentiellen doch weit über das bloß Innerliche hinaus.

Zweifellos ist mit der philosophischen Formulierung der Existenz und dem dazugehörigen Wahrheitsbegriff ein Element der christlichen Tradition aufgenommen, das sich über LUTHER zu AUGUSTIN und PAULUS zurückverfolgen läßt. Auch die Wurzeln im Idealismus sind deutlich sichtbar. Die positive Spätphilosophie SCHELLINGS, der die konkrete Wirklichkeit der spekulativen Allgemeinheit HEGELS gegenübergestellt hatte, ist nicht ohne Einfluß auf KIERKEGAARD geblieben. Dieser hatte 1841 SCHELLINGS Berliner Vorlesungen gehört und im Anschluß darauf in sein Tagebuch notiert: »Ich bin so froh, Schellings zweite Stunde gehört zu haben – unbeschreiblich. So habe ich denn lange genug geseufzt und haben die Gedanken in mir geseufzt; als er das Wort ›Wirklichkeit‹ nannte, da hüpfte die Frucht des Gedankens in mir vor Freude wie in Elisabeth.«[9] Auch auf SOKRATES verweist KIERKEGAARD. Aber bei ihm selbst ist doch alles auf die Spitze getrieben und der subjektive Wahrheitsbegriff erst vollendet.

Die subjektive Wahrheit ist nicht Wissen, sondern Glauben. Glauben ist eine andere Wahrheits*art* als das Wissen. So schließt sich der Kreis, der von der existentiellen Wahrheit zum Paradox und Ärgernis zurückführt und den Gottmenschen auf ganz andere Weise ergreift als die Spekulation. Den Sprung in den Ernst, der zugleich der Sprung in den Glauben ist und gegenläufig zur Objektivität erfolgt, beschreibt er so:

»Wenn die Subjektivität die Wahrheit ist, so muß die Bestimmung der Wahrheit zugleich einen Ausdruck für den Gegensatz zur Objektivität in sich enthalten, eine Erinnerung an jene Wegscheide, und dieser Ausdruck gibt alsdann zugleich die Spannung der Innerlichkeit an. Hier ist eine solche Definition der Wahrheit: *Die objektive Ungewißheit, in der Aneignung der leidenschaftlichsten Innerlichkeit festgehalten, ist die Wahrheit,* und zwar die höchste Wahrheit, die es für einen *Existierenden* gibt. Da, wo der Weg abbiegt (und wo das ist, läßt sich objektiv nicht sagen, da das gerade die Subjektivität ist), wird das objektive Wissen vorläufig in Ruhe versetzt.«[10] Diese Bestimmung der subjektiven Wahrheit ist gleichzeitig »eine Umschreibung für Glauben. Ohne Risiko kein Glaube. Glaube ist gerade der Widerspruch zwischen der unendlichen Leidenschaft der Innerlichkeit und der objektiven Ungewißheit. Kann ich Gott objektiv greifen, so glaube ich nicht; aber weil ich das eben nicht kann, deshalb muß ich glauben.«[11] Den Glauben abschaffen heißt das Ärgernis abschaffen, damit den wahren Gottmenschen und das eigentliche Christentum preisgeben. Eben das tut die Spekulation HEGELS, die das Glauben durch das Wissen ersetzt.

Mit diesem existentiellen Wahrheitsbegriff tritt nun die Frage nach Gott und dem Gottesverhältnis des Menschen in ein ganz neues Licht. Genau das ist das eigentliche Anliegen KIERKEGAARDS. Wir konnten uns deshalb die Diskussion um den Wahrheitsbegriff nicht ersparen. Das ganze metaphysische Bemühen um Gott vom Gottesbeweis des CARTESIUS bis hin zu dem spekulativen Gebäude HEGELS wird schat-

9. Tagebücher I, S. 273.
10. Nachschrift, S. 194.
11. A. a. O. S. 195.

tenhaft-unwesentlich vor dem leidenschaftlich-subjektiven Ergreifen Gottes durch die Existenz. Gleichzeitig wird das Wesen des Menschen ganz anders bestimmt als in der Tradition, die darin vor allem die Vernünftigkeit hervorhob.

Gegen HEGEL, der den Einzelnen primär als Moment des Allgemeinen würdigte, läßt KIERGEGAARD die Eigentlichkeit des Menschen gerade darin bestehen, daß er ein *Einzelner* wird. Der Einzelne ist mehr als das Allgemeine, so wie die Subjektivität mehr ist als die Objektivität!

Mit der Betonung des Begriffs des »Einzelnen« ist kein bloß quantitativer Unterschied gesetzt. Es handelt sich auch nicht einfach um die romantische Individualität, sondern um eine qualitative Bestimmung der Existenz. Ein Einzelner ist man gerade nicht schon von Natur, indem man ein Individuum ist. Als solches ist man zunächst nur ein Bestandteil der Menge.

Ein Einzelner wird man erst, indem man ein wahrhaft Existierender wird und in die subjektive Wahrheit tritt. Genau dies aber ist bei KIERKEGAARD eine eminent religiöse Bestimmung. Ein wahrhaft Existierender, ein Einzelner wird man nur *vor Gott*, indem das Selbst dem Anspruch der Ewigkeit standhält und nicht ausweicht. Nur in der Beziehung zu Gott wird darum der Mensch wahrhaft Mensch, also als Glaubender.

Die Anthropologie erhält theologische Ausmaße, aber in einem ganz entgegengesetzten Sinn als bei FEUERBACH, der Gott auf den Menschen reduziert. Der Mensch wird *an* Gott erst Mensch, nicht Gott *durch* den Menschen Gott. Der große Appell: Werde ein Einzelner! ist mit dem anderen identisch: Weiche Gott nicht aus, sondern halte die Begegnung mit dem Unbedingten, dem Fordernden, dem Richtenden und nur durch das Gericht hindurch Gnädigen aus!

An den Menschen ergeht die große, entscheidende Frage, »*ob du derart lebst, daß du dir bewußt bist, ein Einzelner zu sein*«[12]. Das ist mit der anderen Frage »nach dem, was jeder Mensch nach seiner ewigen Bestimmung ist«[13], identisch und erinnert daran, »daß die verderblichste aller Ausflüchte die ist: versteckt in der Menge sich Gottes Aufsicht über einen als Einzelnen gleichsam entziehen zu

12. S. Kierkegaard, Eine Gelegenheitsrede aus Anlaß einer Beichte, 18. Abt., S.134.
13. Ebenda.

wollen, sich als Einzelner dem entziehen wollen, daß man Gottes Stimme hört«[14].

Wenn der Mensch an der Begegnung mit Gott ein Einzelner und also ein eigentlich Existierender wird, dann ist von höchster Bedeutung, wer denn dieser rufende Gott ist. KIERKEGAARD will kein neues Gottesbild verkündigen, sondern den Gott des Neuen Testaments wieder hörbar werden lassen. Freilich kann auch das Neue Testament mehr auf einen milden, gnädigen Vater oder mehr auf einen radikalen Gott des eschatologischen Gerichts hin ausgelegt werden. KIERKEGAARD meint den unbedingten, richtenden Gott, dessen Gnade die strenge Gnade ist.

Deshalb bedeutet die Konfrontation mit diesem Gott, in der ich ein Einzelner werde, unerbittlich die Begegnung mit der eigenen Schuld. Die Schuld ist der eigentliche Ausdruck für das existentielle Verhältnis zur Seligkeit. »Gerade weil es ein Existierender ist, der sich verhalten soll, Schuld aber der konkrete Ausdruck der Existenz ist, ist das Bewußtsein der Schuld der Ausdruck für das Verhältnis. Je abstrakter das Individuum ist, desto weniger verhält es sich zu einer ewigen Seligkeit, und desto mehr entfernt es sich auch von der Schuld; denn die Abstraktion setzt die Existenz in die Gleichgültigkeit, Schuld aber ist der Ausdruck für die stärkste Selbstbehauptung der Existenz, und es ist ja ein *Existierender*, der sich zu einer ewigen Seligkeit verhalten soll.«[15]

Diese Bestimmung ist noch nicht spezifisch christlich, sondern auch einer humanen Religiosität (von KIERKEGAARD Religiosität A genannt) erschwinglich. Der Immanenz enthoben, dialektisch zugespitzt und paradox auf das historische Erscheinen des Gottmenschen bezogen ist erst die Religiosität B, das eigentlich Christliche. In dieser erscheint die Schuld gesteigert als Sünde. Die Grundbestimmung der Existenz wird damit das Sünder-Sein. Das Sündenbewußtsein »ist der Ausdruck für die paradoxe Verwandlung der Existenz. Die Sünde ist das neue Existenz-Medium ... In der Totalität des Schuldbewußtseins macht sich die Existenz so stark geltend wie möglich innerhalb der Immanenz, aber das Sündenbewußtsein ist der Bruch.«[16]

Indem die Existenz auf das Sünder-Sein festgelegt ist, gehören zu ihr

14. Ebenda.
15. Nachschrift, 2. Teil, 16. Abt., S. 238.
16. A. a. O. S. 296 f.

als Grundbestimmungen auch die *Angst* und die *Verzweiflung*. Die Angst in ihren mannigfaltigen Formen ist zu analysieren als die Angst vor dem Nichts und als der Schwindel des Möglichen; die Angst wird so mit der Freiheit und Schuld zusammengesehen. Angst befördert den Sündenfall, die Schuld ihrerseits verstärkt die Angst. Die Angst hat im Gegensatz zur Furcht kein direktes Objekt und ist gerade darin unheimlich, letzte Existenzangst. Die Verzweiflung als weitere Grundbefindlichkeit der Existenz ist letztlich auch Sünde. Sie kann als Verzweiflung der Schwäche bestimmt werden, in der man »verzweifelt nicht man selbst sein« will[17], oder als Verzweiflung der trotzigen Stärke, in der man »verzweifelt man selbst sein« will[18]. Seines verzweifelten Zustandes aber nicht bewußt zu sein bedeutet, daß man noch gar nicht mit der Wahrheit der Existenz konfrontiert worden ist, noch kein Einzelner ist und als stumpf Glücklicher viel weiter von der Wahrheit und der Seligkeit entfernt ist als der wahrhaft Verzweifelte. Denn Sein vor Gott ist Bewußtsein des Sünder-Seins.

Deshalb kann KIERKEGAARD die gesamte Situation des Menschen in die Aussage zusammenfassen: »Die Verzweiflung potenziert sich im Verhältnis zum Bewußtsein vom Selbst, das Selbst aber potenziert sich im Verhältnis zum Maßstab für das Selbst, und unendlich, wenn Gott der Maßstab ist. Je mehr Gottesvorstellung, desto mehr Selbst; je mehr Selbst, desto mehr Gottesvorstellung. Erst, wenn ein Selbst als dies bestimmte einzelne sich bewußt ist, da zu sein für Gott, erst dann ist es das unendliche Selbst; und dieses Selbst sündigt dann vor Gott.«[19]

Dennoch ist auch gerade die Verzweiflung noch die Krankheit zum Tode und die Konzentration der Sünde; denn in ihr drückt sich der letzte Unglaube aus. Im Glauben aber sind Angst und Verzweiflung aufgehoben. Der Glaube ist der Zustand, »in dem schlechterdings keine Verzweiflung ist: indem es sich zu sich selbst verhält, und indem es es selbst sein will, gründet sich das Selbst durchsichtig in der Macht, welche es gesetzt hat. Eine Formel, die wiederum, woran des öfteren erinnert worden, die Definition ist für Glaube.«[20]

17. Die Krankheit zum Tode, S. 47.
18. A. a. O. S. 67.
19. A. a. O. S. 79.
20. A. a. O. S. 134.

Fünfter Teil
Der tote Gott

1. Gott als überflüssige Hypothese

Der mechanistische Materialismus

Der moderne Atheismus zieht seine Kraft zunächst aus der einseitig mechanistischen Auslegung des naturwissenschaftlichen Weltbildes. Viele affektive Motive des Lebensverständnisses oder des Ethos sind damit verknüpft und verschaffen sich gleichzeitig ihren Ausdruck. Die humane Toleranz, die sich gegen den kirchlichen Fanatismus der Religionsverfolgungen wendet, erhofft ebensosehr eine Hilfe vom Atheismus wie der Wunsch nach einem oberflächlichen Lebensgenuß, der von den strengen Geboten entlastet ist. Die theoretische Grundlage der ersten atheistischen Systeme aber bildet immer die neue Naturwissenschaft. Die universale Ausweitung der Mechanik durch Newton schien den gesamten Weltprozeß überhaupt auf die mechanischen Gesetze rückführbar zu machen. Damit wurde das Spezifische des Lebens, des Menschseins und der Freiheit fragwürdig. Die kosmologische Perspektive behält zuerst ihren Vorrang vor der anthropologischen. So ist auch im 18. Jahrhundert die Anknüpfung an den antiken atheistischen Materialismus direkter. Besonders der Atomismus epikuräischer Prägung, wie er klassisch im Buch des Lukrez »de rerum naturae« niedergelegt ist, kann als Vorbild des kosmologischen Atheismus des 18. Jahrhunderts gelten. Nur ist jetzt der Mechanismus durch seine mathematische Fassung bei Newton universaler begründet und technisch verifiziert. Damit kann der Gottesglaube als unwissenschaftliche Welterklärung beiseite geschoben werden.

Den eigentlichen Durchbruch erfahren die materialistisch-atheistischen Systeme in der radikalen französischen Aufklärung im Kreise der Herausgeber der großen Enzyklopädie.

Es handelt sich um eine teilweise durch den englischen Empirismus vermittelte *Umkehrung der cartesianischen* Welt. Descartes hatte die Welt dualistisch verstanden. Die ausgedehnte Welt ist ihm eine große Maschine. Auch die Lebensfunktionen kann er sich nur als maschinellen Mechanismus vorstellen. So kommt er zu der absurden These, die Tiere seien Maschinen. Soweit der Mensch räumlich ausgedehnter Leib ist, kann DESCARTES sogar von der »Maschine des menschlichen Körpers«[1] reden. Diese Abwertung der Lebensvorgänge reduziert die Welt auf die einzige Dimension der materiellen Gesetze der Mechanik. Das bedeutet nicht nur eine ungeheure Verarmung der Welt durch das einseitige Verständnis aller Prozesse, sondern es hat darüber hinaus zur Folge, daß das ganze Weltgeschehen lückenlos determiniert scheint. Das drückt sich charakteristisch in der KANT-LAPLACESCHEN Theorie aus: Wenn wir in einem bestimmten Zeitpunkt den Ort und die Bewegungsgröße ($m \cdot \vec{v}$) aller Körper genau bestimmen könnten, dann wäre es möglich, rückwärts und vorwärts das gesamte Weltgeschehen zu berechnen und für jeden beliebigen Zeitpunkt zu bestimmen. In einer solchen Welt ist für Freiheit kein Raum. Diese Theorie ist schon rein physikalisch falsch, aber erst die moderne Quantentheorie war in der Lage, den Fehler nachzuweisen.

Für DESCARTES ist nun diese räumliche Welt nicht die ganze Welt. Ihr steht die ebenso ursprüngliche und gleichrangige Welt der denkenden Vernunft gegenüber. So wie die ausgedehnte Materie als »res extensa« Substanz ist, so ist auch die »res cogitans« Substanz. Für DESCARTES hat die denkende Substanz sogar noch den Vorrang, daß sie für den Menschen das erste Gewisse ist. Seine Bewußtseinsphilosophie geht davon aus, daß ich denke und also bin; die Außenwelt ist erst sekundär als Realität anerkennbar.

Mit diesem cartesianischen Dualismus ist wohl jedem Materialismus der Boden entzogen. Dafür ist die Welt dermaßen schroff in zwei wesensfremde Sphären gespalten, daß nur mit der größten Schwierigkeit begründet werden kann, wie denn überhaupt diese Sphären in eine Beziehung miteinander treten können, da Substanzen voneinander unabhängig sind. Der Mensch erfährt sich jedoch als das Ineinander von Denken und Ausdehnung. Diese Frage war von Anfang an die schwache Stelle der cartesianischen Metaphysik.

Wenn man nun in Betracht zieht, daß eine Abhängigkeit geistiger Phänomene von körperlichen bewiesen werden kann, wie es etwa der Arzt DE LAMETTRIE (1709–1751) aufgrund eines Fieberschubes tat, dann kann der Geist als selbständige Substanz fraglich werden. Er

1. R. Descartes, Meditationen, übers. v. H. Buchenau, Hamburg 1965, S. 75.

erscheint plötzlich als bloße Funktion der ausgedehnten Materie. Diese ist in ihrem Realitätsanspruch viel aufdringlicher als Geist oder Seele, die doch sehr ungreifbar sind. Wenn auch von einer differenzierten Erkenntnistheorie aus die Innenwelt als unmittelbarer real als die Außenwelt bezeichnet werden kann, so ist es dem unkritischen Betrachter doch einleuchtender, daß der menschliche Geist ein Teil der real-räumlichen Welt sei, als umgekehrt. Es erwacht der Gedanke einer Naturgeschichte der Seele. Die Abkehr von dem problematischen Dualismus erfolgt deshalb in der Richtung, die Selbständigkeit der Seele und des Geistes zu verneinen. Bereits die englische Aufklärung hatte durch John LOCKE und andere die Existenz der »eingeborenen Ideen« bestritten und damit den Gottesbeweis von DESCARTES untergraben. Im Ausgehen von der Erfahrung (Empirismus statt Rationalismus) oder gar nur der Sinnenwahrnehmung (Sensualismus) wird der Raum des Geistes an sich immer mehr eingeengt. Nichts ist im Geiste, was nicht vorher in den Sinnen war! Dieser Grundsatz macht aus dem geistigen Vermögen des Menschen eine reine Empfänglichkeit. Dieser radikale Empirismus wird zwar in der deutschen Aufklärung von LEIBNIZ in tiefgreifenden Untersuchungen seines Ungenügens überführt und im transzendentalen Kritizismus KANTS als bloße Halbwahrheit enthüllt, aber im französischen Raum gewinnt diese Denkweise, verbunden mit dem Mechanismus NEWTONS, an Überzeugungskraft.

Die französische Aufklärung führt die rein materielle Deutung der Welt systematisch durch. Die Reduktion auch des gesamten Lebensprozesses auf das mechanistische Prinzip erscheint am deutlichsten ausgeprägt zunächst bei dem schon erwähnten Julien Offray DE LAMETTRIE. Dieser zieht die Konsequenz, daß, wenn der Geist des Menschen nicht eine besondere selbständige Substanz ist, auch der Mensch selbst ebenso eine bloße Maschine ist, wie es DESCARTES von den Tieren angenommen hat. »Behaupten wir also dreist, daß der Mensch eine Maschine ist und daß es in der ganzen Welt nur eine einzige verschieden geartete Wesenheit gibt«[2], ruft er in seinem Buche mit dem provokativen Titel »l'homme machine« aus. Folgerichtig heißt es weiter: »Die Seele ist also nur ein nichtiger Ausdruck«[3]. Das ist die neue bestürzende Deutung des Menschseins.

2. J. O. de la Mettrie, L'homme machine, Leiden 1748, übers. von Adolf Ritter, Der Mensch eine Maschine, Leipzig 1875, S. 80.

3. A. a. O. S. 59.

Wenigstens ist damit die ungerechtfertigt große Kluft zwischen Mensch und Tier, die Descartes aufgerissen hatte, wieder zugeschüttet; aber um welchen Preis!

Die These Lamettries ist durchaus die folgerichtige Vollendung des einseitig mechanistischen Ansatzes. Die Konsequenz ist zwar absurd und zeigt unmittelbar auf, daß damit die Wirklichkeit des Menschseins nicht genügend bestimmt ist. Daraus ist nur zu schließen, daß die Prämisse irrig ist. Die mechanistische Voraussetzung schien aber naturwissenschaftlich so einleuchtend zu sein, daß es schwer war, ihr zu entgehen und damit auch gegen die Konsequenz Entscheidendes einzuwenden.

Die verarmte Maschinenwelt der mechanistischen Determination ist im weiteren eine Welt, die nach dem Kausalitätsprinzip in sich selbst von selbst fortläuft. Es ist eine geschlossene Welt. In ihr gibt es nicht nur keine Freiheit und kein selbständiges geistiges Leben, sondern vor allen Dingen auch keine Wunder. Sobald die Welt derart geschlossen ist, verliert die Gottesfrage ihre Kraft. Gott hat *innerhalb* dieser Welt keine Funktion. Möglich wäre nur noch ein dürrer Deismus, der aber für das religiöse Leben als gegenwärtige Gottesbeziehung bedeutungslos ist und bloß noch das eine leistet, die Sinnhaftigkeit der Welt zu garantieren. Die Gottesfrage wird durch die Geschlossenheit des mechanistischen Determinismus auf die einzige Frage reduziert, ob diese Welt, die von selbst läuft, am Anfang durch einen Gott geschaffen wurde oder ob sie aus sich selbst entstanden, ja vielleicht ewig bestehend sei. Die von einem intelligenten Gott geschaffene Welt hätte offenbar einen Sinn, während ein solcher in der ewig sich hin und her bewegenden bloßen Materie kaum wahrzunehmen wäre.

Diese Alternative ist bereits von jeder religiösen Lebendigkeit, die sich der Gegenwart Gottes erfreut, weit entfernt. Ob am Anfang ein nachher arbeitslos werdender Gott oder die ewige Materie steht, ist schon wesentlich gleichgültig. Es ist die allerletzte Stellung, die die religiöse Welt in diesem Zusammenhang noch halten kann, einen Urhebergott als Schöpfer einzusetzen. Kann aber auch nur diese Stellung gehalten werden, kann der intelligente Schöpfer als notwendig für die Begründung der mechanisch-materialistischen Welt erwiesen werden?

Von der Einschmelzung des Geistes in die Materie her scheint der Atheismus die einzige und wahre Konsequenz des Ganzen zu sein.

Eine Welt als geschaffene setzt einen planenden Geist voraus, im Materialismus aber ist der Geist selbst nur Teil der Materie. Deisten, Theisten oder gar orthodoxe Christen erscheinen in dieser Sicht als Vertreter einer überwundenen vorwissenschaftlichen Weltschau oder als inkonsequente Verteidiger eines letzten Restes einer grundsätzlich überwundenen Welt, von der man sich durch irgendwelche Emotionen noch nicht ganz zu lösen vermag.
Gott als bloße wissenschaftliche Hypothese über den Ursprung der Welt wird zunehmend überflüssiger. Die Hypothese erklärt im Grunde nichts und ist im mechanistischen System eher ein Fremdkörper, da sie ein mechanikfremdes Element der freien Intelligenz als Prinzip an den Anfang setzt. Dieses notwendige Ende des Weges, der von solchen Voraussetzungen ausgeht, ist in der klassischen Anekdote ausgesprochen: LAPLACE, von NAPOLEON daraufhin befragt, wo denn in seinem System Gott noch einen Raum habe, antwortete: »Sire, ich bedarf dieser Hypothese nicht.«
LAMETTRIE selbst geht noch nicht ganz so weit. Er läßt die Frage, ob ein Gott als Schöpfer sei, theoretisch offen, erklärt sogar, die Existenz Gottes sei wahrscheinlicher, die Frage sei freilich völlig gleichgültig, er ergreife keine Partei. Das ist selbstredend nur eine Alibiaussage, denn wohlwollend zitiert er den angeblichen Ausspruch eines Freundes: Es »wird die Welt nur, wenn sie dem Atheismus huldigt, glücklich sein«[4]. Das ist zweifellos die eigentliche Meinung LAMETTRIES.
Die klassische Vollendung des materialistischen Weltsystems mit dem konsequenten Atheismus ist bei Paul Heinrich Dietrich Baron von HOLBACH (1723–1789) erreicht. Sein 1770 erschienenes Werk »Systemè de la nature ou des lois du monde physique et du monde morale, par Mirabaud« stellt das System umfassend dar. Die politischen Verhältnisse vor der Französischen Revolution ließen es HOLBACH geraten erscheinen, das Buch pseudonym herauszugeben und dem verstorbenen Hofmann MIRABAUD anzulasten. Auch der Druckort London ist fingiert. In Wirklichkeit wurde diese Bibel des Materialismus in Holland gedruckt.
Baron von HOLBACH spricht nur aus, was in der breiten Schicht der französischen Gesellschaft längst Allgemeingut ist. Die Natur ist ihm »nichts als eine unermeßliche Kette von Ursachen und Wirkungen«[5].

4. A. a. O. S. 58.
5. P. H. D. Baron von Holbach, Système de la nature ou des lois du monde

Das Leben ist nicht grundsätzlich vom Leblosen unterschieden. Leben ist nur eine »Vereinigung von Bewegungen«[6]. Er beweist das damit, daß die leblose Materie in Leben übergeht, wenn man Mehl und Wasser zusammenmengt und verschließt: Nach wenigen Tagen wimmelt es darin von Lebewesen. Auch die Menschen sind nicht grundsätzlich von der Materie verschieden. Die Seele ist »materieller Natur«[7], »ein rein materielles Wesen«[8]. Das menschliche Dasein besteht auch nur aus »Attraktion und Repulsion«[9]. Wir kennen bloß häufig die Gründe der menschlichen Reaktionen zu wenig, weil sich die Dinge beim Menschen etwas komplizierter und verborgener abspielen. So gibt es keine Willensfreiheit. HOLBACH ist überzeugt, »daß der Mensch in keinem Augenblick seines Lebens frei ist«[10]. Die Freiheit ist nur zum Zwecke der Theodizee erfunden worden, um einen gütigen, vorsehenden Gott mit dem Anblick einer sinnlosen, grausamen Welt vermitteln zu können. Durch die Freiheit würde Gott entlastet. Damit wendet sich HOLBACH gegen die Gedanken ROUSSEAUS.

Die Unfreiheit des Menschen geht so weit, daß auch der gesamte Geschichtsablauf determiniert ist. HOLBACH zieht die Konsequenz: »Bei Revolutionen, welche eine politische Gemeinschaft erschüttern und nicht selten den Umsturz eines Reiches herbeiführen, wird von denen, die sich entweder zu Werkzeugen der Zerstörungswut machen oder ihr zum Opfer fallen, nichts getan oder gesprochen, gedacht oder erstrebt, was nicht notwendig bedingt wäre, sowie es andrerseits notwendig wirkt und unaufhaltsam die Folgen herbeiführt, die es herbeiführen muß.«[11]

Die mechanistische Notwendigkeit läuft in sich selbst. Auch für HOLBACH ist die Annahme eines Gottes eine überflüssige Hypothese. Im Gegensatz zu LAMETTRIE spricht er es aber offen aus. Für ihn ist »die Gottheit nur in der Phantasie der Menschen vorhanden«[12]. Damit wird freilich auch der ganze Weltprozeß sinnlos. »Das Ganze kann

physique et du monde morale, par Mirabaud, London (faktisch Amsterdam oder Leiden) 1770, deutsch (anonym) Leipzig 1841, S. 34.

6. A. a. O. S. 28.
7. A. a. O. S. 110.
8. A. a. O. S. 142.
9. A. a. O. S. 47.
10. A. a. O. S. 200.
11. A. a. O. S. 52.
12. A. a. O. S. 477.

keinen Zweck haben.«[13] Es ist völlig sinnlos, von Ordnung oder Unordnung zu sprechen. Ordnung ist »nichts anderes als die Notwendigkeit«[14]. Ordnung und Unordnung sind rein subjektive Gesichtspunkte der menschlichen Nützlichkeit. Vom Gesamtverlauf her gesehen ist alles gleich notwendig. Ein mißgebildetes Kind ist nicht eine Störung der Natur oder eine Unordnung in ihr im Verhältnis zu einem wohlgebildeten. Die Mißbildung war ebenso notwendig und Ausdruck der lückenlosen Kausalität wie die Bildung des gesunden Kindes.

An dieser Stelle stoßen wir wiederum auf die Absurdität der Konsequenzen. Die Folgerung HOLBACHS ist nur möglich, weil er das organische Leben auf den Mechanismus reduziert und jeden Sinn und Zweck aus dem Weltprozeß streicht. Sobald ich das Organische als sinngerichtete Steuerung erkenne, die Leben ermöglichen soll, ist zwischen der Normal- und der Mißbildung durchaus zu unterscheiden; die Mißbildung erscheint als Störung. HOLBACHS Konsequenz ist durchaus unnatürlich, obgleich er gerade ein natürliches System darbieten will. Der Fehler liegt wiederum bei den Prämissen, die zu sinnwidrigen Folgerungen zwingen. Es ist die Reduktion der Wirklichkeit auf die eindimensionale Beschränktheit des mechanischen Gesichtspunktes.

Eine gewaltige Inkonsequenz blieb auch der so geschlossenen mechanistischen Welt nicht erspart. Wenn sich alle Dinge mit Notwendigkeit abspielen und sogar die Geschichte ebenso determiniert verläuft wie das Geschehen in der unbelebten Natur, so daß selbst jede einzelne Grausamkeit inmitten der Leidenschaften einer Revolution mechanisch festgelegt ist, dann ist es sinnlos, für den Menschen Verhaltensmaßregeln aufstellen zu wollen. Es gibt keine Ethik der Mechanik. Sie ist jenseits von gut und böse, genauso wie sie nach HOLBACH jenseits von Ordnung und Unordnung ist. Seltsamerweise aber bemühen sich die Materialisten inmitten ihres Systems dennoch um eine neue Ethik. Sie ist meist eudämonistisch. Bei LAMETTRIE steht das Lustprinzip im Vordergrund. In irgendeinem Sinne wird »Natürlichkeit« angestrebt, obgleich man das Leben samt seinen natürlichen Bedürfnissen auf die Physik reduziert hat. Diese elementare Inkonsequenz zeigt, daß sogar die folgerichtigsten Mechanisten ihren Ansatz nicht bis zu Ende durchhalten können. Das Leben selbst widerlegt mit seiner unüber-

13. A. a. O. S. 64.
14. A. a. O. S. 57.

hörbaren Frage nach dem, was wir tun sollen, den einspurigen Mechanismus.

Die Materialisten wurden weniger wegen dieses fundamentalen Widerspruchs angegriffen, als um der Inhalte ihrer Ethik willen. Die eudämonistischen Anschauungen galten als unmoralisch und gefährlich, die politisch freiheitliche Tendenz als Unterwühlung der staatlichen Autorität, obgleich der ganze Kreis um die Enzyklopädie politisch im wesentlichen gemäßigtere Forderungen erhob als der aufs Ganze gehende ROUSSEAU. So griffen sich Christen und Atheisten auch auf dem ethischen Feld gegenseitig an. Die Atheisten beklagten die Grausamkeit des intoleranten Fanatismus der Kirche, die Christen dagegen die frivole Genußsucht der Materialisten. Auf solchem Niveau ist die Gottesfrage nicht zu entscheiden.

Der mechanistische Materialismus galt nicht allen der Enzyklopädie nahestehenden Denkern als die einzige Konsequenz neuzeitlicher Wissenschaft. Abgesehen von dem geistreichen, aber schwankenden Denis DIDEROT (1713–1784), dem großen Organisator der Enzyklopädie, muß an die Naturforscher erinnert werden, die nicht von der Physik, sondern von der Untersuchung des Lebendigen ausgingen. Der Naturalismus eines Zoologen wie Georges Louis Leclerc Graf von BUFFON (1707–1788) widerstrebte dem unnatürlichen System der Natur HOLBACHS. BUFFON richtet sich zwar auch auf eine Welt der Immanenz ein. Doch er denkt organischer. Er erlebt die Welt als Einheit in der Mannigfaltigkeit der Organismen. Von da aus tastet sein Weltverständnis mehr in der Richtung zu einem Pantheismus vor. Aber diese Art Naturalismus blieb vage und drang nicht gegen die scharfen Konturen des Systems von HOLBACH durch.

Daß etwas an dem mechanistischen Materialismus nicht stimmen konnte, war wohl allgemein fühlbar. Bis hin zu VOLTAIRE äußerte sich das Unbehagen, das aber oft nur emotionalen Ausdruck fand. Mit aller Kraft hat ROUSSEAU[15] darauf hingewiesen, daß diese Lehre der elementaren Selbsterfahrung des Lebendigen widerspricht und die Würde des Menschen erniedrigt.

Indessen reicht ein Unbehagen nicht zur Widerlegung dieses so geschlossenen Systems aus. Seine Stärke beruhte darauf, daß die ungeheure Durchschlagskraft der Mechanik NEWTONS den Ansatz unwi-

15. Vgl. U. Neuenschwander, Gott im neuzeitlichen Denken Bd. I.

derleglich zu machen schien. Die ganze gemäßigte Aufklärung ist ein Kampf gegen die untragbaren Konsequenzen dieses Systems, das man aber eben nicht in dieser Phase der Folgerungen überwinden konnte. Man mußte inkonsequent sein und befand sich damit in einer mißlichen Lage.

Der Determinismus, der das menschliche Selbstsein niederzuwalzen drohte, hat mit zum Erfolg des romantisch-irrationalen Rückschlages beigetragen. Die Erweckung und die antiaufklärerische Reaktion zogen einen Teil ihrer Kraft aus dieser Bedrohung, die sie der ganzen Aufklärung anlasteten. Soweit man nicht die Überwindung des Mechanismus durch die grundsätzlich andere Denkungsart des Idealismus mitvollzog, blieb als Rettung nur der problematische Glaubenssprung ins Irrationale übrig, der freilich einem Salto mortale verzweifelt ähnlich sieht. Nicht zufällig breitete sich der Materialismus in Deutschland genau nach dem Sturz des Idealismus aus.

Selten freilich wird auch in Deutschland diese Weltanschauung bis in die letzten Konsequenzen hinein verfochten. Ludwig BÜCHNER (1824 bis 1899) schuf mit seinem Werk »Kraft und Stoff« 1855 ein deutsches Gegenstück zu HOLBACHS System der Natur. Jacob MOLESCHOTT (1822–1893) und Carl VOGT (1817–1895) unterstützten seine Bemühungen. Im ganzen jedoch blieb es bei einer halbherzigen atheistisch-materialistischen Stimmung, die die letzten emotionalen Widerstände nur schwer überwinden konnte.

Diesem naturwissenschaftlichen, teils mehr mechanistischen, teils in der Nachfolge DARWINS mehr biologischen Materialismus überlagert sich der rasante anthropologische Atheismus, der aus der idealistischen Dialektik stammt und von Gott als Bewußtseinsidee ausgeht. Dieser philosophische Atheismus hat ganz andere Wurzeln als der naturwissenschaftliche. Er verbündet sich aber gern mit ihm, da die Junghegelianer vom Idealismus losstrebten und einem, wenn auch anders verstandenen Materialismus zustrebten. Die beiden Formen des Atheismus stützten sich gegenseitig. Wenn Atheismus ebenso philosophisch wie wissenschaftlich das Gegebene ist, dann kann es Glauben nur noch als hinterweltlerischen Köhlerglauben geben. Carl VOGT gab dieses Stichwort in seinem Buche »Köhlerglaube und Wissenschaft« 1854 mit großer Schärfe aus.

Im allgemeinen Bewußtsein flossen beide Arten des Atheismus wie zwei Ströme zusammen. Die weniger gebildeten Schichten, die die Dialektik der Philosophen nicht verstanden, hielten sich mehr an den

handfesteren naturwissenschaftlichen Atheismus, obgleich auch dieser ihnen nur in der vergröbernden Form pseudowissenschaftlicher Schlagworte zugänglich war und sie niemals daran dachten, die Gleichungen NEWTONS nachzurechnen.
Aber daß der Mensch ist, was er ißt – das versteht jeder.
So findet sich auf jeder Ebene das passende Argument. Selbst ein Naturwissenschaftler vom Range eines Ernst HAECKEL dünkt sich nicht zu gut, die Nichtexistenz Gottes mit dem albernen Hinweis zu begründen, die Gläubigen stellten sich Gott doch nicht unkörperlich, sondern nur unsichtbar, also gasförmig vor; Gott wäre demnach ein gasförmiges Wirbeltier und mithin bloß eine paradoxe Vorstellung.[16]
Der Materialismus ist eine triviale Art, mit der Frage nach Gott fertig werden zu wollen. Mag er auch eine Zeitlang viele Anhänger um sich gesammelt haben, so beruht er doch auf einem Grundirrtum. Die Naturwissenschaft hat seither diesen Irrtum selbst restlos beseitigt. Die Welt mag sein, wie sie ist; jedenfalls ist sie nicht eine rein auf dem Prinzip der Mechanik aufgebaute Maschine.
Ernst, sehr ernst wird es mit der Gottesfrage nicht an dieser Stelle, sondern dort, wo die *anthropologische Religionskritik* einsetzt. Der mechanistische Atheismus ist nicht mehr als ein Vorhof der wahren Gottlosigkeit. Zum Tempel des Atheismus aber oder gar zu seinem Allerheiligsten erhalten wir nur Zutritt, wenn wir uns mit seinen Hohepriestern in das Gespräch einlassen: Ludwig FEUERBACH, Karl MARX, Friedrich NIETZSCHE.

16. Vgl. E. Haeckel, Die Welträtsel (1899), Nachdruck der 11. Aufl. Berlin 1960, S. 366.

2. Gott als Projektion des menschlichen Wesens

Ludwig Feuerbach (1804–1872)

Der Atheismus der mechanistischen Materialisten vermochte nur die flachsten Geister zu befriedigen. Dafür mag als ein Beispiel für viele das Urteil Goethes in »Dichtung und Wahrheit« sprechen: »Ich gedenke statt aller des Système de la Nature, das wir aus Neugier in die Hand nahmen. Wir begriffen nicht, wie ein solches Buch gefährlich sein könnte. Es kam uns so grau, so cimmerisch, so totenhaft vor, daß wir Mühe hatten, seine Gegenwart auszuhalten, daß wir davor wie vor einem Gespenste schauderten.«[1] Zu heftig widerspricht die Reduktion des Menschen auf das Maschinenmäßige der elementaren Selbsterfahrung. Auch trifft die Beschränkung der Gottesfrage auf die Hypothese eines Urhebers der nachher in sich geschlossenen Maschinenwelt an der lebendigen Religion vorbei.

Ein wirklich durchschlagender Atheismus muß mehr leisten. Er müßte die Welt so verstehen, daß der Mensch in seinem echten Menschsein erfaßt und daß gleichzeitig aus dem Wesen des Menschen heraus verständlich gemacht würde, *warum* der Mensch – im Gegensatz zu Stein, Pflanze und Tier – gerade *als Mensch* an Gott glaubt. Es müßte durchsichtig gemacht werden, warum das Religionhaben nicht nur eine zufällige, gar pathologische Erscheinung bei einzelnen wäre, sondern etwas, was den Menschen als Menschen allgemein charakterisiert. Zugleich müßte dargetan werden, daß und warum der Gottesglaube *trotzdem* täuschend ist, da in Wahrheit kein Gott existiert.

Nur ein solcher Atheismus, der *anthropologisch*, nicht kosmologisch begründet wäre, vermöchte den Glauben an Gott ernsthaft in Frage zu stellen.

Die ungeheure Bedeutung Ludwig Feuerbachs liegt darin, daß er

1. J. W. von Goethe, Dichtung und Wahrheit, 3. Teil, 11. Buch, Werke, Hamburger Ausgabe, Bd. 9, 6. Aufl. 1967, S. 490.

genau diese Aufgabe in die Hand genommen hat. Seine Religionskritik ist deshalb der bis heute entscheidende Einwand gegen den Gottesglauben überhaupt. Bei allen Mängeln seiner Gedankenführung, auf die noch hinzuweisen sein wird, ist sein Atheismus am ernstesten zu nehmen. Wohl hat er mancherlei Vorgänger, aber er ist es gewesen, der am genauesten ins Ziel getroffen hat. Er war dazu in der Lage, weil er, durch die Schule HEGELS hindurchgegangen, die Methode der dialektischen Gedankenführung auf höchstem Niveau beherrschte.

Der Ausgangspunkt FEUERBACHS ist demnach dem mechanistischen Materialismus ganz entgegengesetzt. Der Idealismus hatte gerade das Menschsein des Menschen, sein Bewußtsein, seinen Geist, der aber mehr als der bloß cartesianische Verstand war, zum Ausgangspunkt des Weltverständnisses gemacht. Gleichzeitig geht der Idealismus vom Absoluten aus und ist deshalb eine eminent religiöse Philosophie. Nach dem Tode HEGELS entsteht in seiner Schule der Umsturz der Wertungen, aber gerade mit Hilfe der dialektischen Methoden selbst. So wird der Idealismus nicht von außen her angegriffen, sondern von innen her gesprengt. Der Ansatz beim absoluten Geist, bei Gott, fällt dahin, aber der Ausgangspunkt beim Bewußtsein, also der menschlichen, nicht der mechanischen Form des uns bekannten Daseins, bleibt bestehen.

In dem linkshegelianischen revolutionären Aufbruch nach dem Tode HEGELS wird vor allem dessen versöhnende Synthese aufgelöst. Die Identität als letztes Geheimnis der Wirklichkeit erscheint als abstraktes Postulat. Das Allgemeine und der absolute Begriff werden als nachträgliche spekulative Konstruktionen entwertet, und das Konkret-Einzelne, Handgreifliche wird als die eigentliche Wirklichkeit bestimmt. Was bei HEGEL sekundär war, tritt an die erste Stelle, was bei ihm absolut war, wird zum bloß Abgeleiteten. Die Wendung zum Gegenständlichen und Äußeren führt letztlich zu einer Auflösung des idealistischen Ansatzes beim Bewußtsein selbst und schlägt – besonders deutlich bei Karl MARX – in den Materialismus um, der das Sein dem Bewußtsein voranstellt.

An der Spitze des HEGELSCHEN Weltverständnisses, gleichzeitig als die alles durchdringende Sinndynamik steht der *absolute Geist*. Er, Gott, ist das Geheimnis der Wirklichkeit, der Mensch jedoch ist nur der abgeleitete, endliche Geist, der sich in seiner Endlichkeit Gottes bewußt und der Identität mit Gott gewürdigt wird. Bei der linkshegelianischen Umkehr der Prioritäten führt das notwendig zu dem grund-

sätzlichen Atheismus, indem der konkrete menschliche Geist die erste Wirklichkeit ist, Gott aber nur eine Erscheinung des Bewußtseins.
Das Problem der Religion und des Atheismus stellt sich somit für die Linkshegelianer völlig anders als für die französischen Materialisten.
Indem HEGEL die Religion als die Erhebung des endlichen zum unendlichen Leben, des endlichen zum unendlichen Geiste versteht, trifft er genau das Zentrale. Es geht um das gegenwärtige, lebendige Gottesverhältnis. An dieser Stelle entscheiden sich Wahrheit und Unwahrheit der Religion. Weit hinten liegt das deistische Problem der Hypothese eines Weltanfängers, der sich nachher zur Ruhe setzt und der in Gang gesetzten Maschine zuschaut.
Indem die Linkshegelianer *an dieser Stelle* die Wirklichkeit Gottes verneinen, indem sie den wirklichen *Gottes*bezug in Frage stellen und als Selbstbezug des menschlichen Bewußtseins deuten, greifen sie den zentralen Punkt der Religion an. Sie bestreiten nicht die Wirklichkeit des Faktums der Gottes*beziehung*, bestreiten aber, daß es eine *Gottes*beziehung ist.
Der Mensch wird keineswegs auf das Maschinenhafte reduziert, so daß er Sinn und Bewußtsein einbüßt. Vielmehr wird das Bewußtsein auf das höchste gesteigert. Nicht der Geist, sondern der *absolute* Geist wird bestritten, der als Losgelöstes, Abstraktes erscheint, das nicht an der konkreten Wirklichkeit teilhat.
Indem gezeigt wird, daß der absolute Geist nur die nachträgliche abstrakte Vergegenständlichung des konkreten menschlichen Geistes ist, wird gleichzeitig aufgewiesen, warum Religion entsteht und warum sie eine Selbsttäuschung ist. Zugleich wird mit der Aufhebung der Religion die Würde des Menschen nicht aufgehoben, sondern im Gegenteil ins Unermeßliche aufgewertet.
Die Auseinandersetzung um Gott spielt sich so nicht im Raume der Materie, sondern im Mittelpunkt des menschlichen Selbstbewußtseins ab.
FEUERBACH steht mit dieser Wendung der HEGELSCHEN Philosophie nicht allein. Die Bewegung der Junghegelianer, so sehr sie auch in sich selbst differenziert und unter sich zerstritten ist, erscheint doch als Ganzes, und sie umfaßt eine Fülle von radikalen und dynamischen Persönlichkeiten, deren Schriften unabsehbare Wirkungen erzielen, auch wenn sie bei der großen Mehrheit auf entsetzte Abwehrreaktionen stoßen. Sie wirken als Stachel im Fleische der Gesellschaft des 19. Jahrhunderts. Von der Gesellschaft geächtet und verfemt, halten

sich die Linkshegelianer durch das prophetische Bewußtsein ihrer umstürzenden Bedeutung aufrecht. Am Anfang der Reihe steht David Friedrich Strauss (1808–1874). Neben Feuerbach und Karl Marx sind vor allem Bruno Bauer (1809–1882), Arnold Ruge (1802–1880) und der eher abseitige Max Stirner (1806–1856) zu nennen.

Der ganze Umschlag vom Allgemeinen zum Einzelnen, der auch zu einer Wendung nach außen und damit zur Verdrängung des Idealismus durch einen »Materialismus« (dieser Begriff verdrängt den »Realismus«) führt, wird durch die geschichtliche Entwicklung überhaupt begünstigt. Die Naturwissenschaft ist in ihrem Siegeslauf nicht aufzuhalten und läßt vor allem die romantische Spekulation als Wahn hinter sich; auch sie lenkt die Interessen in die Außenwelt. Das anhebende industrielle Zeitalter läßt ein Industrieproletariat entstehen, das ganz neue soziale Probleme schafft, die mit den Mitteln bisheriger Staats- und Gesellschaftsstruktur nicht zu bewältigen sind. Umgekehrt verstärkt sich der Druck der romantischen Restauration in Staat und Kirche, die beide um ihre Autorität bangen. Damit radikalisiert sich die politische Opposition zu revolutionärer Bereitschaft. Gerade auch das Bündnis von Thron und Altar, von reaktionärer Monarchie mit reaktionärer, antiaufklärerischer Kirche läßt Christentum und Religion überhaupt erst recht als rückständig erscheinen. Der philosophische Kampf gegen die Religion und für den Atheismus scheint deshalb nicht nur mit dem Kampf um Wissenschaftlichkeit, sondern ebensosehr mit dem Kampf um Freiheit und politischen Fortschritt identisch.

Alle diese Momente sind mitzubedenken, wenn man die Durchschlagskraft verstehen will, die der philosophische Atheismus der Linkshegelianer erhielt.

Wenn Feuerbach auch den entscheidenden Stoß führte, so hat doch David Friedrich Strauss den ersten wichtigen Angriff vorgetragen. Er richtet sich gegen Hegel und hat keinen Atheismus zum Ziel. Er wendet sich nur gegen die Synthese zwischen dem überlieferten Christentum und dem spekulativen Religionsverständnis, wie sie Hegel vollzogen hatte. Strauss will gerade das Spekulative konsequenter hervorheben, bringt aber damit das Ganze aus dem Gleichgewicht.

Im Mittelpunkt der Auseinandersetzung, auch nachher bei Feuerbach, steht der Begriff des *Gottmenschen*, in dem der endliche und der unendliche Geist versöhnt werden. Hegel identifiziert den historischen Jesus mit dem Gottmenschen und läßt dabei unklar, wieweit er damit nur den niedrigeren Standpunkt der positiven Religion wiedergibt und wieweit er diese Identifikation auch spekulativ-philosophisch verantworten will. Jedenfalls ist schon bei ihm der historische Jesus Christus nicht derjenige, der heilsgeschichtlich die Versöhnung real durch seinen Tod *wirkt*, sondern er ist das historische Moment, durch das die Versöhnung an den Tag, ins Bewußtsein tritt.

An eben diesem Punkte setzt STRAUSS mit seiner Kritik ein. In dem spekulativen Schlußteil des berühmten Werkes »Das Leben Jesu kritisch bearbeitet« (1835) stellt er fest, daß dem gesamten Denken HEGELS entsprechend nicht eine Einzelerscheinung, sondern nur das Ganze die Wahrheit darstellen könne. Der Gottmensch ist demnach kein Einzelner, sondern die gesamte Menschheit! Schon KANT hatte den Gottessohn als die Gott wohlgefällige Menschheit verstanden. Von HEGELS Ansatz aus, daß das Ganze das Wahre ist, liegt eine solche Auslegung noch viel näher.

STRAUSS schreibt die wenigen, aber wie Dynamit wirkenden Sätze: »Das ist ja gar nicht die Art, wie die Idee sich realisiert, in Ein Exemplar ihre ganze Fülle auszuschütten, und gegen alle andern zu geizen, sondern in einer Manchfaltigkeit von Exemplaren, die sich gegenseitig ergänzen, im Wechsel sich setzender und aufhebender Individuen, liebt sie ihren Reichtum auszubreiten.«[2] »Die Idee der Einheit von göttlicher und menschlicher Natur wäre nicht in unendlich höherem Sinne eine reale, wenn ich die ganze Menschheit als ihre Verwirklichung begreife, als wenn ich einen einzelnen Menschen als solchen aussondere? Eine Menschwerdung Gottes von Ewigkeit nicht eine wahrere, als eine in einem abgeschlossenen Punkte der Zeit?«[3] »In einem Individuum, einem Gottmenschen gedacht, widersprechen sich die Eigenschaften und Funktionen, welche die Kirchenlehre Christo zuschreibt: in der Gattung stimmen sie zusammen. Die Menschheit also als Gattung ist die Vereinigung der beiden Naturen, der menschgewordene Gott, der zur Endlichkeit entäußerte unendliche, und der sich seiner Unendlichkeit erinnernde endliche Geist.«[4]

STRAUSS steht hart an der Grenze, ohne sie aber zu überschreiten. Noch ist die Menschheit der zur Endlichkeit entäußerte unendliche

2. D. F. Strauss, Das Leben Jesu, 1835, Bd. II. S. 734.
3. Ebd.
4. Ebd.

Geist. Aber bereits ist auch die Menschheit der endliche Geist, der sich seiner Unendlichkeit erinnert.

Es braucht bloß noch diese Menschheit als das Eigentliche und das wahrhaft Wirkliche aufgefaßt zu werden, der absolute, unendliche Geist aber als das bloß abstrakt Vorgestellte, dann ist das Verhältnis umgekehrt, *dann ist Gott nur noch die Funktion des Bewußtseins des Menschen, der Mensch aber ist das allein Reale*. Dann ist nicht mehr Gott der Schöpfer des Menschen, dann hat sich nicht mehr der absolute Geist im endlichen entäußert und vergegenständlicht. Dann ist der Mensch der Schöpfer Gottes, und Gott ist die abstrakte Vergegenständlichung des Menschen. Gott wird dann nur noch als absolut *vorgestellt*, ist aber bloß aus dem Bewußtsein herausgesetzt.

Damit aber wird auch das menschliche Wesen, als Gattung betrachtet, in Wahrheit das unendliche Wesen.

Genau diesen Schritt vollzieht FEUERBACH. Damit ist der anthropologische Atheismus gleichzeitig begonnen und vollendet.

Das Geheimnis der Religion besteht also darin, daß der Mensch sich zu dem unendlichen Wesen der Menschheit verhält und sich darin selbst findet. Das ist die Wahrheit der Religion, ihre Notwendigkeit und die Begründung ihres so allgemeinen Auftretens. Das Geheimnis der Religion ist aber weiter, daß der Mensch irrtümlichrweise dieses eigene Wesen aus sich heraussetzt und es für ein selbständiges, von ihm unabhängiges, ja vor ihm Existierendes hält. Das ist der Irrtum der Religion, ihre Täuschung, ihre Illusion. Ist die Selbsttäuschung durchschaut, dann wird die Religion durch die Philosophie des Selbstbewußtseins des Menschen abgelöst. Sie wird nicht wie bei HEGEL in der Philosophie verklärt, sondern durch sie vernichtet. Nicht Gott schafft den Menschen nach seinem Bilde, wie die Religion meint, sondern der Mensch schafft Gott nach seinem Bilde. Theologie ist Anthropologie; das ist das enthüllte Geheimnis der Religion.

»Das *absolute Wesen*, der Gott des Menschen ist *sein eigenes Wesen.*«[5] »*Das Bewußtsein Gottes ist das Selbstbewußtsein des Menschen, die Erkenntnis Gottes die Selbsterkenntnis des Menschen.*«[6] Bei HEGEL hatte es geheißen, daß das Gottesbewußtsein des Menschen das Selbstbewußtsein Gottes sei; die genaue Umkehrung HEGELS ist

5. L. Feuerbach, Das Wesen des Christentums, Bd. VI, S. 6. (Die Werke Feuerbachs werden zitiert nach: Ludwig Feuerbach, Sämtliche Werke, ed. W. Bolin und F. Jodl, 2. Aufl. Stuttgart 1959 ff.).

6. A. a. O. S. 15.

manifest. Die Religion »ist das *erste*, und zwar *indirekte Selbstbewußtsein* des Menschen ... Der Mensch verlegt sein Wesen zuerst *außer sich*, ehe er es in sich findet. Das eigne Wesen ist ihm zuerst als ein andres Wesen Gegenstand. Die Religion ist das *kindliche Wesen* der Menschheit.«[7]

Das enthüllte Geheimnis der Religion kann auch noch anders umschrieben werden. Der Grundirrtum der Religion ist, daß sie Gott als Subjekt setzt. Er ist aber gar kein Subjekt, sondern nur die nachträgliche Vergegenständlichung von gotteswürdigen Prädikaten. Die Prädikate an sich sind durchaus wahr und richtig, aber sie sind letztlich die Prädikate des menschlichen Wesens. Was uns dem Werte nach als göttlich erscheint, das machen wir zu Gott. So wird schon bei FEUERBACH, was sich dann bei NIETZSCHE vollendet, Gott auf den Wert reduziert. »Nicht die Eigenschaft der Gottheit, sondern die *Göttlichkeit* oder *Gottheit der Eigenschaft* ist das *erste* wahre göttliche Wesen.«[8]

Daraus erklärt es sich, warum es so verschiedene Gottesbilder gibt, obgleich alle das menschliche Wesen spiegeln. Mit dem Wachsen der Kultur werden andere Eigenschaften göttlich und damit als Eigenschaften des angeblichen Subjekts »Gott« erklärt. Die christlichen Prädikate erscheinen FEUERBACH als Ausdruck der Wahrheit des menschlichen Wesens, und deshalb hält er seine These nicht für eine Herabwürdigung der Religion. Er zieht nicht Gott herab, sondern hebt den Menschen hinauf, die Anthropologie wird Theologie. Eigentlicher Atheist im negativen Sinne ist nur »der, welchem die Prädikate des göttlichen Wesens ... Nichts sind«[9]. So empfindet sich FEUERBACH als den legitimen Erben des Christentums, dem er nur seinen abstrakten, das heißt religiösen Charakter nimmt.

Gott als vom menschlichen Wesen künstlich abgetrennter Träger der Eigenschaften ist nichts anderes als »der *abgeschiedene Geist* des Menschen«[10], *»das von aller Widerlichkeit befreite Selbstgefühl des Menschen«*[11]. Er ist »nichts andres, als das sich *außer allen Zusammenhang mit der Welt setzende*, sich von aller Abhängigkeit von der

7. A. a. O. S. 16.
8. A. a. O. S. 26.
9. Ebd.
10. A. a. O. S. 117.
11. Ebd.

Natur freimachende *persönliche Wesen* des Menschen. *In der Persönlichkeit Gottes feiert der Mensch die Übernatürlichkeit, Unsterblichkeit, Unabhängigkeit und Unbeschränktheit seiner eigenen Persönlichkeit.«*[12]

Damit wird Gott als gütiges Wesen nur »das personifizierte und vergegenständlichte Glück der Existenz«[13]. So ist auch die Gottesliebe bloß *»meine vergötterte Selbstliebe«*[14]. Dadurch ist auch die Aussage SPINOZAS auf den Kopf gestellt, wonach die Gottesliebe des Menschen die sich im Modus des menschlichen Geistes vollziehende Selbstliebe Gottes sei.

Mit der Übertragung aller göttlichen Prädikate auf den Menschen ergibt sich nun aber eine entscheidende Wendung. Es kann FEUERBACH nicht verborgen bleiben, daß mit der Beschreibung des vollkommenen Gottes nicht der Mensch, wie er wirklich ist, dargestellt wird. Religion kann deshalb doch nicht einfach das Verhältnis des Menschen zu dem allgemeinen menschlichen Wesen sein, dem man Unendlichkeit zuschreibt. Gott wird ja als das alle Schranken der Natur übersteigende Vollkommene gedacht. Damit wird Gott zunehmend das Wesen, das nicht der Wirklichkeit, sondern vielmehr dem *Wunsch* des Menschen entspricht. Schon das Gebet erweist sich für FEUERBACH als »der mit der *Zuversicht in seine Erfüllung* geäußerte *Wunsch des Herzens«*[15]. Gott wird damit das Wesen, das die Wünsche des Menschen erfüllt, oder das sich selbst schrankenlos bejahende menschliche Gemüt. Das Wunder ist der von den Schranken der Natur entbundene, auf supranaturale Weise verwirklichte Wunsch.

Von da ist es nicht mehr weit bis zu der Bestimmung, daß Gott nicht mehr das ist, was der Mensch seinem Gattungswesen nach ist, sondern gerade das, was der Mensch *nicht* ist, aber zu sein wünscht. In diesem Augenblick wird Gott »das vergegenständlichte *Wesen der Phantasie«*[16]. Damit wird die Religion negativer bewertet. Sie erhält immer ausgeprägter den Charakter der bloßen Illusion, weil sie nicht mehr die Wirklichkeit, sondern die phantastische Erfüllung des Wunsches repräsentiert. Die ganze Religion verhält sich wie der Glaube an die

12. A. a. O. S. 119.
13. A. a. O. S. 133.
14. A. a. O. S. 126.
15. A. a. O. S. 147.
16. A. a. O. S. 258.

reale Präsenz Christi im Abendmahl, von der FEUERBACH sagt: »Das *Ist* im Abendmahl ist selbst nur eine Einbildung, aber *mit* der Einbildung, daß es keine Einbildung ist.«[17]

Während zunächst das Wesen des Menschen als ein unendliches verstanden wurde, wird diese Unendlichkeit immer mehr zum Wunsch nach der von allen Naturschranken befreiten Unsterblichkeit. So gilt zuletzt der Wunsch nach Unsterblichkeit als eigentlicher Schlüssel zum Geheimnis der Religion. Der Glaube an einen persönlichen Gott ist mit dem Glauben an die persönliche Unsterblichkeit identisch. Wie der erhoffte Himmel, so der geglaubte Gott. Gott wird zum Begriff des absoluten und seligen Lebens für den Menschen. Das vorgestellte Jenseits ist nichts als die Erfüllung eines Wunsches. »Gott ist nur der *unentwickelte Himmel*, der *wirkliche Himmel* der *entwikkelte Gott. Gegenwärtig ist Gott das Himmelreich, in Zukunft der Himmel Gott.*«[18] Damit wird nicht nur der Himmel zum Schlüssel für das Geheimnis der Religion, sondern die Religion ist schlechthin als *Egoismus* enthüllt. Alle Kasteiungen und Selbstverleugnungen, die die Geschichte des Christentums und anderer Religionen erfüllen, bilden kein Gegenargument. Die weltliche Selbstverneinung steht bloß im Dienste der himmlischen Selbstbejahung; das Ziel ist das ewige selige Leben. Was FICHTE als Götzendienst anprangerte, gilt FEUERBACH als das wahre Wesen der Religion.

Aus dieser Projektion aller Wünsche in den Himmel entsteht die für FEUERBACH so unheilvolle Abwendung vom konkreten Diesseits. Die Religion, und das heißt speziell immer das Christentum, wird von daher nicht nur zur Illusion, sondern zur *verderblichen* Illusion, die den Menschen um die Kraft des wirklichen Lebens bringt.

Die gesamte Religionskritik kann in dem Urteil zusammengefaßt werden: »Die Religion ist das Verhalten des Menschen zu seinem eignen Wesen – darin liegt ihre Wahrheit und sittliche Heilkraft – aber zu seinem Wesen nicht als dem seinigen, sondern *als einem andern, von ihm unterschiedenen, ja entgegengesetzten Wesen* – darin liegt ihre Unwahrheit, ihre Schranke, ihr Widerspruch mit Vernunft und Sittlichkeit, darin die unheilschwangere Quelle des religiösen Fanatismus, darin das oberste, metaphysische Prinzip der blutigen Men-

17. A. a. O. S. 295.
18. A. a. O. S. 207.

schenopfer, kurz darin der Urgrund aller Gräuel, aller schaudererregenden Szenen in dem Trauerspiel der Religionsgeschichte.«[19]
Der Grundgedanke, daß Gott nur die Projektion des menschlichen Wesens – sei es nun des wirklichen oder nur des erwünschten – in eine himmlische Gegenständlichkeit sei, wird von Feuerbach allseitig konsequent durchgeführt. Er bildet den zentralen Stoß gegen jeden Gottesglauben, denn es ist grundsätzlich immer möglich, eine Gottesbeziehung zu verdächtigen, sie sei eigentlich nur ein innerseelisches Geschehen. Die Bedeutung der Kritik liegt darin, daß nicht religiöse Verhaltensweisen, Erfahrungen oder Seelenzustände von Glaubenden an sich bestritten werden, sondern bloß die Interpretation, daß es sich dabei um einen Kontakt mit einer außerweltlichen Realität handle.
Trotz der Wucht dieser Argumentation können andererseits die großen Schwächen in Feuerbachs Konstruktion nicht übersehen werden. Einmal läßt sich die These, der Mensch sei der Schöpfer Gottes, wohl durchführen, wenn man bloß eine Gottesidee im menschlichen Bewußtsein zum Gegenstand der Kritik macht. Damit ist die Wirklichkeit der Welt nicht erklärt, wenn man sich nicht auf den Standpunkt der Wissenschaftslehre Fichtes zurückzieht. Feuerbach kommt denn auch sogleich ins Gedränge, sobald das Problem der *Schöpfung* aufbricht, da er im Grunde einem Realismus der konkreten äußeren Wirklichkeit zustrebt, seine Gedankenführung aber nur innerhalb eines radikal idealistischen Bewußtseins durchführbar ist.
Er lenkt denn auch möglichst schnell von diesem Punkte weg, indem er schlicht deklariert: »Die Welt hat ihren *Grund in sich selbst*«[20]. Damit greift er auf Thesen des mechanistischen Materialismus zurück. Die Verschmelzung der vom Idealismus herkommenden anthropologischen Religionskritik mit dem Materialismus und Naturalismus vollzieht sich am Problem der Realität der Außenwelt. Mit der unnatürlichen Kombination dieser zwei entgegengesetzten Ausgangspunkte kommt eine Widersprüchlichkeit in die ganze Argumentation hinein, die auf die Dauer zur immer stärkeren Eliminierung der idealistischen Komponente führt.
Da der Mensch nicht als Schöpfer der Welt in Frage kommt, setzt Feuerbach an die Stelle Gottes einfach die Natur. Dabei knüpft er wohl an den alten, pantheisierenden Naturbegriff der natura naturans an, profaniert ihn aber völlig. Er will die »pure, blanke, gottlose

19. A. a. O. S. 238.
20. A. a. O. S. 102.

Natur«[21]. Damit wird Natur ein rein innerweltlicher Alibibegriff, mit dem überhaupt nichts erklärt wird. Wenn er der Religion vorwirft, sie gebe stets eine Antwort, die soviel sage wie keine, und Gott sei der den Mangel an Theorie ersetzende Begriff, dann ist von seinem Naturbegriff genau dasselbe zu sagen.

Er ruft aus: »Ihr habt vollkommen recht, meine Herren, sagte ich in Gedanken zu meinen Tadlern und Spöttern: ich weiß ebensogut wie ihr, ja vielleicht noch besser, daß ein allein für sich und absolut gedachtes menschliches Wesen ein Unding, eine idealistische Chimäre ist. Aber das Wesen, welches der Mensch voraussetzt, worauf er sich notwendig bezieht, ohne welches weder seine Existenz noch sein Wesen gedacht werden kann, dieses Wesen, meine Herren, ist *nichts Anderes als die Natur*, nicht euer Gott.«[22] Er ergänzt denn auch die Analyse des Christentums, das ihm die Bewußtseinsreligion darstellt, durch eine Untersuchung der Naturreligionen, in der er ausführt, daß für die Naturreligionen Gott nicht das abstrahierte menschliche Wesen, sondern die vergegenständlichte Natur sei. Damit ist der Hiatus Idealismus – Naturalismus weit aufgeklafft und der Versuch, Gott als die Selbstverdoppelung des Bewußtseins zu begreifen, im Grunde aufgehoben.

Der Mensch ist also nicht einfach die Wurzel des Menschen. Der Mensch verdankt sich der »Natur«, was auch immer das sein soll. Freilich – so vermittelt FEUERBACH an dieser Stelle Realismus und Idealismus – verdankt der Mensch der Natur lediglich, daß er *ist*. Daß er aber *Mensch* ist, verdankt er sich selbst. Der Mensch ist der Schöpfer des Menschen im Sinne der Humanisierung, des Heraustretens aus der Natur. Von da aus ist sogar der Satz möglich: »So ist der *Mensch der Gott des Menschen*.«[23]

Damit kommt die zweite Schwäche von FEUERBACHS Gedankengang an den Tag. Er will ja die gesamten göttlichen Prädikate des Christentums erhalten und bloß den Menschen zu deren Subjekt machen. Er will den Menschen emporheben, Theanthropologie betreiben.

Auf diese Weise verfehlt er das reale, erfahrbare Wesen des Menschen. Soweit nicht die Schrankenlosigkeit der Erfüllung auf den

21. L. Feuerbach, Erläuterungen und Ergänzungen zum Wesen des Christentums, Bd. VII, S. 481.
22. L. Feuerbach, Vorlesungen über das Wesen der Religion, Bd. VIII S. 24f.
23. Wesen des Christentums, Bd. VI S. 100.

Wunsch abgeschoben wird, bleibt ihm doch ein Mensch übrig, der eigentlich glücklich und gut ist. Die ganze Fragwürdigkeit der menschlichen Situation kommt nur am Rande zur Geltung. Es kommt ihm nicht in den Sinn, daß der Gottesverlust zu einem Nihilismus führen könnte, wie NIETZSCHE es klar durchschaut. Gewiß räumt er auch die Möglichkeit ein, daß »der einzige Teufel des Menschen der Mensch« sein könne[24]. Aber der optimistische Humanismus überspült solche Möglichkeiten wie die Woge einen Kiesel.

In seinem illusionären Menschenbild hat FEUERBACH nicht bemerkt, daß mit dem Verlust des Subjektes Gott auch die Prädikate ihren Halt verlieren. Nicht zufällig war deshalb FEUERBACHS Position eine bloße Übergangslösung, die nach den radikaleren Thesen von MARX und NIETZSCHE rief. Von MARX aus gesehen war FEUERBACH im Grunde noch ein idealistischer Theologe. Es ist nicht so leicht, aus dem Christentum nur die Religion zu entfernen und die Menschenliebe als die vom Glauben und damit von der Fragwürdigkeit gereinigte Wahrheit zurückzubehalten.

FEUERBACHS hochgemuter Satz »*Homo homini Deus est*« (der Mensch ist dem Menschen ein Gott) »– dies ist der oberste Grundsatz – dies der Wendepunkt der Weltgeschichte«[25] ist darum völlig illusionär.

Im Zusammenhang damit steht die dritte Schwäche der Konzeption FEUERBACHS. Er geht davon aus, das Verhältnis zum Unendlichen, das ja zum Fundament der Religion gehört, als das Verhältnis zum unendlichen Wesen des Menschen zu verstehen. Wenn HEGEL die Religion als die Erhebung des endlichen zum unendlichen Leben definiert hatte, so ist für FEUERBACH dieses unendliche Leben keine vom Menschen losgelöste Größe. Damit aber wird dem menschlichen Wesen selbst Unendlichkeit zugeschrieben. Es gehört jedoch zu der elementaren Selbsterfahrung des Menschen, daß er sich als *begrenztes* Wesen wahrnimmt. Ganz kann FEUERBACH dieser Erfahrung auch nicht ausweichen, so daß ihm dann das von den Schranken befreite bloß erwünschte Wesen des Menschen zum Gegenstand der Religion wird. Damit setzt er sich zu sich selbst in Widerspruch. Denn sein Einsatz war nur möglich unter der Annahme eines unendlichen Wesens des Menschen, der Fortgang aber erfordert, daß diese Unendlichkeit bloßer Wunsch ist. Sonst wäre die ganze so zentrale Polemik gegen den

24. Wesen der Religion, Bd. VIII, S. 359f.
25. Wesen des Christentums, Bd. VI, S. 326.

Unsterblichkeitsglauben als Unsterblichkeitswunsch und als Kern der Religion undurchführbar.
Auf eine vierte Grundschwäche der Position FEUERBACHS hat bereits Karl MARX vehement hingewiesen. Für FEUERBACH wie auch für Bruno BAUER ist die Religion vorwiegend ein Bewußtseinsphänomen. Es genügt, den Aberglauben zu durchschauen, um die Macht der Religion im menschlichen Gemüt zu vernichten. Durch diese Bewußtseinsveränderung verändert sich der Mensch, verändert sich die Welt. Durch die Uminterpretation des Gottesbegriffes in den Begriff des menschlichen Wesens ist die Religionskritik vollendet.
Damit ist der Bewußtseinsvorgang von der Realität abgespalten. Keineswegs ist dadurch die Macht der Religion gebrochen. Wir werden uns mit diesem Punkt bei der Analyse der Religionskritik von Karl MARX noch zu beschäftigen haben.
Trotz der so in die Augen springenden Schwächen hat FEUERBACHS Atheismus ungeheuer gewirkt. Er nahm den Menschen Gott und die Unsterblichkeit, die nach seinen Aussagen gerade das fundamentalste Interesse des Gemüts ausmachen. Er erklärt die dringendsten Anliegen der menschlichen Natur als Illusionen. Er führt zu einer ungeheuren Verarmung der wünschenden Phantasie, die zu den größten Mächten der Seele gehört. Wenn man bedenkt, wie schwer es ist, durch eine rationale Aufklärung *gegen* die elementaren Affekte und Interessen der Menschen durchzudringen, dann muß man sich fragen, aus welchem Grunde es denn FEUERBACH gelang, seine Hörer und Leser nicht nur zu überzeugen, sondern zu faszinieren. Den erstaunlichen Eindruck, den FEUERBACHS Vorlesungen über das Wesen des Christentums hinterließen, hat Gottfried KELLER im »Grünen Heinrich« prägnant beschrieben: »Jetzt griff ich zu den eben in der Verbreitung begriffenen Werken des lebenden Philosophen, der nur diese Fragen in seiner klassisch monotonen, aber leidenschaftlichen Sprache, dem allgemeinen Verständnisse zugänglich, um und um wendete und gleich einem Zaubervogel, der in einsamem Busche sitzt, den Gott aus der Brust von Tausenden hinwegsang.«[26]
FEUERBACH muß offenbar neben der die Menschen ihrer Illusionen und Wünsche beraubenden Kritik noch etwas Starkes und Positives angeboten haben, daß er ein »Zaubervogel« zu werden vermochte.

26. G. Keller, Der grüne Heinrich, Sämtl. Werke, herausg. v. Jonas Fränkel, Bern 1926ff., Bd. VI, S. 212.

Das Geheimnis liegt darin, daß er den Menschen an Stelle des illusionären Jenseits ein glückliches Diesseits anbietet. In der Entwicklung des Christentums war verhängnisvollerweise durch die restlose Ausrichtung auf den Himmel die Erde nicht nur in den Hintergrund getreten, sondern im Zuge des apokalyptischen Weltverständnisses verteufelt worden. Sie galt für so verkehrt und verderbt, daß nur noch eine neue Schöpfung Hoffnung erwecken konnte. Durch den Glauben an die umstürzenden Wirkungen des Sündenfalls und die dogmatische Festlegung des Menschen auf die Erbsünde wurde die Welt als Jammertal fixiert und die Unbefangenheit des Diesseitsbezuges aufgehoben. Die vitale Freude erschien als Sünde. Eros und Sinnlichkeit wurden dämonisiert; eine einseitige Spiritualisierung des Lebens wurde zum Ideal erklärt. Diese Welt galt als eine verkehrte Welt – ein Aspekt, der beim Schritt von FEUERBACH zu MARX zu neuer Bedeutung gelangen wird. Nur werden bei MARX charakteristisch andere Momente als verkehrt beurteilt als in der christlichen Weltverneinung.

Wohl hatten bereits die Renaissance, die Reformation und die Aufklärung ein neues Weltgefühl verbreitet, und der Idealismus hatte Gott und Welt versöhnt. Hintergründig aber lebte im Christentum immer noch das Weltmißtrauen; dieses wurde durch einen radikalen Pietismus nochmals neu entfacht. Die Diesseitigkeit krankte an einem heimlichen schlechten Gewissen.

Da schien die Negation Gottes die einzig konsequente Möglichkeit zur wahren Diesseitigkeit zu sein. Gott schien die Kräfte des Menschen aufzuzehren. FEUERBACH behauptet, daß durch die Projektion aller guten Prädikate auf das göttliche Wesen außerhalb unserer selbst der Mensch entleert werde. Ihm wird genommen, was man Gott gibt. Nur noch das Böse bleibt ihm übrig. Die Herrlichkeit Gottes ist die Nichtigkeit des Menschen, die Nichtigkeit Gottes die Herrlichkeit des Menschen. Der Mensch gewinnt deshalb durch den Verzicht darauf, alles Gute außerhalb seiner in ein anderes Wesen zu setzen, an Qualität. Damit ist die idealistische Versöhnung vernichtet und der abstrakte Gegensatz zwischen Gott und Welt, Gott und Mensch neu aufgerichtet. Nur sind jetzt die Vorzeichen vertauscht. So postuliert FEUERBACH, daß sich die Verneinung Gottes und die Bejahung des Diesseits gegenseitig bedingen. Damit erhält seine Diesseitigkeit viel größeres Gewicht. Mit der gleichen Vehemenz, mit der er die Unsterblichkeit kritisiert, malt er das irdische Leben aus. Es umschließt den ganzen

Menschen mitsamt seiner Sinnlichkeit. In dieser Verschmelzung von Jenseitskritik und Diesseitsbejahung liegt das Geheimnis seiner Durchschlagskraft. Es entsprach der Tendenz der Zeit. Zugleich kommt ihm in diesem Zusammenhang zugute, daß er illusionär das Böse und Fragwürdige im Menschen verharmlost und glaubt, mit der atheistischen Aufklärung Glück und herrliche Zeiten der Weltgeschichte verheißen zu können.

Er würdigt den Menschen im Konkreten. Er sieht ihn nicht in idealistischer Vereinzelung, sondern in seinem wirklichen Zusammensein mit dem Mitmenschen. Da nur der Mensch des Menschen Gott ist, verliert die Innerlichkeit an Wert, in der der Einzelne durch die Konfrontation mit Gott ein Selbst wird. Der Weg KIERKEGAARDS ist für FEUERBACH ausgeschlossen.

Er entdeckt vielmehr das menschliche *Du* als den entscheidenden Faktor der Menschwerdung. Am Du wird der Mensch Mensch, und zwar am konkreten menschlichen Du, nicht am abstrakten göttlichen. Das konkreteste Du aber ist der geschlechtliche Partner. Mann und Frau – in dieser Du-Beziehung wird der Mensch Mensch. FEUERBACH denkt dabei gerade auch an die sinnliche Beziehung zwischen Mann und Frau, denn der Mensch ist ein Sinnenwesen. Er ist auf dieser Erde daheim, und im Gegensatz zum kirchlichen Spiritualismus, der der Sinnlichkeit mißtrauisch gegenübersteht, würdigt FEUERBACH die Sinnlichkeit als Ausdruck der naturverbundenen Diesseitigkeit ungeschmälert. Die Sinnlichkeit war immer ein Hauptsymbol für Erdbejahung oder Erdverneinung, und die Forderung, die Sinnlichkeit zu opfern, war für eine jenseitsbezogene und asketische Frömmigkeit stets zentral. Umgekehrt nun wird für den Diesseitsatheismus FEUERBACHS gerade die Bejahung der Sinnlichkeit gewichtig.

Die Farbigkeit des Diesseits, verbunden mit einer noch ungebrochenen Fortschrittsgläubigkeit, erscheint als vollgültiger Ersatz für den entgangenen hypothetischen Himmel. Der Tausch wurde als ungemein positiv erlebt. Dem gibt Gottfried KELLER in seinem Gedichtzyklus »Sonnwende und Entsagen«, in dem er seinen durch FEUERBACH bewirkten seelischen Umbruch dichterisch verarbeitet, ergreifend Ausdruck. Das erste Gedicht dieser Reihe ist mit dem Titel »Ich hab' in kalten Wintertagen« überschrieben:

Ich hab' in kalten Wintertagen
In dunkler, hoffnungsarmer Zeit

Ganz aus dem Sinne dich geschlagen,
O Trugbild der Unsterblichkeit.

Nun da der Sommer glüht und glänzet,
Nun seh' ich, daß ich wohl getan;
Ich habe neu das Herz umkränzet,
Im Grabe aber ruht der Wahn.

Ich fahre auf dem klaren Strome,
Er rinnt mir kühlend durch die Hand;
Ich schau' hinauf zum blauen Dome –
Und such' kein bessres Vaterland.

Nun erst versteh' ich, die da blühet,
O Lilie, deinen stillen Gruß,
Ich weiß, wie hell die Flamme glühet,
Daß ich gleich dir vergehen muß![27]

Da Feuerbach im übrigen von einem praktischen Idealismus beflügelt war, erschien sein Ethos als dem kirchlichen gleichwertig, ja insofern überlegen, als es von den zahlreichen Widersprüchen befreit war, die er in der Religion gefunden hatte. Dazu schwang noch ein letztes Stück Naturromantik mit, während die eher fragwürdige Geschichte des menschlichen Unglücks im Hintergrunde blieb.
Als ein beflügelndes Programm erschien es, das veraltete, erdenferne Christentum hinter sich zu lassen und sich aufzumachen, die Aufgabe zu erfüllen, mit der Feuerbach die Hörer seiner Vorlesungen über das Wesen des Christentums entließ: »die Aufgabe nämlich, Sie aus Gottesfreunden zu Menschenfreunden, aus Gläubigen zu Denkern, aus Betern zu Arbeitern, aus Kandidaten des Jenseits zu Studenten des Diesseits, aus Christen, welche ihrem eigenen Bekenntnis und Geständnis zufolge *halb Tier, halb Engel* sind, zu Menschen, zu *ganzen* Menschen zu machen.«[28]

27. G. Keller, Sämtl. Werke Bd. I, S. 213.
28. Wesen der Religion, Bd. VIII, S. 360.

3. Gott als Ideologie der verkehrten Welt

Karl Marx (1818–1883)

Es war Feuerbach, der den eigentlichen Durchbruch zum anthropologischen Atheismus vollzog und diese Weise der Religionskritik am umfassendsten und kundigsten durchführte. Dennoch ist erst die Gestalt, die Karl Marx diesem Atheismus verlieh, weltgeschichtlich wirksam geworden. Marx erreicht zwar Feuerbach in der Sachkundigkeit und Kompetenz der Argumentation nicht. Aber er blieb nicht Philosoph, sondern wurde Politiker und Revolutionär, der die Welt praktisch veränderte. Marx hat – wenn auch erst lange nach seinem Tode – Weltgeschichte gemacht. So verbreiten sich seine Gedanken nicht bloß durch die ihnen innewohnende Überzeugungskraft, sondern noch weit mehr dadurch, daß seine Lehren in vielen Staaten zur offiziellen Ideologie geworden sind. Dadurch werden sie Gegenstand der Erziehung und der unablässigen Indoktrinierung unter dem Druck der Staatsgewalt.

Das letzte Ziel von Marx ist diese politisch-ökonomische Weltveränderung. Deshalb ist für ihn die Religionskritik nicht wie für Feuerbach Selbstzweck. Sie ist vielmehr schlicht die *Voraussetzung* aller anderen Kritik.

Wir finden darum die religionskritischen Ausführungen, denen unser Interesse gilt, vorwiegend in den frühen Schriften. Die späteren, deren Thematik ökonomischer und politischer Natur ist, setzen die vollzogene Kritik einfach voraus. Im Gegensatz zu Nietzsche, den die religiöse Frage bis zu seinem Ende immer wieder aufwühlte, ist für Marx die Sache ein für allemal abgetan. Er ist auch nie ein religiös bewegter Mensch gewesen. Er sah die Religion gleichsam von außen an und verstand sie primär als Machtfaktor. Daß er sie in ihrem Wesen überhaupt nicht erfaßte, tat der Wirksamkeit seiner Kritik keinen Abbruch. Das ganze distanzierte Verhältnis zum religiösen Phänomen überhaupt erklärt auch, warum er die vorausgegangene Kritik Feuer-

BACHS unbesehen als Grundlage übernimmt. MARX geht davon aus, daß FEUERBACH die Frage nach einer allfälligen Realität Gottes abschließend negativ beantwortet hat.

Dennoch entfernt er sich in wichtigen Punkten von ihm und radikalisiert die Religionskritik noch. Eine Analyse des MARXSCHEN Atheismus hat deshalb bei seinem Verhältnis zu FEUERBACH anzusetzen und die gemeinsame Basis zu bestimmen, um hierauf die Differenzen genauer zu erfassen. Grundsätzlich gemeinsam ist beiden die Schulung durch HEGEL, die Anwendung seiner Dialektik und die Abwendung von seinen Vermittlungen im Sinne der auflösenden Tendenz der Linkshegelianer überhaupt.

MARX beginnt seine Religionskritik bereits in seiner Doktordissertation, die den Titel »Über die Differenz der demokritischen und epikureischen Naturphilosophie« trägt. Sosehr er in dieser Arbeit noch von FEUERBACH und Bruno BAUER abhängig ist, zeigen sich doch bereits die Anzeichen einer selbständigen Sicht. Wir finden vor allem schon den wichtigen Gedanken, daß die Religion nicht einfach das Verhältnis des Menschen zu seinem allgemeinen Wesen sei, sondern der Ausdruck eines *gestörten* Verhältnisses. Zu der Kritik an den Gottesbeweisen führt er aus, die Gottesbeweise müßten eigentlich lauten: »Weil eine unvernünftige Welt ist, ist Gott« ... »Wem die Welt unvernünftig, wer daher selbst unvernünftig ist, dem ist Gott. Oder die Unvernunft ist das Dasein Gottes.«[1] Bezeichnend ist auch der Satz, daß Prometheus der vornehmste Heilige und Märtyrer im philosophischen Kalender sei[2]. MARX nannte seiner Tochter gegenüber Prometheus sein größtes Vorbild. Im ganzen aber nimmt er FEUERBACHS Thesen auf. Schon 1842 schreibt er den lapidaren Satz: »Es gibt keinen anderen Weg für euch zur Wahrheit und Freiheit, als durch den Feuer-bach. Der Feuerbach ist das *Purgatorium* der Gegenwart.«[3] Die entscheidende Schrift zur Religionskritik, die 1844 entstandene Arbeit »Zur Kritik der Hegelschen Rechtsphilosophie«, beginnt mit der auf FEUERBACH zu beziehenden Feststellung: »Für Deutschland ist die *Kritik der*

1. Die Werke von Marx werden zitiert nach: Karl Marx/Friedrich Engels, Werke, Berlin 1962 ff.
   Differenz der demokritischen und epikureischen Naturphilosophie, EB 1, S. 373.
2. A. a. O. S. 263.
3. K. Marx, Luther als Schiedsrichter zwischen Strauss und Feuerbach, Bd. I, S. 27.

Religion im wesentlichen beendigt, und die Kritik der Religion ist die Voraussetzung aller Kritik.«[4]
FEUERBACHS Position wird von ihm so interpretiert: »Das Fundament der irreligiösen Kritik ist: *Der Mensch macht die Religion,* die Religion macht nicht den Menschen.«[5] Bereits diese Formulierung zeigt die Radikalisierung an, in der Gott überhaupt nicht mehr vorkommt und MARX es bloß noch mit der Religion als einem menschlichen Phänomen zu tun hat. Die Religion selbst hat niemals behauptet, sie mache den Menschen, sondern ausgesagt, *Gott* mache den Menschen. Daß sie selbst als konkrete geschichtliche Gestaltung von Menschen gemacht ist, ist ebenfalls eine Selbstverständlichkeit. Die Ersetzung Gottes durch die Religion ist ein Ausweichen vor der Frage nach der Schöpfung der realen Welt und des realen Menschen. Wir haben dasselbe bei FEUERBACH gefunden. Auch MARX betont die materialistische Selbstgenügsamkeit der Welt und erklärt, daß der Mensch sich selbst hervorbringe. Schon in der Dissertation hatte er nicht danach gefragt, woher denn die Welt vernünftig sei, wenn Gott nur ein Korrelat der Unvernunft sein soll.
In anderer Hinsicht aber hält MARX die Position FEUERBACHS für ungenügend.
Der *erste* Einwand richtet sich dagegen, daß FEUERBACH auf dem Standpunkt der bloß theoretisch-betrachtenden Philosophie stehenbleibt. Er erfaßt wohl den Menschen als sinnliches Wesen, aber er bleibt ihm Objekt der Anschauung und wird nicht tätiges Subjekt. Der Mensch hat aber für MARX nicht ein gegebenes, allgemeines Wesen, sondern gestaltet sich und seine Welt durch Arbeit. Es ist reine Scholastik, sich über die Wirklichkeit oder Nichtwirklichkeit von Vorstellungen zu streiten, die sich lediglich im Bewußtsein befinden. Die Wirklichkeit ist vielmehr eine Frage der *Praxis,* und zwar der gesellschaftlichen Praxis. Das heißt für MARX sogleich, daß kritische Praxis nur »als *revolutionäre Praxis* gefaßt und rationell verstanden werden« kann[6].
Damit bleibt FEUERBACH doch dem Idealismus verhaftet. Der echt materialistische Kommunist dagegen sieht die Notwendigkeit der Umgestaltung der Gesellschaft und zugleich die Bedingungen ihrer

4. K. Marx, Zur Kritik der Hegelschen Rechtsphilosophie, Bd. I, S. 378.
5. Ebd.
6. K. Marx, Thesen über Feuerbach, Bd. III, S. 6.

Realisierung. Der angebliche »Materialismus« FEUERBACHS bleibt abstrakt und hat keine Verbindung mit der Geschichte.

Mit dem Vorwurf der bloß anschauenden Theorie und der mangelnden Praxis hängt der *zweite* Einspruch eng zusammen. Es ist der Vorwurf, den MARX gegen die gesamte vormarxistische, junghegelianische Kritik erhebt. Er trifft nicht nur FEUERBACH, sondern in besonderem Maße auch Bruno BAUER, der mit seiner radikalen Christentumskritik im Berliner Kreise (dem »Doktorclub«), dem auch MARX eine Zeitlang angehörte, die führende Rolle gespielt hat.

Das Stehenbleiben bei der Anschauung allein und das mangelnde Verständnis für die kritische Praxis als der eigentlichen Wirklichkeit der Wahrheit beruht nämlich darauf, daß diese Philosophen überhaupt die wirkliche Welt gar nicht in Betracht ziehen, sondern alles als ein Geschehen innerhalb der Idee betrachten. Für MARX ist die bloße Idee machtlos. Die wirklich treibenden Kräfte der Geschichte sind die realen Interessen. So wie bei der Religionskritik der absolute Geist nur als sekundäre Abstraktion des konkreten menschlichen Wesens erscheint, so ist überhaupt das Bewußtsein nur die Folgeerscheinung der konkreten äußeren Lebenssituation. Erst dies ist konsequenter Materialismus. Die Umkehrung der Reihenfolge abstrakt–konkret darf nicht im ideellen Raum stehenbleiben, sondern muß bei den realen Lebensinteressen beginnen.

»Nicht das Bewußtsein bestimmt das Leben, sondern das Leben bestimmt das Bewußtsein.«[7] Solange das mißachtet wird, bleibt alles kraftlos und nichtig. »Die ›Idee‹ blamierte sich immer, soweit sie von dem ›Interesse‹ unterschieden war«[8] – so kommentiert MARX die Geschichte der Revolutionen.

Die so großartig auftretende Kritik BAUERS und der übrigen Linkshegelianer dagegen verwandelt die realen, »außer mir existierenden Ketten in bloß ideelle, bloß subjektive, bloß in mir existierende Ketten, und daher alle äußerlichen, sinnlichen Kämpfe in reine Gedankenkämpfe.«[9]

Indem die junghegelianischen Ideologen im Gedanken verbleiben, sind sie in Wirklichkeit konservativ. Sie glauben, wenn sie durch Aufklärung neue Gedanken ins Bewußtsein gebracht hätten, sei alles

7. K. Marx, Die deutsche Ideologie, Bd. III, S. 27.
8. K. Marx, Die heilige Familie, Bd. II, S. 85.
9. A. a. O. S. 87.

geleistet, da die Macht des Alten nur in der falschen Idee bestehe. Sie halten die beherrschenden, falschen Gedanken der gegenwärtigen Welt lediglich für »Phrasen«, und damit fallen sie in die Nichtigkeit, »daß sie diesen Phrasen selbst nichts als Phrasen entgegensetzen und daß sie die wirklich bestehende Welt keineswegs bekämpfen, wenn sie nur die Phrasen dieser Welt bekämpfen«[10].

Diese allgemeine vernichtende Kritik gilt auch speziell für den Kampf gegen die Religion. Die Religion ist für MARX keineswegs nur ein abergläubisches Bewußtsein, das verschwindet, wenn es als Illusion entlarvt wird. Sie ist vielmehr ein Machtfaktor, der auf der realen Situation der Welt beruht und deshalb nicht durch aufklärende Bewußtseinsveränderung, sondern nur durch Veränderung der Wirklichkeit zunichte wird. Es genügt nicht, die Welt bloß anders zu verstehen. »Die Philosophen haben die Welt nur verschieden *interpretiert;* es kommt darauf an, sie zu *verändern.*«[11]

Der *dritte* entscheidende Vorwurf richtet sich gegen FEUERBACHS Anthropologie. Sosehr FEUERBACH auch bemüht ist, den Menschen nicht mehr abstrakt zu sehen, sondern ihn als sinnliches Wesen zu erfassen, bleibt er doch beim Privaten stehen. Er sieht nicht, daß der konkrete Mensch nicht einfach ein Bewußtsein ist, sondern als Verflochtenheit in die *gesellschaftlichen* Verhältnisse existiert und durch sie bestimmt ist. Die Bestimmung des Bewußtseins durch das Sein wird also als Bestimmtheit durch das gesellschaftliche Sein präzisiert. »Das menschliche Wesen ist kein dem einzelnen Individuum innewohnendes Abstraktum. In seiner Wirklichkeit ist es das Ensemble der gesellschaftlichen Verhältnisse.«[12] »Der Mensch, das ist kein abstraktes, außer der Welt hockendes Wesen. Der Mensch, das ist die *Welt des Menschen,* Staat, Sozietät.«[13] Unter den gesellschaftlichen Verhältnissen sind in erster Linie die Produktionsverhältnisse zu verstehen, da der Mensch nicht wie das Tier bloß ein einfach lebendes, sondern ein arbeitendes, produzierendes Wesen ist. Derjenige, der über die Produktion und damit über die Lebensverhältnisse verfügt, besitzt die eigentliche Macht und etabliert sich als Herr.

Die Frage nach der Religion nun kann keinesfalls von dieser gesellschaftlichen Situation abgelöst werden. Sie ist nicht nur kein bloßes

10. Die deutsche Ideologie, Bd. III, S. 20.
11. Thesen über Feuerbach, Bd. III, S. 7.
12. A. a. O. S. 6.
13. Zur Kritik der Hegelschen Rechtsphilosophie, Bd. I, S. 378.

Bewußtseinsphänomen, sondern kann auch nicht einfach auf den Einzelmenschen und sein Wesen bezogen werden. Denn der Mensch wird durch die gesellschaftlichen Verhältnisse in seinem Wesen bestimmt.

FEUERBACH löst das religiöse Wesen in das menschliche Wesen auf. Er zeigt, daß Religion eine Selbstverdoppelung des Menschen ist. Für MARX ist dieses Aussichheraussetzen der göttlichen Gegenständlichkeit aber nicht ein ursprünglich natürlicher, wenn auch kindhafter Vorgang, sondern eine religiöse »Selbstentfremdung«[14]. So fragt er nach den gesellschaftlichen Bedingungen, unter denen sich eine solche Selbstentfremdung vollziehen kann.

Damit stehen wir an dem entscheidenden Punkte der MARXSCHEN Religionskritik in der Wendung gegen FEUERBACH. Für FEUERBACH ist die religiöse Selbstverdoppelung der Frühzustand der Menschheit in ihrem Versuch, das Verhältnis zum eigenen Wesen zu finden. Dieser Versuch findet in einer heilen Welt statt und ist normal und dem Menschen als Menschen angemessen.

Für MARX aber liegt der Grund zu einer solchen Selbst*entfremdung* darin, daß die gesellschaftliche *Wirklichkeit sich selbst entfremdet ist.* Die Religion kann deshalb nicht der Ausdruck der normalen Welt und nur der Form nach illusionär sein, sondern sie ist Ausdruck einer *verkehrten* Welt und deshalb in jeder Hinsicht verkehrt. Damit ist nicht nur FEUERBACH radikalisiert, sondern erst so ist der äußerste Gegensatz zu HEGEL erreicht. Für HEGEL ist gerade der Satz »Gott ist tot« der Ausdruck der verkehrten Welt, nämlich des abstrakten, unglücklichen Bewußtseins, dem die Einsicht in die Versöhnung verschlossen bleibt.

Für MARX ist demnach die Religion nicht mehr das Verhältnis des Menschen zu seinem allgemeinen, unendlichen Wesen, da sie Ausdruck der Selbstentfremdung ist. Damit wird noch schärfer begründet, *warum* Religion gleichzeitig *notwendig* und doch als *etwas Verkehrtes* entsteht. Die Religion ist »das Selbstbewußtsein und das Selbstgefühl des Menschen, der sich selbst entweder noch nicht erworben oder schon wieder verloren hat«[15].

Der Mensch aber hat sich real verloren, da die verkehrte gesellschaftliche Struktur ihn verhindert, wirklich Mensch zu sein. Die These, daß

14. Thesen über Feuerbach, Bd. III, S. 6.
15. Zur Kritik der Hegelschen Rechtsphilosophie, Bd. I, S. 378.

der Mensch in seiner gegenwärtigen Wirklichkeit sich selbst entfremdet sei und entfremdet sein müsse, ist der zentrale Ausgangspunkt von MARX überhaupt.

Die Entfremdung des Menschen beginnt bezeichnenderweise mit dem äußeren Faktum der Arbeitsteilung. Sie vollendet sich in dem kapitalistischen Wirtschaftssystem, in dem sich der einzelne als Ware verkaufen muß, um sein Leben fristen zu können. Der Lohnarbeiter ist der Prototyp des entfremdeten Menschen. Es gehört aber zu der Konsequenz des kapitalistischen Systems, daß es immer weiter greift und möglichst alle in die entfremdete Situation hineinzwingt. In der entwickelten Bourgeoisie besteht diese schlimme Situation noch ausgeprägter als in der feudalistischen Gesellschaft. Dort knüpften noch menschliche Bande den Untergebenen an den natürlichen Vorgesetzten, jetzt aber ist nur noch das nackte Interesse übriggeblieben. Der Kern der Ausbeutung ist nicht mehr verdeckt. Die Bourgeoisie hat »an die Stelle der mit religiösen und politischen Illusionen verhüllten Ausbeutung die offene, unverschämte, direkte, dürre Ausbeutung gesetzt. Die Bourgeoisie hat alle bisher ehrwürdigen und mit frommer Scheu betrachteten Tätigkeiten ihres Heiligenscheines entkleidet. Sie hat den Arzt, den Juristen, den Pfaffen, den Poeten, den Mann der Wissenschaft in ihre bezahlten Lohnarbeiter verwandelt.«[16]

Um zu zeigen, daß die wirkliche Welt einzig den nackten Interessen gehorcht und daß die Religion in diesem Zusammenhang verstanden werden muß, schreckt MARX auch vor den groteskesten Karikaturen nicht zurück. Die Realität muß sich der Ideologie fügen, damit erwiesen werden kann, daß die Religion bloß das Aroma der verkehrten Welt ist.

HEGEL hatte die Wirklichkeit gezwungen, vernünftig zu sein. MARX aber zwingt sie, verkehrt, unvernünftig zu sein. Am peinlichsten erscheint diese ideologische Uminterpretation wohl in seinen Äußerungen über das Judentum.

MARX kann nicht anerkennen, daß ein Jude in Wirklichkeit Jahwe verehrt und das Gesetz aus frommer Scheu befolgt. Das muß ihm Schein, muß ein lügenhafter Zustand sein. Die jüdische Religion hat aus dem nackten Egoismus zu bestehen. Er ruft aus: »Welches war an und für sich die Grundlage der jüdischen Religion? Das praktische

16. K. Marx, F. Engels, Manifest der Kommunistischen Partei, Bd. IV, S. 465.

Bedürfnis, der Egoismus.«[17] Schon FEUERBACH hatte die Religion aus dem Egoismus, wenn auch dem höheren, erklärt und in bezug auf die Juden gemeint: »Ihr Prinzip, ihr Gott ist das *praktischste* Prinzip von der Welt – der Egoismus, und zwar der *Egoismus in der Form der Religion.*«[18]

Auch an dieser Stelle sind die Abhängigkeit von FEUERBACH und dessen Radikalisierung unübersehbar. Denn bei Marx ist nunmehr der jüdische Egoismus lediglich noch niedrige Raffgier. Der Gott der Juden ist schlechthin das Geld. »Das Geld ist der eifrige Gott Israels.«[19] MARX dekretiert einfach, daß der fromme Jude, der »Sabbatjude«, nur Schein sei. Die Wirklichkeit dagegen ist der Alltagsjude, das heißt der Geldjude. So sucht er nicht das Geheimnis der Juden in ihrer Religion, sondern das Geheimnis der Religion in dem, was er als den »wirklichen« Juden ausgibt: »Welches ist der weltliche Grund des Judentums? Das *praktische* Bedürfnis, der *Eigennutz*. Welches ist der weltliche Kultus des Juden? Der *Schacher*. Welches ist sein weltlicher Gott? Das *Geld.*«[20]

Es ist deutlich, daß mit solchen Interpretationen beliebig Schein oder Wirklichkeit geschaffen werden kann, je nachdem, was die Ideologie verlangt.

Der inhumane Antisemitismus, der in vielen Ländern herrscht, die die marxistische Revolution hinter sich haben und deren offizielle Staatsdoktrin der Marxismus ist, hat also trotz der jüdischen Abstammung von MARX eine Wurzel bei diesem selbst. Der Aufsatz über die Judenfrage zeigt in charakteristischer Weise, wie tief MARX in seinen Urteilen durch kollektive Vorurteile und Ressentiments geprägt war. Gerade das unauflösliche Ineinander von solchem Kollektivhaß und der echten Leidenschaft, dem entfremdeten Menschen zu helfen, macht das Ambivalente an der ganzen marxistischen Argumentation aus. Die revolutionäre Radikalität läßt keine Differenzierungen zu. Mit dem *»kategorischen Imperativ, alle Verhältnisse umzuwerfen,* in denen der Mensch ein erniedrigtes, ein geknechtetes, ein verlassenes, ein verächtliches Wesen ist«[21], wird die gegenwärtige Wirklichkeit pauschal verurteilt und vernichtet, da für MARX alle Verhältnisse vom

17. K. Marx, Zur Judenfrage, Bd. I, S. 374.
18. L. Feuerbach, Das Wesen des Christentums, Werke Bd. VI, S. 137.
19. Zur Judenfrage, Bd. I, S. 374.
20. A. a. O. S. 372.
21. Zur Kritik der Hegelschen Rechtsphilosophie, Bd. I, S. 385.

System her entfremdend wirken.
Mit diesem Schema, das die Wirklichkeit als *der ganzen Struktur* nach verkehrt ansieht, ist die heile Welt vollständig in die Zukunft verlegt und mit der Gegenwart nur negativ durch die Katastrophe der Revolution vermittelt. Damit ist ein Weltmodell aufgegriffen, das die christliche Überlieferung mit charakterisiert hat. Es ist das apokalyptische Schema. Es sieht diese Welt als ganz verloren an und erwartet das Heil von Weltuntergang und Neuschöpfung.
Die Aufklärung und der Idealismus hatten dieses Weltmodell durch ein positiveres ersetzt, in dem die Welt als die Entfaltung Gottes galt, die Unvollkommenheit aber als bloße Unvollkommenheit des Anfangs durch allmähliche Entwicklung zu überwinden war. Der Fortschrittsglaube ist die säkularisierte Form der weltpositiv-evolutionären Hoffnung auf das Reich Gottes. Im Grunde geht auch FEUERBACH noch von dieser Weltbeurteilung aus.
Mit dem Christentum in seiner radikalen, apokalyptisch fundierten Form ist also MARX gegen die Aufklärung und den Idealismus, auch gegen FEUERBACH darin einig, daß die bestehende Welt verdorben und der radikalen Erlösung bedürftig ist.
MARX kann deshalb die Religion durchaus den »Seufzer der bedrängten Kreatur« nennen[22]. Aber: Sie ist der *verkehrte* Seufzer! Sie ist der völlig machtlose, der illusionäre und damit täuschende Seufzer. Denn sie läßt das wirkliche Elend unangetastet und verheißt dem Leidenden eine Traumwelt, in die seine Phantasie hoffnungsvoll flüchten kann. Damit wirkt sie verderblich, weil sie den Leidenden hindert, die Wirklichkeit zu verändern und das Leiden zu beseitigen. So wird sie gerade zur *Stütze* der gegenwärtigen verkehrten Zustände. Sie wird die Theorie, die die Mißstände rechtfertigt.
Indem sie dem Menschen nur eine phantastische Scheinbefriedigung vorgaukelt, die ihn über seine Wirklichkeit hinwegtröstet, wirkt sie wie ein Rauschgift. So kann das vernichtende Urteil gefällt werden: »Sie ist das *Opium* des Volks.«[23]
Der Satz von der Religion als dem Opium des Volkes, von LENIN später noch zum Opium für das Volk und damit zur absichtlichen Vergiftung des Volkes verschärft, hat Geschichte gemacht. Er hat indessen auch seine Vorgeschichte. MARX ist nicht der erste, der Religion mit einem

22. A. a. O. S. 378.
23. Ebd.

Narkotikum vergleicht. Es wird auf Bruno BAUER, FEUERBACH und Moses HESS hingewiesen, etwa auch auf HEGEL, der die indischen Religionen teilweise so charakterisierte. Die Vorgeschichte des Schlagwortes wird bis auf Baron von HOLBACH zurückgeführt[24]. Es wäre deshalb verfehlt, die Religionskritik von MARX einseitig auf dieses so populär gewordene Wort zu konzentrieren. Damit wird das Charakteristische an MARX nicht erfaßt. Das Wort gehört einfach in den Zusammenhang hinein, der die bloß phantastische Befreiung des Menschen der wirklichen, durch Arbeit, Tat und Revolution zu vollziehenden gegenüberstellt.

Der Kontext, in dem das Wort vom Opium erscheint, gehört zum Lapidarsten, was er gegen die Religion gesagt hat:

»Die Religion ist die allgemeine Theorie dieser Welt, ihr enzyklopädisches Kompendium, ihre Logik in populärer Form, ihr spiritualistischer Point-d'honneur, ihr Enthusiasmus, ihre moralische Sanktion, ihre feierliche Ergänzung, ihr allgemeiner Trost- und Rechtfertigungsgrund. Sie ist die *phantastische Verwirklichung* des menschlichen Wesens, weil das *menschliche Wesen* keine wahre Wirklichkeit besitzt. Der Kampf gegen die Religion ist also mittelbar der Kampf gegen *jene* Welt, deren geistiges *Aroma* die Religion ist.«[25]

Und weiter, nach dem Wort vom Opium: »Die Aufhebung der Religion als des *illusorischen* Glücks des Volkes ist die Forderung seines *wirklichen* Glücks. Die Forderung, die Illusionen über seinen Zustand aufzugeben, ist die *Forderung, einen Zustand aufzugeben, der der Illusionen bedarf*. Die Kritik der Religion ist also im *Keim* die *Kritik des Jammertales*, dessen *Heiligenschein* die Religion ist.«[26]

Die Religion rechtfertigt die Selbstentfremdung des Diesseits durch den Verweis auf das Jenseits. Wenn die Wahrheit des Jenseits verschwunden ist, muß man die Wahrheit des Diesseits etablieren. Damit bleibt die Religionskritik nicht wie bei FEUERBACH abstrakt, sondern geht in die Kritik der wirklichen Zustände über, die zu deren revolutionären Veränderung führt. »Die Kritik des Himmels verwandelt sich

24. Vgl. dazu: R. Seeger, Herkunft und Bedeutung des Schlagwortes: Die Religion ist Opium für das Volk, in: Theologische Arbeiten zur Bibel – Kirchen- und Geistesgeschichte, ed. E. Barnikol, Heft 3, Halle 1935. E. Schaper, Religion ist Opium für das Volk, in: Zeitschrift für Kirchengeschichte, 1940, S. 425–429.

25. Zur Kritik der Hegelschen Rechtsphilosophie, Bd. I, S. 378.

26. A. a. O. S. 379.

damit in die Kritik der Erde, die *Kritik der Religion* in die *Kritik des Rechts*, die *Kritik der Theologie* in die *Kritik der Politik*.«[27]
Dieses Programm setzt eine Religion voraus, die zwar die Erde als Jammertal charakterisiert, sie aber ihrem Zustand überläßt und die Hoffnung auf eine bessere Zukunft mit der Hoffnung auf den Himmel nach dem Tode identifiziert. Gleichzeitig ist eine Religion vorausgesetzt, die die Spiritualisierung so weit treibt, daß ihr nur die Innerlichkeit wichtig ist, die Gestalt der Außenwelt aber wesentlich gleichgültig bleibt. Indem nicht nur die pietistische Himmelssehnsucht oder die mittelalterliche Weltverneinung getroffen wird, sondern auch die Verinnerlichung des Glaubens, der in innerer Freiheit das äußere Kreuz trägt, richtet sich die Kritik von MARX auch gegen das reformatorische Verständnis des Glaubens in der Gestalt der Lehre von den zwei Reichen, wie LUTHER sie entworfen hat. Paradoxerweise ist der weltumgestaltende Impuls des Calvinismus weniger getroffen, obgleich gerade die calvinistischen Länder den Kapitalismus hervorgebracht haben. Max WEBER[28] hat den inneren Zusammenhang dieser Entwicklung aufgezeigt. Diese seltsame Situation zeigt die Einseitigkeit des marxistischen Religionsverständnisses. Die Kritik zielt vorrangig auf die religiöse Verinnerlichung, die die äußeren Zustände relativ unangetastet läßt, behält sich aber plötzlich vor, in der Religion auch die kapitalistische Geldgier zu finden, wie die Ausfälle gegen die Juden dartun.
In der Interpretation der Religion als für die Wirklichkeit belanglose Innerlichkeit charakterisiert MARX die Reformation LUTHERS als bloß theoretische Revolution: »*Luther* hat allerdings die Knechtschaft aus *Devotion* besiegt, weil er die Knechtschaft aus *Überzeugung* an ihre Stelle gesetzt hat. Er hat den Glauben an die Autorität gebrochen, weil er die Autorität des Glaubens restauriert hat. Er hat die Pfaffen in Laien verwandelt, weil er die Laien in Pfaffen verwandelt hat. Er hat den Menschen von der äußeren Religiosität befreit, weil er die Religiosität zum inneren Menschen gemacht hat. Er hat den Leib von der Kette emanzipiert, weil er das Herz in Ketten gelegt.«[29]
An dieser Verinnerlichung scheiterte nach MARX der Bauernkrieg, die

27. Ebd.
28. M. Weber, Die protestantische Ethik und der Geist des Kapitalismus, Ges. Aufsätze zur Religionssoziologie, I, Tübingen, 4. Aufl. 1947.
29. Zur Kritik der Hegelschen Rechtsphilosophie, Bd. I, S. 386.

»radikalste Tatsache der deutschen Geschichte«[30]. Eine solche Entwicklung darf nicht wieder vorkommen, nachdem nun die revolutionäre Philosophie den Fehler der verinnerlichten Idealität eingesehen hat.

Im Gegensatz zu LUTHER war es Thomas MÜNTZER, der den Bauernkrieg ideologisch angefeuert hat. MÜNTZER ist denn auch im Laufe der marxistischen Entwicklung zu dem eigentlichen reformatorischen Heiligen und Helden derjenigen Marxisten geworden, die das Christentum nicht einfach abschaffen, sondern beerben wollen. Von dieser Sicht der Reformation führt ein gerader Weg zu Ernst BLOCH.

Damit wird noch etwas anderes deutlich. Die Verinnerlichung und Himmelssehnsucht ist nicht die einzige Gestalt der christlichen Erlösung aus dem Jammertal. Immer wieder sind in der christlichen Geschichte die apokalyptischen Utopisten aufgestanden, die das Reich Gottes für *diese Erde* erhofften und gleichzeitig die geschichtliche Gegenwart als die eschatologische Entscheidungszeit ansahen. Diese Linie führt ins Urchristentum zurück. In ihm ist die nahe eschatologische Hoffnung auf einen neuen Himmel *und* eine neue Erde durchaus lebendig. Das neutestamentliche Christentum erhofft eine wirkliche und völlige Veränderung der Zustände, nicht bloß eine illusionäre und phantastische Vertröstung. Die Hoffnung auf das baldige Kommen des Gottesreiches enthält den glühenden Glauben an die Umwandlung der Welt.

Dieser Zug ist im Laufe der christlichen Geschichte zugunsten der Himmelssehnsucht und Jenseitshoffnung zurückgetreten. In säkularisierter Weise ist er aber im Optimismus der Aufklärung wieder erstanden, so in KANTS Hoffnung auf die Gründung eines Reiches Gottes auf Erden. Diese aufklärerische Hoffnung basierte auf einem optimistischen Weltverständnis, das in seinem evolutionären Fortschrittsglauben die Interpretation der Welt als Jammertal zurückließ. Sie faßte dabei dieses Reich als etwas auf, zu dem der Mensch durch seine Arbeit beitragen konnte. Der Marxismus übernimmt von der Aufklärung die These, der Mensch schaffe das Reich, im Gegensatz zum Urchristentum, das dieses als Gottes Tat erwartete, gleichzeitig aber verwirft er die optimistische Evolution, stellt die Welt als verkehrt dar und schafft das Reich durch die alles umstürzende Revolution.

Es ist bemerkenswert, daß gerade der so radikale Religionskritiker

30. Ebd.

Marx in diesem einen Stück ein urchristliches Anliegen, wenn auch auf seine Weise, wieder aufnahm. Er beruft sich freilich nicht darauf und scheint sich auch dessen gar nicht bewußt zu sein, da er die Religion von vornherein unter einem anderen Gesichtspunkt sieht.
Dieses urchristliche Element ist die Hoffnung auf die vor der Tür stehende bessere Zukunft bei gleichzeitiger radikaler Kritik der Gegenwart. Es ist das apokalyptische Modell des Bruches zwischen dem Bestehenden und dem Guten, die negative Vermittlung zwischen der Welt und dem erhofften Reich, aktualisiert in der Naherwartung.
Dieses Modell unterscheidet sich sowohl von dem der Verinnerlichung, das das sinnliche Leben oder, wie nunmehr die Kritiker sagen, den »Materialismus« außer acht läßt, als auch von dem optimistischen, das davon ausgeht, daß die Welt im ganzen auf dem richtigen Wege sei und nur fortzuschreiten brauche.
Der gewaltige *Gegensatz* zwischen der neutestamentlichen und der marxistischen Heilserwartung besteht jedoch darin, daß im Neuen Testament der Umsturz durch *Gott* herbeigeführt wird und kosmische Ausmaße annimmt, während bei Marx die Menschen selbst ihn an die Hand nehmen. Diese menschliche Revolution hat denn auch nur geschichtlich-gesellschaftliche Dimension. Dennoch wird die Hoffnung verabsolutiert. So vermag sie als Hoffnung die religiöse Hoffnung zu ersetzen, als geschichtliche Erfüllung aber muß sie jeweils tief enttäuschen. In dieser Spannung liegt ein Stück der Tragik der marxistischen Hoffnungen.
Es lassen sich durchaus nicht alle menschlichen Probleme auf die gesellschaftlichen Verhältnisse zurückführen. Schon allein der Hinweis auf den Tod genügt, um zu zeigen, daß noch ganz andere Dimensionen zu bedenken sind, die dann bei späteren Marxisten wie Ernst Bloch aufbrechen.
Die Wiederbelebung der eschatologischen Hoffnungen für die Elenden, verbunden mit dem Appell, diese Hoffnungen revolutionär zu verwirklichen, hat geschichtlich eine ungeheure Wirkung erzielt. Indem die Elenden im Proletariat der frühindustriellen Gesellschaft in der Kirche keine solchen Hoffnungen mehr fanden, erschien die Verkündigung von Marx als die eigentlich hoffnungspendende Heilslehre. Marx seinerseits sah in der Kirche nur ein Instrument zur Rechtfertigung und Erhaltung der bestehenden Welt. Die damalige Kirche der Restauration, die eng mit dem konservativen Staat zusammenarbeitete, trug dazu bei, eine solche Auffassung zu begründen.

Es erscheint deshalb in der marxistischen Religionskritik noch ein weiterer wichtiger Gedanke. Die Religion ist nicht nur die illusionäre Aufhebung der Entfremdung durch den narkotischen Trost für die Elenden.

Der Zustand der Welt besteht ja nicht nur darin, daß es in ihr Ungezählte solcher Elenden gibt. Daneben existieren auch die »Ausbeuter«, die Herrschenden, die Bourgeoisie, die Reichen, die von der Armut der Massen profitieren und für die die bestehenden Verhältnisse durchaus vorteilhaft sind. Es ist daher das *Interesse* der herrschenden Klasse, den bestehenden Zustand der Gesellschaft aufrechtzuerhalten. Deshalb hat die herrschende Klasse auch ein ebenso lebendiges Interesse an der Religion und ihrem Fortbestand. Sie stützt die Kirche, um ihre eigene Herrschaft zu sichern und die revolutionäre Praxis dadurch abzuwenden, daß diese religiös verdammt wird.

Die Religion als Instrument der herrschenden Klassen wird damit zur verderblichen Ideologie, im Grunde zur Heuchelei. Was für die beherrschten Klassen Opium ist, ist für die herrschenden ein Machtinstrument. Denn das Christentum hat »die antike Sklaverei gerechtfertigt, die mittelalterliche Leibeigenschaft verherrlicht« und ist auch bereit, »die Unterdrückung des Proletariats, wenn auch mit etwas jämmerlicher Miene, zu verteidigen«[31].

Die sozialen Prinzipien des Christentums »setzen die konsistorialrätliche Ausgleichung aller Infamien in den Himmel und rechtfertigen dadurch die Infamien auf der Erde«[32]. Alle Unterdrückung wird als göttliche Strafe oder göttliche Weisheit zur Annahme empfohlen, und das Christentum befördert die Sklaveneigenschaften Feigheit, Unterwürfigkeit und Demut.

Diese Tendenz ist für Marx bereits in der Lehre von der Schöpfung angelegt. Geschöpf eines Schöpfers sein bedeutet Abhängigkeit und ist die Wurzel der Sklaverei. Wenn ich ein Geschöpf bin, hat mein Leben »notwendig einen solchen Grund außer sich, wenn es nicht meine eigene Schöpfung ist«[33]. Im Schöpfungsbegriff ist demnach die Selbstentfremdung bereits angelegt! Deshalb betont Marx, daß »die Wurzel für den Menschen« »der Mensch selbst« sei[34]. Er nimmt damit Feuerbachs These wieder auf, daß der Mensch für den Men-

31. Der Kommunismus des Rheinischen Beobachters, Bd. IV, S. 200.
32. Ebd.
33. Ökonomisch-philosophische Manuskripte, EB I, S. 545.
34. Zur Kritik der Hegelschen Rechtsphilosophie, Bd. I, S. 385.

schen das höchste Wesen sei.
Damit, daß Marx der Schöpfungsgedanke unerträglich ist, ist freilich das Problem nicht gelöst, das seinen Grund in der schlichten Realität hat, daß der Mensch seines Seins eben gerade nicht selbst mächtig ist und höchstens sein So-Sein ein Stück weit gestalten kann. Schon Feuerbach mußte sich da auf das vage Gerede von der »Natur« zurückziehen und ging möglichst schnell zu einer anderen Frage über. Marx ist der Schöpfungsgedanke ebenso unausstehlich, da dieser die Religion als ein allgemein menschliches und nicht nur klassenmäßig-gesellschaftliches Problem erweisen könnte.
Für ihn ist es wichtig, daß die Religion auf das Interesse einer herrschenden Schicht reduziert wird und damit ihre menschheitliche Dimension verliert und zur Klassenangelegenheit absinkt.
Das ist ein außerordentlich wichtiges Resultat seiner Religionskritik. Es geht weit über Feuerbach hinaus, für den die Religion zum menschlichen Wesen überhaupt gehörte. Nun ist sie lediglich noch eine Sache der verkehrten Welt im Dienst einer mächtigen Klasse. So fällt sie auch in der Revolution mit der verkehrten Welt und der herrschenden Klasse dahin.
Wenn die richtige Welt etabliert ist, gibt es nicht nur keinen Platz mehr für die Religion, sondern auch gar keinerlei Bedürfnis danach. Wenn das Elend wirklich beseitigt ist, braucht es keine illusionäre Beseitigung mehr. Solange aber das Elend nicht wirklich abgeschafft ist, nützt alle Aufklärung nichts. Die Religion bleibt eine reale Macht aufgrund der Verhältnisse; sie entspricht dem Interesse der herrschenden und dem Bedürfnis der ausgebeuteten Klasse. Die Aufhebung der Religion ist kein Bewußtseinsprozeß.
Dafür ist die Religion nach der wirklichen Beseitigung des Elendes auch wirklich verschwunden. Denn es gibt kein Motiv mehr dafür.
Der Atheismus hat eine doppelte Aufgabe. Er muß zeigen, warum Religion so allgemein entsteht, obgleich sie ein Irrtum ist, und muß dartun können, *was an die Stelle Gottes tritt*, wenn Gott vernichtet ist. Feuerbach hat die erste Aufgabe gelöst. Die zweite ist weit schwerer zu bewältigen, da das unendliche Vakuum, das beim Verlust Gottes entsteht, durch nichts ausgefüllt werden kann als – durch einen anderen Gott. Feuerbach versuchte, an die Stelle Gottes den Menschen zu setzen. Damit aber ist der Mensch unendlich überfordert. Ebenso redete er von der Natur. Aber entweder wird dadurch die Natur pantheistisch überhöht, und das wollte Feuerbach gerade nicht, oder

sie wird zum abstrakten Gespenst und kann die Lücke erst recht nicht ausfüllen. Darum ist es das große Dilemma des Atheismus: *Nur ein Gott kann Gott ersetzen oder aber ein Nicht-Göttliches, das zum Gott gemacht wird, also ein Götze.* Andernfalls bleibt nur das Nichts an der Stelle Gottes und damit der Sturz in den Nihilismus.

Von allen Religionskritikern hat allein MARX diese zweite Aufgabe des Atheismus bewältigt, indem er die einzig konsequente Lösung fand: *Der Verlust Gottes läßt gar kein Vakuum zurück,* das ausgefüllt werden müßte! Es gibt nichts zu ersetzen, da Gott bloß ein Ersatz für die mangelnde Wirklichkeit ist. Sobald die Wirklichkeit intakt ist, verliert der Gedanke an Gott jedes Interesse. Gott wird einfach vergessen; an seine Stelle tritt – nichts, aber nicht das nihilistische Nichts als unheimlicher Mangel, sondern das selbstverständliche Nichts, weil jedes Etwas überflüssig wäre. Indem Gott als Ersatz deklariert wird, braucht er nicht ersetzt zu werden.

Das ist die einzig schlagende Antwort des Atheismus auf die Frage, was denn an die Stelle Gottes trete.

MARX vermochte diese Antwort zu geben, weil er in seiner Phantasie vorausnahm, die Frage nach Gott werde in der nachrevolutionären Gesellschaft verschwinden. Zu seiner Zeit existierte ja noch keine solche Gesellschaft, in der seine Erwartungen hätten geprüft werden können. In den heutigen nachrevolutionären Gesellschaften ist aber die religiöse Frage nach Gott keineswegs erloschen. Tiefere marxistische Denker wie BLOCH, MACHOVEC, GARAUDY erörtern diese Fragen aufs neue. Die Voraussetzung von MARX, die Religion sei nicht eine Menschheitsfrage, sondern lediglich eine Klassenfrage, und Gott habe Ersatzcharakter, bewährte sich nicht.

Die These, Gott hinterlasse keine Lücke, da er nur die Kehrseite des verkehrten Weltzustandes sei, erwies sich selbst als phantastische Illusion. Sie ist nur begreiflich, wenn man bedenkt, daß MARX selbst von Anfang an nicht echt religiös bewegt war und deshalb von vorneherein die Religion nur in einem falschen Koordinatensystem von religionsfremden Interessen wahrzunehmen vermochte.

Wo ein tiefer, echter Kampf um Gott ausgetragen wird, da erfährt man auch die Schwere der Frage, wie das ungeheure Vakuum ausgeglichen werden könnte, das der Tod Gottes hinterläßt. Friedrich NIETZSCHE, der leidenschaftliche Verkündiger des Todes Gottes, hat sich dieser Frage rückhaltlos gestellt.

4. Gott ist tot!

Friedrich Nietzsche (1844–1900)

In seinem schon fast klassisch gewordenen Werk »Von Hegel zu Nietzsche, der revolutionäre Bruch im Denken des 19. Jahrhunderts«, schreibt Karl Löwith über die Bedeutung Nietzsches: »Was immer Nietzsches antichristliche Philosophie und seinen ›Hammer‹ von Hegels ›Spekulation‹ abgründig trennt, wird von Hegels Schülern mit einer konsequenten Folge von Aufständen gegen die christliche Tradition und die bürgerliche Kultur überbrückt. Am Anfang und Ende dieser Brücke stehen Hegel und Nietzsche, und die Frage ist, ob – über Nietzsche hinaus – überhaupt noch ein gangbarer Weg führt.«[1]
Nietzsche, am Ende dieses prometheischen Aufbruchs in der Mitte des 19. Jahrhunderts, ist aber kein Junghegelianer. Seine Gedanken kommen auf »Taubenfüssen« und erschüttern doch die Welt[2]. Er versteht sich als »Schicksal«[3], ja als »*Vernichter* par excellence«[4]. Er ruft nicht wie Marx die Masse der Elenden zur politisch-ökonomischen Revolution, sondern die einzelnen freien Geister zur Revolutionierung der Werte. Er ist ein Einsamer wie Kierkegaard, mit dem er oft verglichen worden ist, von dem ihn aber auch Welten trennen.
Wenn er es auch nicht verschmäht hat, die Kirche und die Priester anzugreifen, so sind sie doch nicht für ihn die eigentlichen Feinde. Er greift weiter aus. Er kämpft gegen Gott selbst, ebenso gegen Christus. Im Gegensatz zu dem völlig profanen Marx weiß Nietzsche, daß Gott mehr ist als ein leeres Wort.
Nietzsche selbst ist ein tief numinoser Mensch, in dem Dimensionen aufgerissen sind, die Marx und auch Feuerbach verschlossen blieben,

1. K. Löwith, Von Hegel zu Nietzsche, Stuttgart, 4. Aufl. 1958, S. 193.
2. Die Werke Nietzsches werden zitiert nach: Nietzsche's Werke, Leipzig 1905 ff. Also sprach Zarathustra, Bd. VI, S. 217.
3. F. Nietzsche, Ecce homo, Bd. XV, S. 116.
4. A. a. O. S. 118.

obgleich oder gerade weil er seinen Zarathustra sprechen läßt: »Wer ist gottloser als ich, daß ich mich seiner Unterweisung freue?«[5] Er weiß, was es bedeutet, wenn Gott verlorengeht, und fern ist ihm die illusionäre Naivität, mit der MARX glaubt, Gott werde nach einer gesellschaftlichen Revolution spurlos verschwinden, da er ohnehin nur der Ersatz für die fehlende Wirklichkeit gewesen sei. Er läßt den »tollen Menschen«, der die Botschaft vom toten Gott verkündigt, ausrufen: »Wie vermochten wir das Meer auszutrinken? Wer gab uns den Schwamm, um den ganzen Horizont wegzuwischen? Was taten wir, als wir diese Erde von ihrer Sonne losketteten? Wohin bewegt sie sich nun? Wohin bewegen wir uns? Fort von allen Sonnen? Stürzen wir nicht fortwährend? Und rückwärts, seitwärts, vorwärts, nach allen Seiten? Gibt es noch ein Oben und ein Unten? Haucht uns nicht der leere Raum an? Ist es nicht kälter geworden? Kommt nicht immerfort die Nacht und mehr Nacht?«[6]

Er fragt: »Du wirst niemals mehr beten, niemals mehr anbeten, niemals mehr im endlosen Vertrauen ausruhen – du versagst es dir, vor einer letzten Weisheit, letzten Güte, letzten Macht stehenzubleiben und deine Gedanken abzuschirren – du hast keinen fortwährenden Wächter und Freund für deine sieben Einsamkeiten – du lebst ohne den Ausblick auf ein Gebirge, das Schnee auf dem Haupte und Gluten in seinem Herzen trägt – es gibt für dich keinen Vergelter, keinen Verbesserer letzter Hand mehr – es gibt keine Vernunft in dem mehr, was geschieht, keine Liebe in dem, was dir geschehen wird – deinem Herzen steht keine Ruhestatt mehr offen, wo es nur zu finden und nicht mehr zu suchen hat – du wehrst dich gegen irgend einen letzten Frieden, du willst die ewige Wiederkehr von Krieg und Frieden: – Mensch der Entsagung, in Alledem willst du entsagen? Wer wird dir die Kraft dazu geben? Noch hatte niemand diese Kraft!«[7]

Weit entfernt ist er von der Fortschrittsgläubigkeit, die nach der Abschaffung Gottes zu einer banalen Kultur bürgerlicher Philisterhaftigkeit führen soll, wie sie in dem »Alten und Neuen Glauben«[8] von David Friedrich STRAUSS anvisiert wird; grausam verhöhnt er STRAUSS in seinen »Unzeitgemäße(n) Betrachtungen«[9]. Ebenso ferne

5. Zarathustra, Bd. VI, S. 377.
6. F. Nietzsche, Die fröhliche Wissenschaft, Bd. V, S. 163.
7. A. a. O. S. 216f.
8. D. F. Strauss, Der alte und der neue Glaube, Leipzig 1872.
9. F. Nietzsche, Unzeitgemäße Betrachtungen, Bd. I, S. 177ff.

ist er von der sozialistischen Utopie des Wohlfahrtsstaates, der aller Glück garantiert; dieses Reich der »letzten Menschen« verspottet er im »Zarathustra«[10].

Indem er die Geister der Tiefe ruft und um deren dämonische Dimension weiß, erkennt er die europäische Krise als das Anzeichen der gewaltigen *Katastrophe* des Abendlandes, das sich nicht ohne Gott auf dem ebenen Wege zu herrlichen Zeiten in bürgerlichem oder antibürgerlich-proletarischem Stil befindet, sondern im Begriff steht, den unaufhaltsamen Sturz in den *Nihilismus* zu tun. Als Prophet des Nihilismus verkündigt er: »Ich beschreibe, was kommt, was nicht mehr anders kommen kann: *die Heraufkunft des Nihilismus* ... Unsre ganze europäische Kultur bewegt sich seit langem schon, mit einer Tortur der Spannung, die von Jahrzehnt zu Jahrzehnt wächst, wie auf eine Katastrophe los.«[11]

Im Mittelpunkt dieses ungeheuren Geschehens steht die Auseinandersetzung mit dem christlichen Gott, der von platonischer Metaphysik umhüllt ist, gegen die »Hinterwelt« und deren asketische Priester.

Der junge NIETZSCHE, noch Professor für klassische Philologie in Basel, beeindruckt von dem pessimistischen Weltschmerz SCHOPENHAUERS, begeistert von dessen romantisch-germanischer Interpretation in der Musik Richard WAGNERS, konfrontiert mit dem traditionellen Bild des klassischen Griechenland, veröffentlicht 1872 »Die Geburt der Tragödie aus dem Geiste der Musik«. Schon hier stellt er, noch Griechenland interpretierend, aber doch bereits weitergreifend, die zwei Grundverständnisse des Daseins einander gegenüber: das *Apollinische* und das *Dionysische*. Apollo ist das Sinnbild für das Maß, den Geist, das Schöne, das Himmlische, das Klassische, das Ideale. Ihm aber steht Dionysos gegenüber, nicht die Profanität, sondern *auch ein Gott*. Er verkörpert das Erdhafte, das Ekstatische, das Maßlose, den schöpferischen Rausch, in dem aber auch, fast dämonisch, eine zerstörerische Komponente sichtbar wird. Dionysos ist das Leben, das Irrationale, die Kraft aus der Tiefe. Der christliche Gott dagegen ist gleichsam in seiner reinen Spiritualität noch viel apollinischer als Apoll. Er ist dazu ohne Schönheit und gleichzeitig grausam, moralisch und barmherzig-schwach, vor allem aber lebensfeindlich.

10. Zarathustra, Bd. VI, S. 19f.
11. F. Nietzsche, Der Wille zur Macht, I. Bd. XV, S. 137.

Von diesem Ansatzpunkt aus ist es überdeutlich, daß NIETZSCHES Auseinandersetzung mit dem christlichen Gott keine theoretisch-abstrakte ist.
Der Kampf geht um das existentielle Verständnis des *Lebens* oder, anders ausgedrückt, um die *Werte*. Der christliche Gott ist der Former des antidionysischen Wertkatalogs, damit der Gestalter der Schuldtafeln und als höchster Wert der Garant aller übrigen traditionellen Werte.
Gerade diese Werttafeln aber sind in unaufhaltsamem Verfall begriffen. Der Sturz Gottes ist gleichsam identisch mit dem Umsturz der Werte, weil Gott primär als Wert, nicht als Sein verstanden wird. Von da aus erscheint FEUERBACHS harmlose These als naiv, man müsse nur Gott als Subjekt abschaffen, die göttlichen Prädikate aber behalten, das heißt Gott als Sein beseitigen, aber als Wert erhalten. Die Krise des Abendlandes beruht gerade darauf, daß die Prädikate sich zersetzt haben. Deshalb bedeutet der Zerfall Gottes den unaufhaltsamen Fall in den Nihilismus. Denn »was bedeutet Nihilismus? – *Daß die obersten Werte sich entwerten* ... Der *radikale Nihilismus* ist die Überzeugung von einer absoluten Unhaltbarkeit des Daseins, wenn es sich um die höchsten Werte, die man anerkennt, handelt, hinzugerechnet die *Einsicht*, daß wir nicht das geringste Recht haben, ein Jenseits oder ein An-sich der Dinge anzusetzen, das ›göttlich‹, das leibhafte Moral sei.«[12]
Es handelt sich bei der Frage nach Gott darum nicht um zeitlose metaphysische Spekulationen, sondern um ein Geschehen, um ein geschichtliches Schicksal. Deshalb ist es unangemessen, die Situation in der Weise auszudrücken, daß man sagt, es gebe keinen Gott. Denn Gott war mächtig, war lebendig – wenigstens im Bewußtsein der Menschen. Jetzt aber hat er seine Macht und Lebendigkeit verloren.
Deshalb ist die Botschaft, die NIETZSCHE auszurichten hat, die Verkündigung des *geschichtlichen* Ereignisses: *Gott ist tot*.
Neben dem Satz von MARX, daß die Religion das Opium des Volkes sei, ist NIETZSCHES Wort vom toten Gott das volkstümlichste atheistische Schlagwort geworden, das bis tief in die Reihen der Theologen hinein Anhänger fand.
Wie der Ausspruch von MARX, so hat auch das Wort NIETZSCHES seine

12. A. a. O. S. 145.

Vorgeschichte. Zunächst verweist er darauf, daß Götter schon immer gestorben sind. Die germanische Mythologie kennt sterbende Götter, und auch bei den Griechen lösen sich die Göttergenerationen ab. Wenn Götter geboren werden, dann können sie auch sterben. Aber das Wort »Gott ist tot« kann nicht so einfach mythologisch verstanden werden. »Gott« ist nicht »die Götter«. Wenn es Götter gibt, dann ist gerade Gott nicht. Die Götter sind dem Begriff nach als Mehrzahl relative Erscheinungen. Wenn einer stirbt, so sind viele andere da. »Gott« hat eine ganz andere Dimension als »die Götter«.

Das Wort »Gott ist tot« hat noch eine weitere, christliche Wurzel. Von der Identifikation Gottes mit Jesus Christus, also dem Dogma von der Gottmenschheit Christi, her, kann der Tod Christi am Karfreitag als Tod Gottes verstanden werden. Wir haben bei der Darstellung der Religionsphilosophie HEGELS darauf hingewiesen, wie die Rede vom Tod Gottes in der lutherischen Tradition vorbereitet war und bei HEGEL im »spekulativen Charfreitag« seine Bedeutung bekommt[13]. Von daher ist die Rede vom Tode Gottes in der Philosophie des 19. Jahrhunderts bereits heimisch. Bei HEGEL aber hat der Tod Gottes nur die Bedeutung eines Momentes im gesamten Entwicklungsprozeß. Das Geschehen endet nicht am Karfreitag. Es folgt die Auferstehung, in der sich Gott als Gott erhält und der Karfreitag sich nur als der Tod des Todes erweist.

Für NIETZSCHE aber meint der Satz »Gott ist tot« das Endgültige. Gott ist und *bleibt* tot. *Dieser* Gott, der alte Gott, der christliche Gott, der metaphysische Gott, der jenseitige, himmlische Gott, der moralische Gott, der Garant der abendländischen Werte, gehört unwiederbringlich der Vergangenheit an. Der tolle Mensch kann sein »requiem aeternam deo« anstimmen[14]. Damit bedeutet NIETZSCHES Wort trotz des Gleichklangs doch etwas ganz anderes als in der volkstümlichen lutherischen Tradition und bei HEGEL.

Es meint auch nicht das gleiche wie der Atheismus bei FEUERBACH und MARX. Der tolle Mensch, der in der »Fröhlichen Wissenschaft« den Tod Gottes verkündigt, distanziert sich von den banalen Atheisten, die schlicht »nicht an Gott glauben«[15] und die Tiefe der Sache nicht ahnen. NIETZSCHE verkündigt ihnen gegenüber etwas Neues, und

13. G. W. Hegel, Glaube und Wissen, Jubiläumsausgabe Bd. 1, S. 433.
14. Die fröhliche Wissenschaft, Bd. V, S. 164.
15. A. a. O. S. 163.

dieses »ungeheure Ereignis« ist den Zeitgenossen noch gar nicht faßbar[16].
Dennoch beruht der Tod Gottes darauf, daß die Menschen ihn getötet haben.
Bei diesen bildhaften Aussagen müssen wir uns stets vor Augen halten, daß NIETZSCHE nicht an einem theoretischen Atheismus interessiert ist. Es handelt sich um den Tod des *christlichen* Gottes, um den Untergang der bisherigen Wertwelt, so daß er auch sagen kann, im Grunde sei nur der moralische Gott tot. Er führt den Angriff auf den christlichen Gott im Namen eines anderen Gottes – eine seiner letzten Aussagen kurz vor seinem Versinken in die Nacht des Wahnsinns spricht es unmißverständlich aus: »Hat man mich verstanden? – *Dionysos gegen den Gekreuzigten!*«[17]
Wenn Dionysos das heimliche Leitbild im Hintergrund des Kampfes gegen den christlichen Gott ist, dann ist die Front klar: gegen die metaphysische Jenseitigkeit, für das diesseitige Leben, gegen den Himmel und für die Erde. Für NIETZSCHE bedeutet das christliche Wertsystem ähnlich wie für FEUERBACH, nur mit etwas anderer Akzentuierung: Die Herrlichkeit des Himmels ist die Nichtigkeit der Erde, die Sehnsucht nach dem Jenseits die Verleumdung des Diesseits, die Bejahung Gottes die Verneinung des Lebens.
Je mehr NIETZSCHE den Pessimismus SCHOPENHAUERS überwindet und zu der ihm eigenen Welt- und Lebensbejahung vorstößt, je mehr er auch die christliche Liebe nur noch als Mitleid zu interpretieren vermag, um so stärker konzentriert sich der Kampf gegen den christlichen Gott auf die Anklage, daß er lebensfeindlich sei.
NIETZSCHE vollzieht die Kritik der christlich-platonischen Jenseitigkeit mit ihren falschen moralischen Werten von drei Richtungen aus. Er faßt die christliche Moral als *Dekadenz*, als *Ressentiment* und als Macht der *asketischen Priester* auf. Diese drei Fronten sind nicht gleichrangig und auch unter sich nicht ohne Gegensätze. Mit der These, daß das Christentum zum mindesten seinen Erfolg, wenn nicht gar seine Entstehung der Dekadenz der Spätantike verdanke, hat NIETZSCHE bereits im Linkshegelianismus Vorbilder. Besonders hatte Bruno BAUER vorgearbeitet. Neben dieser soziologischen Schau ist der mehr psychologische Gedanke des Ressentiments ganz besonders

16. A. a. O. S. 164.
17. Ecce homo, Bd. XV, S. 127.

Nietzsche eigen. In tiefgründigen Analysen zeigt er, daß vorab im *strafenden Gewissen* (»an der Strafe ist so viel *Festliches*«)[18], sich viele Rachegefühle der zu kurz Gekommenen oder sonst Verhinderten ausleben. Mit dem Aufdecken dieser Mechanismen hat Nietzsche einen bedeutenden Beitrag zur Entstehung bestimmter Formen der Moral gegeben, freilich ohne zu bemerken, wie stark er selbst unter dem prägenden Einfluß eigener Ressentiments stand. Wenn das Ressentiment ein Ausdruck des Schwachen ist, der sich am Starken rächt, so ist umgekehrt im asketischen Priester ein Stück Verwirklichung eines lebensfeindlich verdrehten Willens zur Macht. Die Motive widerstreiten sich und treffen sich nur in dem einen Punkt, daß die alte Weltschau das Leben schädigt.

Weil das ganze platonisch-christliche Weltanschauungsgebilde letztlich falsch, weil lebensfeindlich strukturiert ist, muß es sich mit der Zeit zersetzen. Deshalb ist der Nihilismus als Zusammenbruch dieser Welt bereits von Anfang an unausweichliches Schicksal, vollzieht sich aber nunmehr aktuell in der Gegenwart.

Für die Betroffenen ist der Tod Gottes als Zusammenbruch des gesamten kulturellen Wertsystems zunächst eine subjektive Katastrophe, in der sich die Schuldgefühle derer, die Gott »getötet« und die Tabus gebrochen haben, mit der Verzweiflung der Orientierungslosigkeit mischen.

Für Nietzsche und die »starken« Geister jedoch ist es ein unendlich positives Ereignis. Es ist der Anfang der Gesundung, ja der heilen Welt, ein Geschehen fast eschatologischen Ausmaßes.

Wie für Marx nur Vorgeschichte ist, was vor der Revolution geschieht, so ist für Nietzsche das, was sich vor dem Tode Gottes ereignet, auch nur vorläufige Geschichte. Wer aber nach der Tötung Gottes lebt, »gehört um dieser Tat willen in eine höhere Geschichte, als alle Geschichte bisher war«[19]. Dem Umsturz der Werte hat darum der Aufbau der neuen Tafeln und damit der neuen Welt zu folgen.

Nur für die Anhänger der verkehrten Welt ist daher der Durchgang durch den Nihilismus eine Katastrophe. Für die tiefer Erkennenden aber ist der Tod Gottes der Grund einer neuen Heiterkeit. In dem wichtigen Abschnitt »Was es mit unsrer Heiterkeit auf sich hat« führt darum Nietzsche aus: Das größte neuere Ereignis – das ›Gott tot ist‹,

18. F. Nietzsche, Zur Genealogie der Moral, Bd. VII, S. 356.
19. Die fröhliche Wissenschaft, Bd. V, S. 164.

daß der Glaube an den christlichen Gott unglaubwürdig geworden ist«, wirft seine Schatten auf Europa, ist aber noch zu groß und fern, um begriffen zu werden. Es steht eine Fülle von »Abbruch, Zerstörung, Untergang, Umsturz« bevor, und es braucht viel, um der Prophet dieser »Logik des Schreckens«, einer »Verdüsterung und Sonnenfinsternis, deren Gleichen es wahrscheinlich noch nicht auf Erden gegeben hat«, zu sein. Für die Wissenden aber sind die Folgen des Todes Gottes »durchaus nicht traurig und verdüsternd, vielmehr wie eine neue schwer zu beschreibende Art von Licht, Glück, Erleichterung, Erheiterung, Ermutigung, Morgenröte«. NIETZSCHE bricht in die begeisterten Worte aus: »In der Tat, wir Philosophen und ›freien Geister‹ fühlen uns bei der Nachricht, daß der ›alte Gott tot‹ ist, wie von einer neuen Morgenröte angestrahlt; unser Herz strömt dabei über von Dankbarkeit, Erstaunen, Ahnung, Erwartung – endlich erscheint uns der Horizont wieder frei, gesetzt selbst, daß er nicht hell ist, endlich dürfen unsre Schiffe wieder auslaufen, auf jede Gefahr hin auslaufen, jedes Wagnis des Erkennenden ist wieder erlaubt, das Meer, *unser* Meer liegt wieder offen da, vielleicht gab es noch niemals ein so ›offenes Meer‹.«[20]

Ein solcher Aufbruch bedeutet freilich weit mehr als eine gesellschaftliche Revolution. Wenn Gott nicht mehr ist, dann entsteht ein derart gewaltiges Vakuum, daß es ausgefüllt werden *muß*. Der Mensch selbst muß ein anderer werden. »Müssen wir nicht selber zu Göttern werden«?[21] fragte der tolle Mensch. Wieder sind bezeichnenderweise die Götter und ist nicht Gott genannt. NIETZSCHE sagt nicht wie FEUERBACH, daß der Mensch Gott wird. Aber auch Götter sind schon viel für den Menschen. Ein solcher Ikarusflug ist immer außerordentlich gefährlich, und wohl nur *vor* dem Aufbruch kann jene ungebrochen heitere Stimmung herrschen, die NIETZSCHE beschreibt ...

Der Mensch ist nun einmal Mensch und nicht Gott. NIETZSCHE beharrt denn auch nicht auf dieser unmöglichen Forderung. Er setzt eine andere an ihre Stelle. Der Mensch, wie er jetzt ist, muß zwar überwunden werden, wenn er sich der neuen Stufe der Geschichte würdig erweisen will. Einen Gott aber kann ja wohl der Mensch nicht schaffen; ein anderes läßt NIETZSCHE seinen Zarathustra verkündigen: *«Tot sind alle Götter, nun wollen wir, daß der Übermensch lebe.«*[21]

20. A. a. O. S. 272.
21. Zarathustra, Bd. VI, S. 115.

In seinem Werk »Also sprach Zarathustra« entwirft NIETZSCHE eine Erziehung zum Übermenschen, der die neuen Tafeln besitzt und der vollendete dionysische Mensch ist.
Dieser gottlose Übermensch trägt trotz der utopischen Widersprüchlichkeit seiner Charakterisierung markante und anschauliche Züge. In der Ambivalenz des Schöpfers und Zerstörers, als großartige, gleichzeitig grausame und großzügige Bestie stellt er den Gegenpol gegen den asketischen Priester dar, der der Herr in jener lebensverleumdenden Welt gewesen war, deren Gläubige nicht anders »ihren Gott zu lieben« wußten, »als indem sie den Menschen an's Kreuz schlugen«[22]. So erscheint der Übermensch auch als der Anwalt der höheren Menschlichkeit.
Nicht nur ins Ideale hinauf führt der Weg zur neuen Menschengestalt, sondern so wie mit dem Baum am Berge, ist es auch mit dem Menschen: »Je mehr er hinauf in die Höhe und Helle will, um so stärker streben seine Wurzeln erdwärts, abwärts, in's Dunkle, Tiefe, – in's Böse.«[23] Das Mitleid läßt er hinter sich; es ist eine seiner stärksten Versuchungen, ebenso wie für die Person NIETZSCHES selbst, bei dem sich der Ausbruch der Geisteskrankheit in der Form eines Mitleidsausbruches einem Pferd gegenüber manifestierte. Der Mensch der neuen Tafeln muß hart und rücksichtslos werden. Nur als ein solcher kann er ein Schaffender sein. Er muß lernen, seinen Nächsten nicht zu schonen. Der Schwache verdient keine Schonung. Wer nicht fliegen kann, soll fallen, und »was fällt, das soll man auch noch stoßen«[24]. Auf der anderen Seite ist der Schaffende auch ein Schenkender; die schenkende Tugend ist die höchste Tugend. Aber noch eine weitere Eigenschaft hat dieses Neue: »Macht ist sie, diese neue Tugend.«[25]
Der Übermensch ist der, der es erfaßt hat, daß der Wille zum Leben, zum vollen, diesseitigen, erdhaften, starken Leben nichts anderes ist als *Wille zur Macht*. In diesem Willen konzentriert sich der neue höchste Wert.
Der Wille zur Macht ist aber mehr als nur ein Wert. Er ist das hintergründige Geheimnis des Seins überhaupt, nicht nur des Übermenschen. Vom Willen zur Macht her ist zunächst jedes mechanisti-

22. A. a. O. S. 133.
23. A. a. O. S. 59.
24. A. a. O. S. 305.
25. A. a. O. S. 112.

sche Verständnis des Lebens überwunden. An diesem Ort führt NIETZSCHE eine Linie des deutschen Idealismus weiter. Tief ist ihm eingeprägt, was bereits FICHTE erfaßt hat: Am Grunde allen Seins steht Lebendigkeit, und Lebendigkeit ist Tätigkeit, also etwas anderes als tote, mechanisch zu bewegende Substanz. Auch SCHOPENHAUER ist trotz aller Polemik gegen den Weltverneiner nicht vergessen. SCHOPENHAUER hatte das »Ding an sich« als Willen bestimmt. Er hatte damit ein zwar dunkles, sinnleeres, aber doch lebendiges Prinzip an den Anfang gestellt. Auch für NIETZSCHE ist das Leben, ja das Sein Wille. In Abgrenzung gegen SCHOPENHAUER ist es freilich ein bestimmter Wille. Er nennt SCHOPENHAUERS Wille als das An-sich der Dinge »ein bloßes leeres Wort«[26], da dieser allen Charakter des Willens daraus gestrichen hat. Wille ist für NIETZSCHE auch keineswegs bloß Wille zur Lebens*erhaltung*; das ist eine völlig ungenügende, weil bloß statische Bestimmung.

Der Wille, der das Geheimnis des Daseins ist, ist vielmehr dynamischer Wille, der sich ausbreiten will, also Wille zur Macht.

Der Wille zur Macht ist »das innerste Wesen der Dinge«[27]. Er ist nicht identisch mit dem Lebenswillen, denn das Leben selbst ist lediglich eine bestimmte Manifestation des universalen Willens zur Macht. Nicht der Wille zur Macht ist als Leben zu interpretieren, sondern das Leben als Sonderfall des Willens zur Macht. Das Leben ist ein »Einzelfall«[28]. Es ist nur die »uns bekannteste Form des Seins«[29].

Als dynamischer Wille verstanden bedeutet Leben *mehr*leben wollen, nach einem »*Maximalgefühl von Macht*«[30] streben. Wille zur Macht ist stets ein Streben nach noch mehr Macht. An die Stelle des Optimum bei Leibniz tritt hier das Maximum; die Qualität ist durch die Quantität ersetzt.

Nun ist es das Charakteristische des Lebens, daß es in ungezählten Einzelerscheinungen auftritt. Das Streben nach mehr Leben und mehr Macht muß sich deshalb unausweichlich als Kampf gestalten. An dieser Stelle erhebt sich die Frage, ob die Wahrheit des Lebens wirklich darin bestehen kann, daß jeder schrankenlos nach Macht strebt und also der Stärkere den Schwächeren vernichtet. Das eben schloß NIETZ-

26. Der Wille zur Macht, III, Bd. XVI, S. 156.
27. Ebd.
28. Ebd.
29. A. a. O. S. 154.
30. A. a. O. S. 155.

SCHES Übermensch in seinen neuen Tafeln ein. Es könnte aber auch sein, daß sich die Wahrheit des Lebens gerade darin erfüllte, daß über das partikulare Streben hinaus, das den Einzelnen in die Schrankenlosigkeit der Herrschaft treibt, ein Bewußtsein des Gesamten sich bildete, in dem das Lebensrecht auch des anderen anerkannt würde, so daß sich der eigene Wille zur Macht begrenzt. Er erscheint dann nicht mehr schrankenlos berechtigt, sondern durch die ebenso große Ehrfurcht, vor dem Recht des anderen zu leben, im Gleichgewicht gehalten. Diese Möglichkeit erwägen heißt den eigentlich christlichen Einwand gegen NIETZSCHE erheben. Mit besonderem Nachdruck hat dies Albert SCHWEITZER getan, dessen These von der »Ehrfurcht vor dem Leben« bewußt die genaue Gegenposition zu dem Satz vom schrankenlosen Willen zur Macht darstellt. SCHWEITZER bezeichnet NIETZSCHES Lebensbejahung als unethische Lebensbejahung.
Die Fragwürdigkeit der These vom unbegrenzten Recht des Willens zur Macht erhellt schon aus der Tatsache, daß sich die praktische Anwendung dieses Grundsatzes in der verheerendsten Weise lebensfeindlich auswirkt. Die gegenseitige Vernichtung nimmt ein Ausmaß an, das die äußerste Lebenszerstörung weit übertrifft, die eine asketische Religion leisten könnte. Wenn NIETZSCHE sich als Anwalt des Lebens geben will, dann kann er nicht solche Massenvernichtungen rechtfertigen, wie sie unter Berufung auf ihn vom Nationalsozialismus vollzogen wurden, der dann am Ende selbst der Zerstörung anheimfiel.
Es zeichnen sich an dieser Stelle Widersprüche in den Konsequenzen der Lebensbejahung NIETZSCHES ab, die er nicht bewältigt hat.
Das liegt bereits in der Zweideutigkeit des Lebensbegriffes beschlossen, den NIETZSCHE verwendet. Das Leben hat bei ihm einerseits einen *naturalistisch-vitalistischen*, andererseits einen *religiös-mystischen* Aspekt. NIETZSCHES Intention kann wohl nur ganz verstanden werden, wenn es gelingt, diese beiden so gegensätzlichen Gesichtspunkte als spannungsgeladene Einheit zu verstehen. Man sollte sie nicht als bloßen Widerspruch gegeneinander ausspielen; damit würde man NIETZSCHE kaum gerecht. Er fordert freilich durch viele banale Aussagen speziell im »Willen zur Macht« solche Auslegungen heraus.
Mit dem naturalistisch-vitalistischen Ansatz schließt sich NIETZSCHE an die flacheren Tendenzen des 19. Jahrhunderts an und hat von da aus wenig Anlaß mehr, sich über David Friedrich STRAUSS und dessen »alten und neuen Glauben« lustig zu machen. Er steigt bis in die

trivialsten Niederungen hinab. Zuletzt will er sogar den höheren Menschen *züchten* und macht zwar nicht wie Marx die Klasse, wohl aber, was noch schlimmer ist, die Rasse zum Pauschalkriterium des menschlichen Wertes. Der »große *züchtende* Gedanke: die Rassen«[31] vermag ihn zu bewegen. Der Vitalismus führt ihn in der antiplatonisch-antichristlichen Polemik auch dazu, fundamentale existentielle Werte zu verneinen. Zum nihilistischen Sturz der falschen Werte gehörte bereits die *Wahrheit* als der mit Gott verbundene Maßstab. Die Diskriminierung des idealen Wahrheitsbegriffes ist ein Fundament des Nihilismus; dieser kann geradezu durch die Bestimmung definiert werden: »Nichts ist wahr, alles ist erlaubt.« Folgerichtig sinkt Wahrheit zu einem bloßen Funktionsbegriff ab. Das Kriterium für »wahr« ist nur noch der dem Leben dienende Nutzen. Was das Leben fördert, ist wahr. Die naturalistisch-vitalistische Linie Nietzsches weist nicht in die Tiefe, sondern nur in die Niederungen.
Es wäre indessen ungerecht, Nietzsche auf diesen Naturalismus festlegen zu wollen. Seine Fürsprache für das Leben begann unter dem Zeichen des Dionysos, und Dionysos ist mehr. Er ist »die religiöse Bejahung des Lebens, des ganzen, nicht verleugneten und halbierten Lebens (typisch – daß der Geschlechtsakt Tiefe, Geheimnis, Ehrfurcht erweckt)«.[32] Man beachte den Begriff des Religiösen in dieser Beschreibung der Lebensbejahung, auch wenn Nietzsche an dieser Stelle nur den griechischen Dionysos interpretiert. Er übernimmt ja Dionysos als eigenes Symbol, und es ist unmöglich, diesem Symbol die religiöse Dimension zu entziehen. Das Dionysische ist im weiteren nicht die schlichte Brutalität des egoistischen Willens zur Macht. Es ist »das leidenschaftlich-schmerzliche Überschwellen in dunklere, vollere, schwebendere Zustände; ein verzücktes Jasagen zum Gesamt-Charakter des Lebens ... die große pantheistische Mitfreudigkeit und Mitleidigkeit, welche auch die furchtbarsten und fragwürdigsten Eigenschaften des Lebens gutheißt und heiligt; der ewige Wille zur Zeugung, zur Fruchtbarkeit, zur Wiederkehr«[33]. Dionysisch ist die »*Vergöttlichung des Leibes*«[34] im Gegensatz zum asketisch-spiritualistischen Satz »Gott ist ein Geist«[35].

31. A. a. O., IV, S. 393.
32. A. a. O. S. 391.
33. A. a. O. S. 387.
34. A. a. O. S. 388.
35. Ebd.

Zur religiösen Komponente gehört als ein stets unzweideutiges Merkmal die Ewigkeitssehnsucht. Das Leben, nach dem NIETZSCHE dürstet, ist ein ewiges Leben, freilich gleichzeitig kein jenseitiges, sondern ein diesseitiges Leben.

Der Gedanke der Ewigkeit aber stößt nunmehr frontal gegen die eschatologische Hoffnung auf den Übermenschen. Dieser erweist sich als bloßer utopischer Gottesersatz, als aristokratischer Traum, als illusionäre Anthropologie. Der Mensch als Pfeil zum Übermenschen, der Übermensch als Überwindung des Menschen setzt ein *lineares* Zeitverständnis voraus, das der biblischen, geschichtlich-eschatologischen Sicht entspricht, in der die Zukunft die Vergangenheit überwindet. Für NIETZSCHE wird jedoch eine andere Denkweise entscheidend. Wie ungemein hart sie zunächst die Hoffnungen auf die Zukunft des Übermenschen trifft, zeigt die Schilderung der Entstehung dieser anderen Konzeption im »Zarathustra«. Zarathustra sieht einen jungen Hirten mit ekelverzerrtem Angesicht, dem eine schwarze schwere Schlange aus dem Munde hängt. Zarathustra vermag sie nicht herauszuziehen; so ruft er dem Hirten zu: »Beiß zu!«[36] Wer ist der Hirt? Wer ist der Mensch, dem das Schwärzeste in den Mund kriecht? Er selbst ruft: Ekel, wehe mir! Aber er hat doch den Mut, seinen »abgründlichsten Gedanken« aus der Tiefe hervorzurufen[37]: Es gibt keinen Aufstieg zum eschatologischen Ziel. Nicht der Pfeil, sondern der Kreis ist die Wirklichkeit, das ewig rollende Rad. Alles kehrt in Ewigkeit wieder; »krumm ist der Pfad der Ewigkeit«[38]. So gibt es keine Überwindung des Menschen, auch der kleinste, der letzte Mensch kommt immer wieder. Zarathustra muß der »*Lehrer der ewigen Wiederkunft*«[39] werden und an der Verkündigung des Übermenschen zerbrechen.

Diese ungeheure Wende ist nur erträglich, wenn es NIETZSCHE gelingt, nicht bloß das utopische Ziel des Übermenschen zu bejahen, sondern die jetzt bestehende Gegenwart selbst. Im Grunde ist das die einzig konsequente Welt- und Lebensbejahung. Beide sind nur, dann echt, wenn sie die Wirklichkeit, wie sie *ist*, nicht nur wie sie unter Negation der Gegenwart erhofft wird, bejahen.

Deshalb wird die allerhöchste Lebensbejahung zur Bejahung der ewi-

36. Zarathustra, Bd. VI, S. 233.
37. A. a. O. S. 315
38. A. a. O. S. 317.
39. A. a. O. S. 321.

gen Wiederkehr des Gleichen. Sie faßt sich in die großartige Formel des Mutes zum Leben: »Mut, der angreift, der schlägt noch den Tod tot, denn er spricht: ›War *das* das Leben? Wohlan! Noch Ein Mal!‹ In solchem Spruche aber ist viel klingendes Spiel.«[40]

In solcher Haltung erfolgt der Umschlag in der Bewertung der ewigen Wiederkehr aller Dinge. Diese erscheint zunächst abgründig und ekelerregend, weil sie die Wiederkehr alles Niedrigen und Häßlichen in sich schließt. Sie wird aber bewältigt durch den bejahenden Willen, eben dieses Leben noch einmal zu leben.

Damit wird der befreiende Zugang zur diesseitigen Ewigkeit erschlossen, denn die ewige Wiederkehr verleiht diesem Leben Ewigkeit.

So birgt das Leben, das Zarathustra entgegentritt, die ewige Wiederkehr nicht mehr nur als rollendes Rad, als krumme Ewigkeit, sondern als *Ring* und damit als Symbol der Bräutlichkeit: Es ist die Vermählung des Lebens mit der Ewigkeit. Weit über den Niederungen des Naturalismus und Vitalismus tanzt NIETZSCHE-Zarathustra mit dem Leben, in dessen Goldaugen er blickt, und »Gold sah ich in deinem Nacht-Auge blinken«[41]. Das Leben als bloßes Leben sagt ihm: »Du bist mir nicht treu genug«[42], auch wenn ihm »das Leben lieber, als je alle meine Weisheit war«[43]. Aber das Leben erinnert ihn an den Glockenschlag um Mitternacht, der kündet: »Doch alle Lust will Ewigkeit, will tiefe, tiefe Ewigkeit«[44]. Nur die Ewigkeit erfüllt letztlich. Was FEUERBACH als das Geheimnis des Egoismus der Religion zu enthüllen geglaubt hatte, nämlich den Wunsch nach Unsterblichkeit, das kehrt bei NIETZSCHE als die letzte Wahrheit, das tiefste Geheimnis des Lebens wieder. »O wie sollte ich nicht nach der Ewigkeit brünstig sein und nach dem hochzeitlichen Ring der Ringe – dem Ring der Wiederkunft! Nie noch fand ich ein Weib, von dem ich Kinder möchte, es sei denn dieses Weib, das ich liebe: denn ich liebe dich, o Ewigkeit! *Denn ich liebe dich, o Ewigkeit!*«[45] Dies Wort manifestiert den gewaltigen Abstand zwischen dem profan-irdischen FEUERBACH und dem religiös-irdischen NIETZSCHE. Die ewige Wiederkunft ver-

40. A. a. O. S. 230.
41. A. a. O. S. 328.
42. A. a. O. S. 331.
43. A. a. O. S. 332.
44. A. a. O. S. 333.
45. A. a. O. S. 334.

söhnt das Diesseits mit der Ewigkeit; das ist das Geheimnis der tiefsten Bejahung NIETZSCHES. Die Ewigkeit aber ist eine ausgesprochen religiöse Dimension; der Naturalismus ist unfähig, sie zu erreichen. NIETZSCHE begehrt sie nicht für das bleiche Gespenst eines abgeschiedenen reinen Geistes. Er will sie für das tanzende Leben mit seinem Nacht-Auge. An der Größe und Tiefe *dieser* Vision ist NIETZSCHE letztlich zu messen.

Ist sie nicht zu groß, um auf dem Leichnam des toten und verwesenden Gottes aufgerichtet zu werden? Bedürfte sie nicht eines – lebendigen Gottes? Ist Gott wirklich der – Lebensfeindliche, als den NIETZSCHE ihn hinstellt? Ist auch nur der christliche Gott auf lebensverleumdende Moral zu reduzieren? Sind nicht die Perspektiven der Religionskritik NIETZSCHES zu verschieben, indem man die maßlose und verzerrende Linie, die aus NIETZSCHES eigenem ungeheuren Ressentiment stammt, zurechtrückt? Tritt nicht bei solcher Korrektur auch die kritische Wahrheit NIETZSCHES, die sich das christliche Abendland sagen lassen muß, erst ungetrübt ans Licht?

Die Fragen bleiben offen. NIETZSCHE ist mehr als ein Kind seiner Zeit, mehr als typisches 19. Jahrhundert, wie man es doch bei FEUERBACH und MARX letztlich sagen muß. Denn NIETZSCHE hat an die Ewigkeit gerührt, und er besitzt Tiefe genug, um sein Zeitalter zu überdauern. Als NIETZSCHE geboren wurde, schrieb Karl MARX: »Für Deutschland ist die *Kritik der Religion* im wesentlichen beendigt.«[46] Das Leben NIETZSCHES, des tiefsten Kritikers der christlichen Religion, beweist, daß das keineswegs der Fall war. Für NIETZSCHE war die Kritik der Religion nie beendet, weil er nicht gegen eine soziologische Größe und Macht kämpfte, sondern gegen Gott selbst. Wir denken dabei nicht daran, daß er sich nach Ausbruch der Geisteskrankheit in Turin auf Postkarten mit Gott identifizierte. Das sind Äußerungen der Paranoia. Es ist aber zu beachten, daß NIETZSCHE sich in der Zeit seiner Krankheit mit dem Anliegen seines Lebens immer noch so wesenhaft identifizierte, daß er briefliche Lebenszeichen mit »Dionysos« unterschrieb, aber auch, und das reißt Abgründe auf, mit »Der Gekreuzigte«. Es findet sich sogar die Wendung »Dionysos der Gekreuzigte« – eine Synthese, die ihm in der Zeit seiner Geistesmächtigkeit nicht gelang. NIETZSCHE hat erkannt, daß die ganze Wahrheit des Lebens nicht

46. K. Marx, Zur Kritik der Hegelschen Rechtsphilosophie, Bd. I, S. 378.

gefunden werden kann, wenn man in einer falschen, lebensverneinenden Spiritualisierung des Christentums und einer gleichzeitigen Dämonisierung des Vitalen »Dionysos« vernichten will. Darin liegt die bleibende Bedeutung seiner Christentumskritik. Aber er hat nicht verstanden, daß es ebenso unmöglich ist, »Christus« – in diesem Zusammenhang als Symbol eines Lebensverständnisses genommen – zu vernichten, ohne die Wahrheit des Lebens ebenso zu verlieren. Die Einsicht in die *Fragwürdigkeit* des bloß Vitalen, in die Tiefe der Schuldverflochtenheit und in die Sinnfrage des unendlichen Leidens, wie sie nicht nur von der Verkündigung Jesu ausgeht, sondern zentral vom *Kreuz*, kann nicht aus der Wahrheit des Lebens herausgebrochen werden. NIETZSCHE jedoch polemisiert, wenn er Christus angreift, betont gegen den »Gekreuzigten«. Das Kreuz ist nicht damit überwunden, daß das Weh »Vergeh« spricht, die Lust aber Ewigkeit will. Und dafür, daß das Reich der Vollendung nicht schlechthin identisch mit der schrankenlosen Entfaltung des Willens zur Macht ist, ist der Gekreuzigte ein unüberwindbares Zeichen.
Wie das Recht des Lebens – im vollen, auch dionysischen Sinne – und die Wahrheit des Kreuzes vermittelt und versöhnt werden können, das ist offenbar die gewaltige Frage an das neuzeitliche Denken, da es ihm weder gelingt, »Dionysos« noch auch »Christus« zu vernichten. Der Aufstand des Dionysos' fast zweitausend Jahre nach Christus und der ihm voraufgegangene des Prometheus' schon bei GOETHE, dann radikaler bei MARX zeigen, daß es dem Christentum nicht geglückt ist, das Leben im vollen Sinne in die christliche Wahrheit zu integrieren. Das Wort des Johanneischen Christus: »Ich lebe, und auch ihr sollt leben«[47] blieb in der christlichen Wirklichkeit Fragment. Es ist abgründig, daß es eines *wahnsinnig* gewordenen NIETZSCHE bedurfte, um das Symbol des »gekreuzigten Dionysos« zu schaffen, das ein Stück weit die gestellte Aufgabe erhellt, ohne sie aber im Konkreten lösen zu können.

47. Joh. 14,19.

5. Freiheit ohne Gott

Jean-Paul Sartre (geb. 1905)

Die klassische Religionskritik des 19. Jahrhunderts scheint alle Argumente, die gegen Gott ins Feld geführt werden können, ins Bewußtsein gehoben zu haben. Bereits beginnt der Reichtum an Einwänden in sich selbst Widersprüche aufzuweisen, da der Religion von den verschiedenen Kritikern das Entgegengesetzteste vorgeworfen wird. Indes sind die Gründe, warum Gott tot oder gar nicht sei, damit noch keineswegs erschöpft. Das 20. Jahrhundert fügt jedenfalls noch die psychoanalytische Religionskritik Siegmund Freuds mit der Enthüllung der unbewußten Prozesse hinzu. Es ist an dieser Stelle nicht möglich, auch dieses Feld noch mit in unsere Darstellung einzubeziehen, da wir uns auf die philosophischen Gesichtspunkte konzentrieren. Freuds Argument, die Religion sei eine regressive Illusion mit weitgehend neurotischem Charakter, ist aber in die allgemeine Religionskritik des 20. Jahrhunderts eingegangen und bildet mit den Untergrund der verbreiteten atheistischen Stimmung der europäischen Öffentlichkeit. Andererseits ist Freuds Erklärung der Entstehung der Religion aus dem Vatermord der Urhorde doch weitgehend als zu konstruiert und als verfehlt empfunden worden; sie läßt sich auch nicht aus der konkreten Religionsgeschichte wahrscheinlich machen.

Philosophisch gesehen ist es im 20. Jahrhundert der *Existentialismus*, der von seinem Menschenverständnis her neue gewichtige Aspekte der Gotteskritik eingebracht hat.

Existenzphilosophie ist nicht an sich atheistisch. Sie erwächst aus der Bemühung, die besondere Daseinsweise des Menschseins von der allgemeinen Umwelt abzugrenzen. In ihrer ersten ausgeführten Gestalt bei Sören Kierkegaard hat sie als Gegenposition zu der Denkweise Hegels ausgesprochen christlich-radikalen Charakter. Darüber hinaus bietet der ganze Idealismus Ansätze zu einer existentialen

Konzeption. Nicht nur der spätere SCHELLING, der auf KIERKEGAARD einwirkte, sondern auch FICHTE mit seinem Subjektivismus haben existentialistische Züge. Selbst der junge HEGEL und schon KANTS Grundsatzentscheidung, die praktische Vernunft der theoretischen vorzuordnen, können in diesem Licht gesehen werden. KANTS Entscheidung, die für den Idealismus wegleitend geworden ist, war durch das Interesse mitbedingt, dem mechanistischen Determinismus gegenüber den Raum der menschlich-sittlichen Freiheit offenzuhalten. Der Mechanismus mit seiner Leugnung der Freiheit war bei Baron von HOLBACH zur Grundlage des Atheismus gemacht worden.

Der Existentialismus ist deshalb in seiner Grundintention dem deterministischen Materialismus, der im 18. Jahrhundert das Hauptargument für den Atheismus lieferte, diametral entgegengesetzt. Dazu ist er vom Idealismus her zum mindesten religiös, bei KIERKEGAARD so ausgeprägt christlich, daß für diesen der Mensch ein Einzelner, und das heißt wirkliche Existenz, nur *vor Gott* wird.

Es blieb dem Existentialismus des 20. Jahrhunderts vorbehalten, die existentialistische Variante der Gotteskritik durchzuführen. Jean-Paul SARTRE wird zum eigentlichen Philosophen des radikalen existentialistischen Atheismus. Wenn er auch HEIDEGGER mit für den Atheismus beansprucht, so liegen doch dort die Dinge vielschichtiger, und Karl JASPERS wie Gabriel MARCEL verbinden die Existenzphilosophie mit dem Glauben an Gott.

Dabei ist noch zu beachten, daß bei SARTRE im Gegensatz zu dem für den Nationalsozialismus anfälligen HEIDEGGER und dem liberalen JASPERS der *Marxismus* die Grundlage bildet, von der aus er denkt. Sein Existentialismus ist eine »Ideologie« »am Saum des Wissens«[1]. Dieses Wissen ist der Marxismus. Es ist ein Existentialismus, »der sich am Saum des Marxismus entwickelt hat und nicht gegen ihn gerichtet ist«[2]. SARTRE bekennt, er stelle seine anthropologische Frage »innerhalb der marxistischen Philosophie ..., weil ich den Marxismus als die unüberschreitbare Philosophie unserer Zeit ansehe, und weil ich die Ideologie von der Existenz und ihre Methode des ›Verstehens‹ für eine

1. J. P. Sartre, Marxismus und Existentialismus, übers. von Herbert Schmidt, Hamburg 1964, S. 10. Diese Schrift ist bei Sartre unter dem Titel »Questions de méthode« als Vorspann Bestandteil des Werkes »Critique de la raison dialectique«, 1960.
2. A. a. O. S. 17.

Enklave im Marxismus selbst halte, die aus ihm hervorgegangen ist, aber von ihm nicht akzeptiert wird.«[3]
Es geht SARTRE also um die enklavenartige Geltendmachung der subjektiven freien Existenz innerhalb des marxistischen Denkraumes, anders gesagt um die Überwindung des Materialismus in der Philosophie der Revolution. Denn der Materialismus mißachtet die Subjektivität und damit die Freiheit, welche der Existentialismus hervorhebt. Der Materialismus fürchtet, durch eine Lehre von der Freiheit den revolutionären Schwung zu brechen. Der Materialismus ist aber nur revolutionärer Mythos, nicht revolutionäre Philosophie. Man tritt in ihn ein wie in eine Religion. SARTRE würde ihn »gern als die Subjektivität derjenigen bestimmen, die sich ihrer Subjektivität schämen«[4]. Seinen Existentialismus aber definiert er im Verhältnis zum Materialismus und zum Idealismus so: »Indem die revolutionäre Philosophie zugleich über das idealistische Denken, das bürgerlich ist, sowie den materialistischen Mythus, der eine Zeitlang den unterdrückten Massen entsprechen konnte, hinausgeht, nimmt sie für sich in Anspruch, die Philosophie des *Menschen* überhaupt zu sein.«[5]
SARTRES Existentialismus hat verschiedene Seiten, die man als die nihilistische und die humanistische bezeichnen darf. Die nihilistische gründet mehr in der ontologischen, die humanistische in der moralischen Fragestellung. Der Nihilismus ist bei SARTRE im Gegensatz zu NIETZSCHE keine bloße geschichtliche Übergangserscheinung, sondern die Enthüllung der grundsätzlichen menschlichen Situation angesichts des Wesens des Seins.
Die ontologische Fragestellung mit ihren pessimistisch-nihilistischen Aspekten geht von einem An-sich der Dinge aus, das bewußtlos, dicht, stumpf und undurchdringlich ist. Dieses An-sich in seiner Substanzhaftigkeit ist einfach da. Es ist sinnlos, nach seinem Grund zu fragen. Es drängt sich konkret auf. Es ist dinghaft, ohne Freiheit und ohne die Möglichkeit des Anders-Seins. »Das Sein ist das, was es ist.«[6] Damit ist aber die spezifisch *menschliche* Situation nicht umschrieben. Diese

3. J. P. Sartre, Kritik der dialektischen Vernunft, übers. von Traugott König, Hamburg 1967, S. 868.
4. J. P. Sartre, Matérialisme et Révolution, deutsch: Materialismus und Revolution, Frankfurt 1971, S. 69.
5. A. a. O. S. 105.
6. J. P. Sartre, L'Être et le Néant, deutsch: Das Sein und das Nichts, übers. von Streller/Ott/Wagner, Hamburg, 3. Aufl. 1966, S. 35.

besteht im Für-sich-sein, im Bewußtsein, in der Freiheit zu negieren. Diese Art menschlichen Daseins aber ist kein Sein. Sie beruht lediglich darauf, daß sie das dumpfe An-sich-sein negiert oder »nichtet«[7]. Sie stellt also das Nichts her, oder präziser ausgedrückt: Weil das Nichts ja nicht ist und nicht als Etwas hergestellt werden kann, hat das Für-sich die Funktion, »das Nichts zu nichten«[8]. Daher ist das Für-sich im Grunde das Nichts, freilich nicht das Nichts überhaupt, sondern das Nichts als soeben dagewesenes, nunmehr aber vernichtetes Sein. »Das Für-sich besitzt keine andere Realität, als die Nichtung des Seins zu sein.«[9]

Von diesem trostlosen Ansatz aus hat die menschliche Existenz überhaupt keine realen Chancen, anderswo als im Nihilismus zu enden. Es ist denn auch die ganze wesenhafte Tragik dieses Für-sich, daß es eigentlich danach dürstet, Sein zu werden. Es möchte aber nicht dumpfes, dinghaftes An-sich-sein werden, sondern subjektives, freies Sein. Solches Sein gibt es aber für SARTRE gerade nicht. So ist alles von Anfang an auf das große, unausweichliche Scheitern hin angelegt.

Das Ergebnis der Ontologie SARTRES ist denn auch die düstere Feststellung: »Jede menschliche Wirklichkeit ist direkter Entwurf, das eigene Für-Sich zum An-Sich-Für-Sich zu verwandeln, und zugleich Entwurf zur Aneignung der Welt als der Ganzheit des An-sich-seins in der Besonderung einer fundamentalen Qualität. Jede menschliche Wirklichkeit ist eine Leidenschaft, insofern sie entwirft, sich selbst zu vernichten, um das Sein zu gründen und um zugleich das An-Sich zu konstituieren, das als sein eigener Grund der Kontingenz entgeht, das *Ens causa sui,* das die Religionen Gott nennen. Die Leidenschaft ist somit die Umkehrung der Leidenschaft des Christus, denn der Mensch richtet sich als Mensch zugrunde, damit Gott entstehe. Aber die Idee Gottes ist widerspruchsvoll, und wir richten uns umsonst zugrunde; der Mensch ist eine nutzlose Leidenschaft (une passion inutile).«[10]

Diese Ontologie enthält in sich die Polemik gegen alle frühere Ontologie. So ist DESCARTES verworfen, der das An-sich (die ausgedehnte, materielle Welt, als res extensa bezeichnet) und das Für-sich (die Welt

7. A. a. O. S. 62.
8. Ebd.
9. A. a. O. S. 774.
10. A. a. O. S. 770.

des Bewußtseins und des Denkens, als res cogitans bezeichnet) als zwei Substanzen einander gleichrangig gegenübergestellt hatte und also dem Für-sich die Seinsqualität ebenso zugesprochen hatte wie dem An-sich. Ebenso ist dem Materialismus abgesagt, der nur das ausgedehnte Sein gelten ließ und das Subjektive als Teil der Materie verstand und damit zum Ding, zum An-sich reduzierte. Endlich aber ist auch der Idealismus negiert, der das An-sich zum Sekundären macht, indem er Raum und Zeit zu Formen des Bewußtseins erniedrigt. Auch die idealistische Identitätsphilosophie ist verneint, die das An-sich (als das Reale des Dings) und das Für-sich (als das Ideale der Subjektivität) in einem Jenseits der Gegensätze aufhebt. Es bleibt in diesem Zusammenhang unwichtig, ob dieses Jenseits wie bei SCHELLING die Voraussetzung oder wie bei HEGEL das Resultat allen Geschehens ist.

Auf die Gottesfrage bezogen heißt das, daß der cartesianische Gottesbeweis nicht mehr vollziehbar ist, ebensowenig aber der Materialismus eines Dietrich Baron von HOLBACH und seiner Freunde. Die Einebnung des Für-sich im An-sich ist gerade der Grundirrtum des Materialismus. Aber das bedeutet keinen Umschlag in den Idealismus mit seinem Gott des lebendigen Geistes, weil das Für-sich nicht der Geist, sondern nur die Nichtung des Seins ist.

In SARTRES Ontologie hat Gott keinen Platz.

In der bloßen Negativität des Für-sich beruht der nihilistische Zug, der im Grunde keine positive Zielsetzung des menschlichen Lebens ermöglicht und keinen göttlichen Sinn voraussetzt.

Auch wo diese ontologische Unmöglichkeit nicht im Vordergrund steht, ist das Scheitern gegenwärtig. Im Schauspiel »Der Teufel und der liebe Gott« wird das Scheitern des Guten dargestellt, vor allem all des Guten, das sich auf Gott stützen will. Das Stück endet denn auch mit der Wiederholung der Erkenntnis NIETZSCHES, daß Gott tot sei. Es läuft auf die Alternative hinaus, daß nur Gott *oder* der Mensch etwas sein könne. Gott mit seiner Allmacht wäre der Tod der menschlichen Freiheit und Subjektivität. Der Held des Stücks, Götz, argumentiert so: Wenn Gott etwas ist, dann ist der Mensch ein Nichts, also, wenn der Mensch etwas ist, dann ist Gott ein Nichts. Das ist gesprochen, ohne daß ausdrücklich auf die Ontologie des An-sich und Für-sich eingetreten würde. Es ist eine Argumentation auf der anthropologisch-existentialen Linie. Diese anthropologisch-existentiale Linie ist es denn auch, die den Existentialismus SARTRES populär machte. Es geht in ihr um das menschliche Selbstverständnis. Auf dieser Ebene erscheint SARTRES Existentialismus als Humanismus und als die eigentliche Ermöglichung des menschlichen Lebens.

In diesem Zusammenhang findet sich auch der spezifisch existentialistische Einwand gegen Gott: Die menschliche *Freiheit* ist die Aufhebung Gottes.

Dieser Existentialismus erklärt, »daß, wenn Gott nicht existiert, es mindestens *ein* Wesen gibt, bei dem die Existenz der Essenz vorausgeht, ein Wesen, das existiert, bevor es durch irgend einen Begriff definiert werden kann, und daß dieses Wesen der Mensch« ist[11]. Das Atheistische an dieser These beruht darauf, daß der Mensch bei einer Existenz Gottes als Geschöpf definiert wäre. Er wäre dann, sei es als Ebenbild Gottes oder als Gotteskind, sei es irgendwie anders, in seinem metaphysischen Wesen festgelegt. Das Wesen, das sich selbst definiert, dessen Existenz der Essenz vorausgeht, wäre in diesem Fall Gott selbst.

Da es keinen Gott gibt, gibt es auch keine menschliche Natur, nach der der Mensch so ist, wie er ist. So sein, wie man ist, ist für SARTRE ja gerade das Wesen des An-sich. Und da der Mensch die Möglichkeit des Anders-Seins ist, kann kein Gott sein.

Der Mensch ist nicht das, was er ist, sondern das, was er aus sich macht. Indem er wählt, definiert er sich. Das ist seine Freiheit; freilich kann er nicht wählen, ob er diese Freiheit wünscht oder nicht. Er ist dazu verdammt. Da nicht in einem Himmel über ihn entschieden worden ist, muß er selbst entscheiden. Dieses existentialistische Selbstverständnis der Freiheit dessen, der sich erst definieren muß, ist der äußerste Gegenpol zu dem Gedanken der Prädestination, aber ebenso zu dem deterministischen, mechanistischen Materialismus.

Für SARTRE ist die Feststellung, daß die Existenz der Essenz vorausgeht – und damit die Setzung des Atheismus –, die Begründung der menschlichen Verantwortlichkeit. Nur der Atheismus also ermöglicht überhaupt Verantwortlichkeit. Diese geht sehr weit. Indem ich mich definiere, setze ich fest, was gut und böse ist, und binde damit nicht nur mich, sondern gleichsam die ganze Welt. Der Gedanke KANTS, daß der Mensch jederzeit so handeln solle, als ob seine Maxime zum allgemeinen Gesetz werden solle, erscheint an dieser Stelle in seltsamer Verwandlung wieder.

11. J. P. Sartre, L'existentialisme est un humanisme, deutsch: Ist der Existentialismus ein Humanismus?, Frankfurt 1971, S. 11.

Das Faktum, daß der Mensch nicht als Wesen gesetzt ist, sondern einen Entwurf darstellt, in dem er aus sich macht, was er sein will, begründet die Nichtexistenz Gottes. Andererseits ist die These, die Existenz des Menschen gehe seiner Essenz voraus, eine Folgerung aus dem Satz, es gebe keinen Gott, also müsse ein anderes Wesen existieren, das diese Bedingungen erfülle. Als Antigottesbeweis ist das ein Zirkelschluß. Der praktische Einstieg ist die Selbsterfahrung der Freiheit, die zur Selbstdefinition veranlaßt.
SARTRE ist aber zu tief durch NIETZSCHE und auch durch die Kriegserfahrungen des 20. Jahrhunderts hindurchgegangen, als daß er diese Freiheit naiv-strahlend im Stil FEUERBACHS begrüßte. Er weiß, daß diese Weise, auf sich selbst gestellt zu sein, die zugleich ein metaphysisches Verlassensein ist, den Menschen enorm belastet. Deshalb fehlt die Freude darüber, daß Gott nicht ist. Denn damit gibt es effektiv kein Gutes mehr. NIETZSCHES Definition des Nihilismus, daß nichts mehr wahr, alles aber erlaubt sei, ist ihm ebenso gegenwärtig wie der Verweis auf den Ausspruch DOSTOJEWSKIJS: »Wenn Gott nicht existierte, so wäre alles erlaubt«[12]. So ist ihm Gott nicht eine überflüssige Hypothese, die man stillschweigend verlassen kann, weil die ganze Wertwelt unangetastet bleibt. Es ist darum, wie er erklärt, für den Existentialisten »sehr störend, daß Gott nicht existiert, denn mit ihm verschwindet alle Möglichkeit, Werte in einem intelligiblen Himmel zu finden; es kann nichts a priori Gutes mehr geben, da es kein unendliches und vollkommenes Bewußtsein mehr gibt, um es zu denken.«[13]
Wenn man von dem Faktum der Freiheit ausgeht, in der der Mensch sich selbst zu wählen hat, muß man noch weiter schließen. Die Gottesfrage hat bei einer solchen menschlichen Situation gleichsam ihre Bedeutung verloren. Wenn es die Freiheit gibt, dann ist es wesentlich gleichgültig, ob Gott doch allenfalls existiert, denn er würde ständig durch diese Freiheit überholt. Allmacht und Freiheit schließen sich aus. Sobald ich frei bin, habe ich auch einen möglichen, allfälligen Gott hinter mir gelassen. Es nützt Gott gar nichts, zu existieren, weil ich mich außerhalb seiner definiere. Der Existentialismus ist deshalb nicht bloß ein Atheismus in dem Sinne, daß er die Existenz Gottes negiert. Er geht weiter, indem er behauptet, selbst »wenn es einen

12. A. a. O. S. 16.
13. Ebd.

Gott gäbe, würde das nichts ändern«[14]. Der Mensch muß sich davon überzeugen, »daß ihn nichts vor ihm selber retten kann, wäre es auch ein gültiger Beweis der Existenz Gottes«[15]. »Die menschliche Freiheit ist nämlich das Sein, das immer über sein Da-Sein hinaus ist.«[16]

14. A. a. O. S. 36.
15. Ebd.
16. Das Sein und das Nichts, S. 691.

6. Das Reich ohne Gott

Ernst Bloch (geb. 1885)

Selbst die Marxisten konnten nicht bei Marx stehenbleiben. Das gilt nicht nur für die Probleme der Nationalökonomie, die sich im 20. Jahrhundert ganz anders stellen als in der frühindustriellen Phase. Auch die Art und Weise, wie Marx die religiöse Frage mit Hilfe einer flachen Anthropologie beseitigte, erwies sich als eine große Schwäche seiner Philosophie. Das erkannte eine Reihe tiefer grabender marxistischer Denker. Es erwuchs auf der einen Seite der marxistisch-christliche Dialog, auf der anderen Seite aber wandten sich Marxisten von neuem der religiösen Problematik zu. Unter ihnen hat keiner einen so breiten Einfluß weit über den engeren Kreis der Marxisten hinaus bis tief in die christliche Theologie hinein ausgeübt wie Ernst Bloch. Keiner hat sich so intensiv mit der biblischen Tradition selbst auseinandergesetzt.

Entschieden hält Bloch freilich an der Voraussetzung des Atheismus fest. Gott als etwas an sich Bestehendes existiert nicht. Bloch schreckt in diesem Zusammenhang vor den stärksten Ausdrücken nicht zurück. Die Eliminierung Gottes ist die Voraussetzung aller Wahrheit. Dann hat man »keinen Spukthron aus Hypostase« mehr vor sich wie im Aberglauben, der ein »windiges Positivum« war[1]. Die »Hypostase Gott in den Religionen, die sie setzen ..., ist im Sinn eines Weltschöpfers oder auch Weltregierers einzig Unwissenschaft, ja Anti-Wissenschaft, und sie ist für einen Glaubenssinn, der sich für zu gut oder auch zu tief hält, um zurückgebliebenes wissenschaftliches Bewußtsein, gar Vitzliputzli-Nonsens darzubieten«[2], höchstens eine mythologische Statthalterschaft für die Totalhoffnung der Welt. Bloch übernimmt

1. Die Werke Blochs werden zitiert nach: Ernst Bloch, Gesamtausgabe, Frankfurt a. M. 1959ff.
   E. Bloch, Das Prinzip Hoffnung, Bd. 5, S. 1412.
2. A. a. O. S. 1413.

ja ein Stück weit im Gegensatz zum marxistischen SARTRE, der im Materialismus die Enklave des Existentialismus errichten will, materialistische Voraussetzungen. So wiederholt er auch das abgestandene Argument von der Unwissenschaftlichkeit des Glaubens und der Wissenschaftlichkeit des Unglaubens, als ob wir uns noch tief im 19. Jahrhundert befänden. Es sollte sich unterdessen doch herumgesprochen haben, daß der Atheismus so wenig wissenschaftlich bewiesen werden kann wie der Glaube. Man staunt darüber, daß BLOCH mit seiner expressionistischen Philosophie von einem so veralteten Standpunkt aus argumentiert. Es ist aber der Ausdruck dafür, daß sich BLOCH bei allem Neuen, zu dem er vorstieß, doch niemals von den konventionellen marxistischen Traditionen zu lösen vermochte, auch nicht von denen, die so deutlich zeitbedingt sind wie die materialistische Basis.

Im Grunde ist für BLOCH eine ganz andere Ebene entscheidend. Er macht mit einer unermüdlichen Hartnäckigkeit darauf aufmerksam, daß er sich leidenschaftlich gegen Gott als den *Herrn* richtet, der von ganz hoch oben herab wie ein Tyrann regiert und die Menschen zu seinen Sklaven erniedrigt. In dieser Gottesvorstellung sieht er nur den Reflex der Herrschafts- und Ausbeutungsverhältnisse auf der Erde. »Was von oben herab spricht, muß ganz sicher etwas unter sich haben.«[3] Von da aus sind der Bund der Mächtigen mit dem Allmächtigen und weiter der Bund der Priester mit den Mächtigen zu verstehen. Gott als Hypostase ist die Ideologie der Herrscher. Das ist der eigentliche Einwand gegen den Gott von ganz hoch oben herab. »Alle Machthaber lebten im Bund mit ihrem Allmächtigen, haben ihren Götzenschein von dieser obersten Ideologie-Schimäre bezogen, alle Scheiterhaufen haben ad majorem gloriam Dei gebrannt«[4], urteilt er recht pauschal. Die Kirche ihrerseits hat sich immer »mit den Herren eingerichtet und verteidigt sie geistlich«[5].

In diesem Zusammenhang steht für ihn auch das Problem der Theodizee, die er nur als Rechtfertigung der ungerechten politischen Verhältnisse deuten kann. Nicht zufällig finden sich viele Äußerungen darüber in seinem Buch über Thomas MÜNTZER. LUTHERS bekanntes

3. E. Bloch, Atheismus im Christentum, Bd. 14, S. 59.
4. E. Bloch, Thomas Müntzer, Bd. II, S. 181.
5. E. Bloch, Der verstaatlichte Gott und das Recht auf Gemeinde, Bd. VI, S. 312.

Schreiben »Wider die räuberischen und mörderischen Rotten der Bauern« (1525) und die anderen Schriften im Zusammenhang mit dem Bauernkrieg bieten ihm mancherlei Argumente dazu. Die Tendenz der Ermahnungen gipfelt in dem berühmten Satz: »Leiden, Leiden, Kreuz, Kreuz ist der Christen Recht, das und kein anders«.[6] Die Theodizee gibt gerade das Unbegreifliche als das zu Glaubende aus. Die einzig wahre Theodizee wäre die Einsicht, daß kein Gott ist. Davon aber können, wie BLOCH bezeichnenderweise meint, weder die *Kirche* noch die *Herren* leben. »Daher wird der beschränkte Untertanenverstand dergestalt bei der Religion gehalten, daß genau das dem Verstand wie dem Herzen Unvereinbare an seinem Gott gerade Gott selber sei. Das ist zweifellos eines der raffiniertesten Opiumpräparate, das je auf den religiösen Markt kam; auch nicht zufällig fällt sein Umlauf mit den Zeiten politischer Despotie zusammen.«[7] BLOCH zielt über LUTHER hinaus auf das ganze Luthertum und denkt, daß, wer nur den lieben Gott walten lasse und glaube, daß, was Gott tut, wohlgetan sei, auch Ruhe als die erste Bürgerpflicht anerkennen werde.

Indem die Priester als die Ideologen der Mächtigen angegriffen werden, verknüpft BLOCH die Kritik an Gott eng mit der Kritik an der Kirche. Wenn er das Herr-Sein Gottes unbesehen als die Projektion des Herr-Seins der Tyrannen versteht, ist zwar die Frage nach der Macht des Seins nicht beantwortet. Aber das betrifft ihn wenig, da er an dieser Stelle den Materialismus einsetzt und gar keines Schöpfers bedarf. Der Schöpfergott, der gleichzeitig der Weltregierer ist, ist wesentlich überflüssig; die Frage nach der Schöpfung wird einfach beseitigt. Freilich finden wir eine wichtige Akzentverschiebung gegenüber dem deterministischen mechanistischen Atheismus im Sinne HOLBACHS. Während es dort völlig gleichgültig ist, ob ein Gott die Weltmaschine geschaffen hat oder ob sie von selbst läuft, da sie ohnehin durch Kausalität ohne sein Eingreifen funktioniert, wird bei BLOCH gerade der religiös wesentliche *Gegenwartsbezug* der Welt auf Gott leidenschaftlich diskutiert. Denn der Schöpfergott ist ihm nicht der deistische, arbeitslos und überflüssig werdende Urheber, sondern in der Vorstellung des Schöpfers ist der Gedanke des Herrn und Weltregierers mitgedacht. Genau damit ist das Herrschaftsgefälle

6. M. Luther, Ermahnung zum Frieden auf die zwölf Artikel der Bauernschaft in Schwaben, WA 18, S. 310.
7. Thomas Müntzer, Bd. 2, S. 178.

konstituiert, gegen das Bloch Sturm läuft.
Bis zu diesem Punkt befindet sich Bloch in der Nachfolge der emanzipatorischen Auflehnung gegen Gott, wie wir sie seit Marx kennen. Auch für Bloch ist, wie für Marx, Prometheus eine zentrale Figur. Allein damit ist nun für Bloch die religiöse Frage nicht wie für Marx erledigt. Die Bibel ist nicht obsolet, das Christentum nicht als veralteter Aberglaube entlarvt. Das hängt mit Blochs eigenster philosophischer Weltschau zusammen, die im Grunde mit seinem traditionellen Materialismus nur schwer zu vermitteln ist und stärker auf den Idealismus, besonders Hegel, zurückgreift, als es einem konventionellen Materialismus gut bekommt. Bloch manifestiert damit einmal mehr, wie sehr Feuerbach und Marx im Grunde vom Idealismus herkommen und wie ihr Materialismus andere Wurzeln und andere Strukturen als der vulgäre Materialismus hat, mit dem der dialektische Materialismus sich im Laufe der Zeit amalgamierte.
Blochs ontologischer Grundgedanke besteht darin, daß das Sein noch gar nicht fertig, sondern auf die Zukunft hin offen ist. Die Zukunft ist weit wichtiger als die Gegenwart, von der Vergangenheit ganz zu schweigen. Auch deshalb ist der angebliche Schöpfergott, der in der Vergangenheit wirkte, ohne alles Interesse. Bloch ist nicht ein Philosoph des Seienden, sondern des *Möglichen*. Das Mögliche, das *Novum* im eigentlichen Sinne, wird ihm zum wichtigsten Schlüssel, um die Wirklichkeit zu öffnen. Deshalb ist der Mensch durch das bestimmt, was er *hofft*. Viel wesentlicher als das Grübeln in der Vergangenheit ist, daß er die rechte *Utopie* in sich bewegt. Er ruft daher im Vorwort seines Hauptwerkes »Das Prinzip Hoffnung« seinen Lesern zu: »Es kommt darauf an, das Hoffen zu lernen.«[8] In Blochs Denken herrscht deshalb ein umfassender eschatologischer Zug. Mit dem Materialismus läßt sich das nur vermitteln, wenn die Materie nicht mechanistisch-kausal verstanden wird, sondern in Analogie zu der Natur Schellings als aufstiegsfähig und den Geist potentiell in sich tragend. Die Welt ist gerade kein geschlossenes System; sie ist zum unvorstellbarsten Neuen in der Zukunft hin offen.
Das gilt auch vom Menschen. Der Mensch ist das Wesen, das über sich hinaus ist. Es muß in die Zukunft greifen. Sein Schicksal ist es, zu transzendieren. Es ist aber keine Transzendenz da. So besteht das Geheimnis darin, daß es »durchaus Transzendieren ohne Transzen-

8. Das Prinzip Hoffnung, Bd. 5, S. 1.

denz« gibt[9]. Die moderne Anthropologie betont übereinstimmend, daß der Mensch ein in die Zukunft hinein offenes Wesen ist. SARTRE hatte aus diesem Umstand geschlossen, daß dadurch Gott überholt werde. Umgekehrt deutet SCHELER den transzendierenden Menschen gerade als das gottsuchende Wesen. Die Konsequenzen aus der Beobachtung der Zukunftsoffenheit sind ambivalent. Es verwundert nicht, daß BLOCH bei seinem atheistischen Ansatz ein Transzendieren ohne Transzendenz fordert, obgleich er gerade mit dieser knappen Formel zu einem so harten Paradox greifen muß, daß es augenscheinlich wird, daß die geschlossene Maschinenwelt eines HOLBACH sich dem atheistischen Schluß williger fügt als ein modernes Menschenverständnis.

Die eschatologische Offenheit der Geschichte in die Zukunft hinein findet sich auch bei MARX. Bloch aber ist sich nun dessen tief bewußt, daß er damit ein *Stück biblisches Erbe* aufnimmt. MARX hatte das Christentum einseitig auf Opium und Herrschaftsideologie hin ausgelegt, BLOCH indes entdeckt im Christentum den eschatologischen Zug, die Verheißung der Befreiung des Menschen im Reiche Gottes. Damit wird sein Verhältnis zur Bibel dialektisch und hört auf, bloß negativ zu sein.

Der eschatologische Zug im europäischen Denken entstammt zweifellos dem biblischen Denken. Könnte es nun sein, daß der Marxismus fehlgreift, wenn er sich einfach der Bibel verschließt? Könnte er nicht unter Umständen gerade dann seine erfüllende Tiefe finden, wenn er sich auf die biblische Eschatologie besinnt, wenn er das Christentum nicht wegstößt, sondern *beerbt*? Könnte nicht der Flachheit der marxistischen Anthropologie abgeholfen werden, wenn es gelänge, sich die biblisch-eschatologische Substanz anzueignen, indem man sie marxistisch deutet?

Beerben setzt freilich voraus, daß der Erblasser, in unserem Falle das Christentum, gestorben ist. Jedenfalls der Herrengott muß tot sein. Im Hinblick auf die eschatologische Hoffnung jedoch ist die Synthese zwischen Bibel, Christentum und Marxismus denkbar. Es könnte dann so etwas wie ein marxistisches, atheistisches Christentum entstehen, in dem das Christentum von dem Herrengott gereinigt ist, der Marxismus aber durch die christliche Substanz erst die wahre humane Tiefe gewönne. Solche Gedanken führen BLOCH zu der ebenso pro-

9. Atheismus im Christentum, Bd. 14, S. 15.

grammatischen wie erstaunlichen Sentenz: »Nur ein Atheist kann ein guter Christ sein, nur ein Christ kann ein guter Atheist sein.«[10]
Im Gegensatz zu Kautsky und den übrigen, die den Marxismus ins Populäre übersetzt und allen christlichen Traditionen einfach gegenübergestellt haben, empfindet Bloch die tiefe Verwandtschaft seines Geistes mit jenen christlichen Randgestalten und Ketzern, die das Christentum schon in früheren Jahrhunderten eschatologisch, apokalyptisch und schwärmerisch ausgelegt haben. Bloch könnte sich geradezu selbst, in einem merkwürdigen Zusammentreffen mit dem Selbstverständnis des ihm sonst so entgegengesetzten Karl Jaspers, als Ketzer verstehen. Nicht zufällig lautet einer seiner Leitsätze zu dem Buche »Atheismus im Christentum«: »Es ist das beste an der Religion, daß sie Ketzer hervorruft.«[11]
Der kalabresische Abt Joachim de Fiore (ca. 1130–1202), der die zeitgenössische Geschichte apokalyptisch deutete und mit seinen großen Visionen selbst den König Richard Löwenherz beeindruckte, steht ihm ebenso nahe wie Thomas Müntzer (1490–1525), der Prophet des Bauernkrieges. Müntzer wird ihm zum positiven Symbol der Reformationszeit, während Luther für ihn nur noch der Fürstenknecht ist, der den Herrengott verkündigt.
Die Beerbung des Christentums besteht konkret darin, daß man »die Bibel endlich mit den Augen des Kommunistischen Manifests« liest[12]. Diese Brille des Kommunistischen Manifests, mit der er liest, ist so konstruiert, daß sie alles ausblendet, was an den Herrengott erinnert, und alles verdeutlicht, was die Hoffnung auf das Zukunftsreich beflügelt.
Das bedeutet für Blochs Bibelverständnis, daß sich in der Bibel zwei sich gegenseitig ausschließende Tendenzen finden müssen. Da die eine, in der Gott ausgeprägt *Herr* ist, unübersehbar ist, läßt ihr Bloch die dominierende Stellung. Dies ist die Religion der Mächtigen und der herrschenden Priester. Daneben aber gibt es die wohl unterdrückte, aber nicht ganz beseitigte Dynamik der Subversion, der Revolution, des Aufstandes der Armen, der Hoffnung auf endliche Gerechtigkeit. Die herrschenden Priester haben diese Ansätze zum Teil ins Negative umfunktioniert. So wird die Bloch sehr sympathische Rotte

10. Ebd.
11. Ebd.
12. A. a. O. S. 98.

Korah[13] nach dem biblischen Bericht um ihres Aufruhrs willen vom Feuer verschlungen. Am nächsten steht BLOCH in dieser subversiven Bibel die Paradiesesschlange, welche das wahre Evangelium verkündigt: Ihr werdet sein wie Gott![14]
BLOCH nimmt diesen Zug in der Bibel nicht nur an jenen Stellen wahr, die von bestraftem Aufruhr reden, sondern auch in vielen gewichtigen Texten, bei denen von priesterlicher Unterdrückung nicht mehr die Rede sein kann. Ganz zentral ist ihm die Figur des MOSE. Der *Exodus* aus dem Sklavenhause Ägypten wird geradezu die symbolische Tat des Aufbruchs aus der Unterdrückung in das verheißene Reich der Freiheit. Es ist für BLOCHS assoziatives Schriftverständnis typisch, daß er den Widerspruch nicht wahrnimmt, der darin liegt, daß er andererseits gerade die sich gegen Mose empörende Rotte Korah im gleichen Sinne positiv hervorhebt.
Neben Moses tritt Christus. Die Hoffnung auf das Gottesreich beherrschte seine Verkündigung, und er erlitt an der Seite von zwei ausgebeuteten Aufrührern den Tod von Herrenhand. Die Hinrichtung Christi demonstriert besonders kraß das Zusammenspiel von staatlicher Tyrannei und kirchlicher Ideologie. Christus steht somit außerhalb der Opium-Bibel und tritt in die Reihen der biblischen Progressiven und Subversiven. Indem er das Messianische mit dem Humanen verbindet, wird er der Übergang zum möglichen humanen Atheismus. Der auf das Gottesreich bezogene Titel »Menschensohn« wird gegen den »Gottessohn« und gegen den kultischen »Kyrios« ausgespielt. Jesus ist der humane »Einsatz in Jachwe«[15].
So zieht BLOCH die für ihn entscheidende biblische Linie von der Schlange bis zu Christus und seinem Reich. Die alte gnostische Sekte der Ophiten, die Christus mit der Schlange identifizierte, den Schöpfergott ablehnte und deshalb die Erlösung in Christus mit dem ursprünglichen Protest gegen den Schöpfergott im Paradies verband, erfährt dadurch bei BLOCH eine unerwartete Beachtung und Rehabilitierung. BLOCH kann seine Schau der biblischen Heilsgeschichte in die Worte zusammenfassen: »Als die Schlange in Christus wiederkehrte und die wahre Offenbarung näher hörbar machte, gegen den Zorn des Demiurgen – als mithin unser luziferisches Wesen im Turmbau von

13. 4. Mose 16.
14. 1. Mose 3,5.
15. Atheismus im Christentum, S. 190ff., S. 172ff.

Babel real und im Sündenfall und Engelssturz ideal gegen das Prinzip des irrenden, menschenlosen, physischen Anfangs der Welt rebellierte, und gar noch die Propheten, Christus selber das Schaffenwollen oder Wissenwollen oder Seinwollen wie Gott, diese ehemalige sogenannte ›Erbsünde‹, als oberstes Postulat verkündigten«[16] – da wurde Heil geschaffen. Bei dieser Behauptung ist wohl kaum an Matth. 4, 8–10 gedacht.

Eindeutig tritt der Mensch an die Stelle des Schöpfergottes. Der Mensch baut das Reich der Zukunft und Freiheit und ist damit zugleich Erlöser und Erlöster. Die Hoffnung auf dieses Reich aber ist das kostbare Erbteil der biblischen Religion, das nicht verlorengehen darf und das in der Kontinuität mit der Bibel festgehalten werden muß. Wenn da, wo Hoffnung ist, Religion ist, dann wirkt das Christentum, als wäre hier das wahre »Wesen der Religion endlich hervorgekommen«[17]. In solchem Sinn kann Bloch durchaus positiv von »Religion« sprechen. Es ist nicht mehr statische, sondern dynamische Religion. In ihr werden die Illusionen der Herrenmythen durch den human-eschatologischen *Messianismus* abgelöst. Es tritt das in der »*Religion einzig bedeutsame Erbsubstrat: Hoffnung in Totalität* zu sein«[18], rein hervor.

Der Messianismus ersetzt den Schöpfergott. Deshalb ist der Atheismus für Bloch die notwendige Konsequenz des Reichsglaubens. Im Grunde ist die gnostisch-marcionitische Entgegensetzung des Schöpfergottes und der Erlösung in Christus mit dem materialistischen Prinzip kombiniert, das am Anfang keinen Gott, aber auch noch keine Humanität hat. »Dasein Gottes, ja Gott überhaupt als eigene Wesenheit ist Aberglaube; Glaube ist einzig der an ein messianisches Reich Gottes – ohne Gott. Atheismus ist folglich so wenig der Feind religiöser Utopie, daß er deren Voraussetzung bildet: *Ohne Atheismus hat Messianismus keinen Platz.*«[19]

So kommt endlich der verborgene Mensch zu sich selbst und erhält den eigenen Namen jenseits aller Entfremdung. Das messianische Reich ist das Reich des »gelichteten Inkognito der Menschen- und

16. E. Bloch, Der Geist der Utopie, Bd. 3, S. 341.
17. Das Prinzip Hoffnung, Bd. 5, S. 1404.
18. Ebd.
19. A. a. O. S. 1413.

Welttiefe«[20]. Gott erscheint rückblickend als das hypostasierte Ideal des in seiner Wirklichkeit noch ungewordenen Menschenwesens. Er ist die »utopische Entelechie der Seele«[21].
Damit ist die Religion beerbt und zur Meta-Religion geworden. FEUERBACH ist korrigiert. Gott ist nicht die Projektion des unendlichen menschlichen Wesens noch auch die Illusion dessen, was der Mensch nicht ist, aber zu sein wünschte. Er ist vielmehr die Utopie dessen, was der Mensch *noch* nicht ist, aber sein wird. Denn die Schlange hat wahr geweissagt: Ihr werdet sein wie Gott. Ihr Wort ist »die Frohbotschaft des christlichen Heils«[22]. Auch MARX ist korrigiert. Die Religion ist nicht nur die Ideologie der entfremdeten Welt und das Opium der Elenden. Soweit sie das ist, verfällt sie mit ihrem Herrengott bei BLOCH derselben Kritik wie bei MARX. Aber sie ist daneben noch etwas anderes und weit mehr. Der Exodus-Linie der Bibel folgend ist sie die totale Hoffnung des Reiches; die Bibel ist in den Marxismus integriert. Gott bleibt tot. Aber mit seiner Metareligion öffnet sich BLOCH zur biblischen Substanz hin. Gott hat in dem neuen Gottesreich freilich keinen Platz. Die kluge Paradiesesschlange jedoch, die »Raupe der Göttin Vernunft«[23] mit »Licht im Kopf«[24] statt unterwürfigem Untertanengehorsam, soll BLOCHS Begleiterin sein, die er in das zukünftige Reich mit hineinnehmen will.

20. A. a. O. S. 1533.
21. A. a. O. S. 1521.
22. A. a. O. S. 1504.
23. Atheismus im Christentum, S. 232.
24. A. a. O. S. 117.

Sechster Teil
Gott im 20. Jahrhundert

1. Die Gottesfinsternis

Mit der Ausstellung eines Totenscheines ist Gott nicht beseitigt. Der Atheist hat, wie wir festgestellt haben, eine doppelte Aufgabe zu lösen, ehe er behaupten kann, die Gottesfrage sei erledigt. Einmal muß er erklären können, warum denn Religion nicht nur möglich ist, sondern in allen Völkern und Kulturen, unter allen Rassen und Klassen, in den mannigfaltigsten Formen so hartnäckig immer und immer wieder auftritt und sich neu gestaltet. Wie kann die Menschheit einem so schweren Irrtum so gründlich erliegen? Zum *zweiten* erhebt sich die noch weit schwerere Frage: Wie füllt der Atheist das ungeheure *Vakuum* aus, das entsteht, wenn Gott nicht mehr ist? Wer oder was tritt in die Lücke an die Stelle Gottes?

Der Atheismus hat die Frage nach der Entstehung des Gottesglaubens je und je aufgenommen und ist zu den Ergebnissen gekommen: Die *Furcht* machte die Götter; nein, im Gegenteil, der *Wunsch* schuf Gott als Illusion. Gott ist die Projektion des Wesens des Menschen in den Himmel. Nein, im Gegenteil, Gott ist nicht die Angelegenheit des Wesens des Menschen selbst, sondern nur des Interesses einer einzelnen Klasse. Gott ist die Ideologie der *herrschenden Klasse,* um die ausgebeutete Klasse auf den Himmel zu vertrösten und mit dem Opium einzuschläfern, damit sie nicht selbst auf Erden Gerechtigkeit schafft. Nein, im Gegenteil, Gott ist die Erfindung der *Sklaven,* um die Herrenmenschen am Leben zu hindern und zum Mitleid mit den Schwachen zu zwingen. Nein, im Gegenteil, Gott ist der Ausdruck der *noch nicht realisierten Utopie* des wahren Menschseins. Die *Freiheit* ist die Erfindung der Frommen, um eine Theodizee zu erschleichen und der Wahrheit zu entgehen, daß alles mit Notwendigkeit und deshalb ohne Sinn und ohne Gott geschieht. Nein, im Gegenteil, gerade die Freiheit ist der Grund, warum Gott nicht ist; denn die Freiheit überholt Gott.

Auch die zweite Frage, was denn an die Stelle Gottes trete, hat ihre Antworten gefunden.

Die naheliegendste Antwort ist: An die Stelle Gottes tritt der Mensch. Für FEUERBACH wird der Mensch dem Menschen Gott. Nach NIETZSCHE müssen wir Götter werden oder doch Übermenschen. Der Übermensch löst aber nicht nur Gott, sondern auch den Menschen ab; wenn Gott nicht mehr ist, ist auch der Mensch, wie er ist, eigentlich unmöglich, denn er vermag die Last nicht zu tragen. Nach BLOCH wächst der Mensch in die Rolle hinein und erreicht im Reiche Gottes ohne Gott das Ziel der Freiheit.

Der Mensch jedoch, und sogar der Übermensch, ist in den Siebenmeilenstiefeln Gottes entweder eine lächerliche oder eine katastrophale Figur. In der ganzen Reihe der atheistischen Thesen ist keine einzige so schwach wie die Behauptung, der Mensch solle, könne, müsse Gott sein, ja, er sei es.

Es können auch andere Größen an die Stelle Gottes treten. Die »Natur« bietet sich an. Sie hat noch von der alten Naturphilosophie, von der Stoa und SPINOZA her, eine göttliche Weihe. Dort aber ist sie pantheistisch gefüllt und ist alles andere als atheistisch. Im profanatheistischen Verständnis des 19. Jahrhunderts dagegen wird die Natur zur abstrakten Chimäre. Je mehr sich der Mensch der Natur entfremdet und vorwiegend in dem künstlich-technischen Raum lebt, den er sich selbst geschaffen hat, treten auch gesellschaftliche Größen mit dem unbedingten Anspruch, der Gott zukommt, auf. Als Abstraktes tritt die Ideologie selbst auf den Plan: Die *Partei* ist Gott. Sie hat immer recht (Allwissenheit). Sie kann sich in der großen Führergestalt hypostasieren, der unbedingter Gehorsam zu leisten ist (Allmacht), und die mit schlafwandlerischer Sicherheit das Richtige vorkehrt (Vorsehung).

Es ist unverkennbar, was wir in dieser Reihe: »Der Mensch, die Natur, die Partei, der Führer« vor Augen haben. Es sind *Ersatzbildungen*, die aber die *unbedingte Geltung* beanspruchen, obgleich sie doch nur *bedingte Größen* sind. Die Partei ist schon ihrem Begriff nach etwas Partielles, das aber den Anspruch auf Universalität, Totalität und Absolutheit erhebt.

Ein Teil, der das Ganze sein will; ein Bedingtes, das das Unbedingte zu sein vorgibt; ein Relatives, das als Absolutes gelten möchte: Sie sind nicht Gott. Sie sind vielmehr klassische Götzen. Der Götze ist der Gottesersatz mit dem falschen Anspruch.

Wo Götzen statt des beseitigten Gottes auftreten, hat der Atheismus seine Aufgabe nicht gelöst. Er hat dann nur bewiesen, daß die Frage nach Gott unerledigt geblieben ist und sich in der Anbetung der Götzen verfremdet und maskiert ausdrückt.

Die einzige echte Antwort auf die Frage, was denn die riesenhafte Lücke ausfülle, wenn Gott nicht existiert, lautet: Gar nichts füllt die Lücke aus, denn es ist gar keine vorhanden. Ein Nichts kann keine Lücke hinterlassen. Wenn gezeigt wird, daß kein Gott ist, dann hört die falsche Frage nach Gott von selbst auf. Gott wird nicht vermißt, denn Gott war selbst nur ein Ersatz für fehlende Wirklichkeit. Wenn wir die Wirklichkeit verwirklichen, bedürfen wir des Ersatzes nicht mehr.

Karl Marx hat die großartige Folgerichtigkeit besessen, diesen Schluß zu ziehen. Für ihn ist die Religion Ausdruck der verkehrten Welt, die illusionäre Behebung des Elends. Sobald das Elend wirklich behoben ist, ist das Bedürfnis, das Gott erschaffen hat, erloschen. Sobald die herrschende Klasse vernichtet ist, fällt auch deren ideologisches Interesse, die Religion aufrechtzuerhalten, dahin. Das ist der konsequente Atheismus und die einzig gültige Antwort auf die Frage, was an Gottes Stelle trete.

Das Peinliche an dieser Antwort ist lediglich, daß die Wirklichkeit ihr so gar nicht entspricht. Selbst in jenen Gesellschaften, die nach der Lehre von Karl Marx die verkehrte Welt ersetzt haben, sind nach wie vor Gottlosenpropaganda, Druck und Verfolgung nötig, um die Frage nach Gott zum Schweigen zu bringen. In Gefängnissen, Lagern und psychiatrischen Anstalten müssen die von Gott Bewegten zur Vernunft gebracht werden. Der Ruf nach Gott muß mit Gewalt unterdrückt werden. Dieses Ergebnis ist für den Atheismus ungemein mißlich.

So kann gesagt werden: Es ist dem Atheismus wohl gelungen, die *Antworten* auf die Frage nach Gott problematisch zu machen. Er hat gezeigt, daß viele religiöse Antworten der schärfsten Kritik nicht standzuhalten vermögen. Mit Recht nötigt der Atheismus den nach Gott Fragenden zu umfassendster Selbstkritik.

Es ist dem Atheismus jedoch nicht geglückt, die *Frage* nach Gott als sinnlos oder überholt zu erweisen. Indem sie nicht zum Verstummen zu bringen ist, erweist sie ihrerseits die Antworten des Atheismus als voreilig und als ebenso unkritisch wie die spekulativen Gebäude, die die atheistische Kritik zum Einsturz gebracht hat.

Angesichts der lebendigen Frage nach Gott scheint es daher nicht angezeigt, unsere Situation mit dem Schlagwort zu bezeichnen, wir befänden uns in einer Zeit nach dem Tode Gottes, denn damit ist das Resultat des Fragens vorweggenommen. Viel sachgemäßer ist der von Martin BUBER geprägte Ausdruck, daß wir in einem Zustand der *Gottesfinsternis* leben. Die Denker des 20. Jahrhunderts, die von der Frage nach Gott ergriffen sind, tasten sich in einem dunklen Raum vorwärts. Ausgerüstet mit den Erfahrungen der Geschichte des Ringens um Gott, sind sie sich ebenso der Unausweichlichkeit wie der Schwierigkeit ihres Unternehmens bewußt.

Eine Einheitlichkeit in den Aussagen ist nicht zu erwarten. Keine Schule hat sich so mächtig durchzusetzen vermocht, daß sie mehr geworden wäre als eben eine Schule. Die Ansätze sind stark individuell geblieben und lassen sich nicht ohne Gewalt in einen eindeutigen problemgeschichtlichen Zusammenhang bringen, auch wenn Gemeinsamkeiten der Fragestellungen sich von selbst daraus ergeben, daß aus einer ganz charakteristischen geschichtlichen Situation heraus gefragt wird.

Übereinstimmung finden wir nur in der Auffassung, daß für unser Erkennen die Frage nach Gott nicht von der Frage nach dem wahren Selbstverständnis des Menschen ablösbar ist. Es hat keinen Sinn, ein An-sich Gottes erspekulieren zu wollen, das keinen Bezug auf den nach Gott fragenden Menschen hat. Im weiteren ist die Überzeugung allgemein, daß Gott nicht an der Welt vorbei, sondern nur durch sie hindurch und in der Beziehung auf sie gefunden werden kann. Die alte augustinische Polarität »Gott und die Seele – die Seele und ihr Gott« reicht nicht mehr aus.

Der religiös-soziologische Hintergrund, auf dem sich die einzelnen Denker bewegen, ist nicht ohne Einfluß. Kaum einer philosophiert so abstrakt-ungeschichtlich, wie es einige Aufklärer aufgrund ihres zeitlosen Vernunftbegriffes zu tun meinten. So sind der jüdische Hintergrund für einen Martin BUBER, der katholische für einen Max SCHELER, der protestantische für einen Karl JASPERS unverkennbar.

2. Das jüdische Erbe

A. Vorbemerkung

Das Judentum bot einer rationalen Religionskritik von jeher weniger Angriffsflächen als das Christentum. Es enthält keine so harten, paradoxen Lehren wie das Dogma von der Dreieinigkeit und der Gottmenschheit Christi, keine so absoluten Wunder wie die Auferstehung Jesu. Es ist mehr auf das Praktische gerichtet; der Gehorsam gegen Gott ist wichtiger als das Fürwahrhalten kirchlicher Lehrsätze. So ist es nicht zufällig, daß schon frühe Religionskritiker wie Jean Bodin (1529/30–1596) eine Affinität zum Judentum empfanden. Gerade Bodin, der als erster den Begriff der natürlichen Religion in die Diskussion warf, spürte eine größere Nähe zwischen dem Judentum und der natürlichen Religion als zwischen dieser und dem Christentum.

Die Religionskritik Feuerbachs ist nur vom Christentum aus denkbar. Indem sie vom Gottmenschen ausgeht, aber die Prioritäten vertauscht, trifft sie zunächst das Judentum nicht, ebensowenig mit der späteren Ausweitung auf die Natur und noch weniger damit, daß sie die Religion aus dem Bedürfnis nach Unsterblichkeit ableitet. Das Alte Testament ist gerade nicht um die Unsterblichkeitsfrage zentriert und ist so stark mit Diesseitigkeit gesättigt, daß Feuerbachs Gegensatz des Jenseitigen und Diesseitigen nicht zum Tragen kommt. So bleibt Feuerbach nur übrig, das Judentum zu diskriminieren, indem er seine Religion als Egoismus interpretiert. Ebenso Marx; er muß die jüdische Frömmigkeit als Schein hinstellen und als wirklichen Gott der Juden den »Schacher« erfinden, um seine Perspektiven auch angesichts der jüdischen Religion rechtfertigen zu können.

Da der Gott der Juden nicht idealistisch aus dem Bewußtsein stammt, sondern als lebendige Macht begegnet, kann die Parole »Gott ist tot« nicht so einfach zu einem Erlöschen der Wertsetzung im Bewußtsein reduziert werden. Bezeichnend dafür ist jene kabbalistische jüdische

Geschichte, die das Thema »Gott ist tot« auf charakteristisch jüdische Weise variiert: »Der Prophet Jeremia beschäftigte sich allein mit dem Buche Jezira. Da erging eine himmlische Stimme und sprach: Erwirb dir einen Genossen. Er ging zu seinem Sohn Sira, und sie studierten das Buch drei Jahre lang. Danach gingen sie daran, die Alphabete nach den kabbalistischen Prinzipien der Kombination, Zusammenfassung und Wortbildung zu kombinieren, und es wurde ihnen ein Mensch geschaffen, auf dessen Stirne stand: JHWH Elohim Emeth (d. h. Jahwe Gott ist Wahrheit). Es war aber ein Messer in der Hand jenes neu erschaffenen Menschen, mit dem er das ›aleph‹ von ›emeth‹ auslöschte; da blieb ›meth‹ (d. h. ›tot‹). Da zerriß Jeremia seine Kleider (wegen der hierdurch implizierten Blasphemie der Inschrift GOTT DER HERR IST TOT!) und sagte: Warum löschst du das ›aleph‹ von ›emeth‹ aus? Er antwortete: Ich will dir ein Gleichnis erzählen. Ein Architekt baute viele Häuser, Städte und Plätze, aber niemand konnte ihm seine Kunst abmerken und es mit seinem Wissen aufnehmen, bis ihn zwei Leute überredeten. Da lehrte er sie die Geheimnisse seiner Kunst, und sie wußten nun alles auf die richtige Weise. Als sie sein Geheimnis und seine Fähigkeiten erlernt hatten, begannen sie ihn mit Worten zu ärgern, bis sie sich von ihm trennten und Architekten wie er wurden, nur daß sie alles, wofür er einen Taler nahm, für sechs Groschen machten. Als die Leute das merkten, hörten sie auf, den Künstler zu ehren, und kamen zu ihnen und ehrten *sie* und gaben ihnen Aufträge, wenn sie einen Bau brauchten. So hat euch Gott in seinem Bilde und seiner Gestalt und Form erschaffen. Nun aber, wo ihr, wie Er, einen Menschen erschaffen habt, wird man sagen: Es ist kein Gott in der Welt außer diesen beiden.«[1]
Es ist deshalb nicht zufällig, daß gerade aus dem Judentum Impulse kamen, die die Gottesfrage nach der Religionskritik der Linkshegelianer und NIETZSCHES neu stellten.
Wir greifen zwei Aspekte heraus. Es ist die Verbindung des jüdischen Denkens mit der von KANT herkommenden sittlichen Vernunftreligion bei Hermann COHEN und die aus den chassidisch-jüdischen Traditionen gespeiste Du-Philosophie Martin BUBERS.

1. G. Scholem, Zur Kabbala und ihrer Symbolik 1965, S. 234f., zit. bei H. Thielicke, Der evangelische Glaube I, Tübingen 1968, S. 329.

B. Das Judentum als die Religion der Vernunft

Hermann Cohen (1842–1918)

Nicht die ganze Philosophie hatte die Wendung zu den Junghegliánern oder gar zu Nietzsche mitgemacht. Feuerbach, Marx und Nietzsche blieben bis zum Ersten Weltkrieg und zur russischen Revolution doch Außenseiter. Marx wurde als geistiger Führer der proletarischen Subkultur von der politischen Seite her mit Mißtrauen betrachtet. Nietzsche war vor seiner Krankheit nur wenigen bekannt. Soweit der atheistische Materialismus die führenden kulturellen Schichten erreichte, tat er es überwiegend in der Form des naturwissenschaftlichen, nicht des dialektischen Materialismus.
Der akademischen Philosophie gebrach es an prophetischer Kraft. Sie hielt die kritische Kontinuität mit dem Idealismus aufrecht, hatte aber Mühe, über das Epigonenhafte hinauszukommen. Nach dem Sturz des spekulativen Idealismus versprach der Rückgriff auf den nüchternen Kant am meisten. Er wurde auch durch seine erkenntnistheoretischen Untersuchungen für die Diskussion mit dem naturwissenschaftlichen Materialismus wichtig, dessen besondere Schwäche das Fehlen einer tiefer gegründeten Erkenntnistheorie war. Der Neukantianismus erschien deshalb vor dem Auftreten der für das 20. Jahrhundert typischeren neuen Weisen des Philosophierens als eine charaktervolle, wenn auch nicht in die Zukunft weisende Art verantwortungsbewußter Philosophie.
Die Neukantianer waren im allgemeinen nicht primär an der Gottesfrage interessiert, wenn sie sich auch in eine entschiedene Front gegen den Materialismus stellten. Das gilt jedoch nicht für den Begründer der Marburger neukantianischen Schule, Hermann Cohen, der in besonderer Weise eine Synthese der jüdischen Überlieferung mit der sittlichen Vernunftreligion Kants vollzog. Kants Religionsphilosophie steht ja in der Tat in einigen ihrer Grundzüge dem Judentum nahe.

COHEN geht von dem Grundgedanken aus, daß die Religion des Judentums, im weitesten Sinne genommen, in der Religion der Vernunft zu sich selber kommt. Dabei vertritt COHEN noch einen von KANT bestimmten transzendentalen Vernunftbegriff und tritt nicht auf einen modern-geschichtlichen ein. Die Quellen des Judentums umfassen für ihn die ganze lebendige Substanz der Religion. Er will aber keineswegs Nichtjüdisches von vornherein entwerten, sondern einfach das Jüdische als die klassische Quelle der Religion ausschöpfen.
Die Geschichte und damit das Bewußtsein als *geschichtliches* Bewußtsein kann nicht die einzige Quelle der Religion sein. Nur mit der Quelle der Vernunft verbunden erschließen sich Recht, Wert und Wahrheit der Religion ganz. *»Der Begriff der Religion soll durch die Religion der Vernunft zur Entdeckung gebracht werden.«*[1]
Das geschichtliche Bewußtsein entfaltet sich in der Mannigfaltigkeit der Völker, aber nur in der Vernunft erscheint das Allgemeinmenschliche. So macht denn auch erst die Religion der Vernunft die Religion zu einer Funktion des allgemeinmenschlichen Bewußtseins. Mit dieser Feststellung unternimmt es COHEN, positive und allgemeine Religion zu einer Synthese zusammenzuführen, und er hält das Judentum für die geeignete Basis, um die Substanz einer positiven Religion in der Allgemeinheit der Vernunft auszudrücken. Gleichzeitig ist durch diesen Ansatz das Allgemeinmenschliche in der Religion festgehalten und die These von MARX, wonach Religion nur Sache einer Klasse ist, verneint. Um der Allgemeinheit willen, die in der Erhebung zur Vernunft liegt, will COHEN die Quellen des Judentums nicht exklusiv ausschöpfen, sondern als Urquell aller Religion benutzen, um durch sie auch den anderen religiösen Gestaltungen dazu zu verhelfen, zur Religion der Vernunft zu gelangen.
COHEN verbindet das sittliche Bewußtsein KANTS mit der prophetischen Schau HESEKIELS; er nimmt in dieses Gespräch auch SOKRATES mit hinein. Damit ist der Einsatzpunkt der Religion nicht in einer illusionären Selbsttäuschung, die auf Wünschen beruht, gegeben, sondern umgekehrt in der nüchternsten *Selbsterkenntnis* des Menschen. Es ist seine Selbsterkenntnis als sittliches Subjekt, das sich im Zusammenhang mit Leiden und Schuld erhellt. »Diese Entdeckung des Menschen durch die *Sünde* ist der Quell, auf den alle Entwicklung

1. H. Cohen, Die Religion der Vernunft aus den Quellen des Judentums, Leipzig 1919 (postum), S. 5.

der Religion zurückgeht. Diese Erkenntnis wird als Selbsterkenntnis erdacht. *So scheidet sich die Religion von der Mythologie,* als in welcher der Mensch noch nicht der Urheber seiner Sünde, sondern vielmehr nur der Erbe seiner Ahnen und ihrer Schuld ist.«[2] Wenn COHEN auch noch keineswegs existentialphilosophisch denkt, so ist doch von diesem Ansatz der Weg zu den Grenzsituationen, wie sie Karl JASPERS als existenzformend und transzendenzerschließend schildert, durchaus nicht weit.

Während COHEN durch diesen Ansatz dem fatalen Religionsverständnis entgeht, das die Religion auf Furcht, Wunsch und Illusion zurückführt, fällt er durch seinen nahen Anschluß an KANT in dieselbe Schwierigkeit wie KANT selbst. Schon dieser geriet in das Dilemma, daß Gott als *Idee* im Zusammenhang mit dem sittlichen Bewußtsein Idee bleibt und nur schwer lebendige Realität wird. In seiner Ethik hatte COHEN betont, daß Gott eine Idee sei, »das *Zentrum aller Ideen, die Idee der Wahrheit*«[3]. Gleichzeitig aber hatte er Gott als Person abgelehnt. Person werde Gott nur »im *Mythos*«[4]. Gott wird da zum reinen Problem des Wissens und der sittlichen Erkenntnis. Die Transzendenz Gottes besteht in dieser Perspektive gerade darin, daß er weder der Natur noch der Sittlichkeit immanent ist, daß er also nirgends ein Dasein an sich hat; denn die Idee ist nicht »mit dem Begriffe des Daseins verknüpfbar«[5]. Gott ist wohl die innere Verknüpfung von Natur und Sittlichkeit und insofern auch der Garant der Sittlichkeit, aber eben als Idee. Mit diesen Sätzen, die an KANTS Äußerungen im opus postumum anklingen, daß Gott bloß ein moralisches Verhältnis in mir sei, gerät COHEN in die alte Sackgasse der Rede von der Gottes*idee*.

Es ist deshalb von wesentlicher Bedeutung, daß COHEN nicht eine bloße Religion der Vernunft entwirft, sondern im Kontakt mit den lebendigen jüdischen Traditionen den Weg zu einer nicht nur sittlichen, sondern real religiösen Erkenntnis Gottes findet.

In dem religionsphilosophischen Spätwerk erhält denn auch Gott weit wirklichere Züge. Von der Schöpfung aus kann gesagt werden: »Nur im Sein Gottes kann das Sein des Menschen gegründet werden«[6]. Daß

2. A. a. O. S. 23.
3. H. Cohen, Ethik des reinen Wollens, Berlin 2. Aufl. 1907, S. 452.
4. A. a. O. S. 453.
5. A. a. O. S. 463.
6. Die Religion S. 57.

dieser Gott nun aber mit den Menschen in ein *Verhältnis* tritt, ist der »allgemeinste Sinn von Offenbarung«[7]. Es ist das gerade nicht eine Beziehung, die die Vernunft ausschließt und supranaturale Absurditäten kundtut. Gegenüber dem Offenbarungsbegriff mancher christlicher Offenbarungstheologen, die die Offenbarung im Gegensatz zur Vernunft verstehen und mit den geoffenbarten Sätzen die Einsichten der Vernunft aufheben, ist für COHEN die Offenbarung gerade die Konstituierung der Vernunft. Offenbarung ist ihm nicht ein einseitiger Akt Gottes, sondern die Stiftung der *Korrelation* zwischen Gott und Mensch. Die Bedeutung dieser Beobachtung COHENS wird ersichtlich, wenn wir bedenken, welche Wichtigkeit der Begriff der Korrelation in der Offenbarungslehre der protestantischen Theologie durch Paul TILLICH erhalten hat, der damit die monologische Offenbarungstheorie Karl BARTHS korrigierte.

Für COHEN sind Schöpfung und Offenbarung Korrelationsbegriffe – durch die Vernunft. »Schon die Schöpfung des Menschen, als die der Vernunft des Menschen, beläßt den Menschen nicht passiv.«[8]

Die Offenbarung kann ihn erst recht nicht passiv machen. Das würde ganz dem nicht bloß rezeptiven Charakter der Vernunft widersprechen, »welche die Offenbarung« gerade »zu offenbaren hat«[9]. So wird aus der Korrelation die Reziprozität: Erst in der Erkenntnis des Menschen wird Gottes Sein ganz aktuell. Der Mensch wird damit aus einem bloßen Geschöpf Gottes gleichsam zwar durchaus nicht wie bei FEUERBACH der Erfinder, wohl aber der Entdecker Gottes. Die anderen Geschöpfe haben diese Entdeckung nicht gemacht.

Dieser vernünftige Offenbarungsbegriff stellt eine radikale Entmythologisierung des Offenbarungs- und des Wort-Gottes-Gedankens dar. Bildlich gesprochen bedeutet es, »*den Sinai in das Herz des Menschen*« zu verlegen[10]. In der Unbefangenheit, mit der der Mensch als spontaner, aktiver Partner Gottes verstanden wird, ist deutlich das jüdische Erbe spürbar. Der Mensch ist da nicht durch den Sündenfall in ein prinzipiell aussichtsloses, rein empfangendes Verhältnis gestoßen. Die ganze Last der Erbsündenlehre AUGUSTINS und der damit verbundene Kampf gegen allfälligen Pelagianismus fehlen bei COHEN

7. A. a. O. S. 82.
8. A. a. O. S. 103.
9. Ebenda.
10. A. a. O. S. 98.

vollständig. Er ist damit nicht vor das Dilemma gestellt, das die Religionskritiker des 19. Jahrhunderts unermüdlich vorbrachten: Gott erhöhen heiße den Menschen erniedrigen; wenn Gott alles ist, sei der Mensch nichts.

Das ganze Verständnis der Gottesgeschichte tendiert demnach nicht auf einen apokalyptischen Bruch in der eschatologischen Erwartung, sondern auf einen innerweltlichen Messianismus evolutionärer Art. COHEN braucht deshalb nicht wie BLOCH das Reich Gottes durch die Revolution zu schaffen und den Schöpfergott daraus auszuschließen. Diese Tendenz wird nicht nur durch die frühalttestamentliche Eschatologie erleichtert, sondern auch noch durch COHENS Anschluß an KANTS Begriff des Gottesreiches verstärkt. Ins Zentrum der religiösen Aktivität tritt der Mensch in Staat und Gesellschaft. Die Grunderwartung ist, daß der Nebenmensch zum Mitmenschen wird. Auch in der Forderung nach *Mitmenschlichkeit* hat COHEN zentrale Begriffe der protestantischen Theologie des 20. Jahrhunderts, diesmal Karl BARTHS, vorweggenommen.

Die Mitmenschlichkeit ist im Geiste der alttestamentlichen Prophetie nicht abstrakt. Sie betont die Solidarität mit dem Leidenden und dem Armen und hat ausgeprägte sozialpolitische Konsequenzen. Gott erscheint nicht mehr nur wie in der Ethik als Bürge der Sittlichkeit, sondern als Rächer der Armen in der Weltgeschichte.

Trotz der Tiefe der Gedanken COHENS ist nicht zu verkennen, daß der ungeschichtliche, neukantianische Begriff der Vernunft nicht ausreichte, um die neuen, drängenden Probleme des 20. Jahrhunderts zu bewältigen. Auch COHEN als einer der letzten großen Schüler KANTS war nicht in der Lage, den gewaltigen Abbruch der kulturellen Kontinuität durch den Ersten Weltkrieg mit den Mitteln des deutschen Idealismus zu verhindern. So wirkt sein religionsphilosophisches Werk wie der Abschluß einer Epoche und weniger als prophetischer Neubeginn.

C. Das ewige DU

Martin Buber (1878–1965)

Stärker gelöst von neukantianisch-idealistischen Voraussetzungen und viel intensiver mit den nachidealistischen Denkern von Feuerbach über Nietzsche und Freud bis zu Heidegger im Gespräch, stößt Martin Buber[1] tief ins Zentrum der eigentlichen religiösen Fragen des 20. Jahrhunderts vor. Im Gegensatz zu Cohen, von dem er sagt: »Cohen hat dem Gott der Philosophen noch einmal ein Haus gebaut«[2], ist er nicht primär ein religionsphilosophisch Reflektierender oder gar Spekulierender, sondern weit mehr ein ganz und gar religiös Ergriffener, der aus der Gottesbegegnung heraus lebt.

Das unterscheidet ihn grundlegend von den Verkündigern des Todes Gottes, denen Gott keine ihr Leben erfüllende Gegenwart war.

Bubers Antikritik setzt denn auch genau an dieser Stelle ein und geht von der Unterscheidung des religiösen und des philosophischen Standortes aus. Religion ist »Begegnung mit dem Göttlichen«[3], Philosophie dagegen die »Objektivierung« des Göttlichen »im Gedanken«.[4] Indem diese Objektivierung sich im Bewußtsein zur *Gottesidee* kristallisiert, entsteht die philosophische Möglichkeit, diese Idee – die in der Tat einen Bewußtseinsinhalt darstellt – mit Gott selbst zu verwechseln. Im Grunde beruht die ganze Religionskritik im Gefolge Feuerbachs eben darauf, Gott zu einem *bloßen* Bewußtseinsphänomen zu machen. Er wird zu einem von den Menschen erfundenen Gedanken, dem die Realität außerhalb des Bewußtseins abzusprechen ist.

1. Zu Martin Buber vgl. U. Neuenschwander, Denker des Glaubens I, Gütersloh, 2. Aufl. 1975, S. 21-45.
2. Die Werke Bubers werden zitiert nach: Martin Buber, Werke, Heidelberg und München 1962 ff., Gottesfinsternis, I, S. 543.
3. A. .a. O., I, S. 525.
4. Ebenda.

Diesen »Weg zur Irrealisierung Gottes«[5] beschreiten in der Sicht BUBERS nicht erst die Atheisten des 19. Jahrhunderts. Er ist schon in der Bewußtseinsphilosophie angelegt, die sich im Idealismus vollendet. Bezeichnend scheint ihm KANTS Ringen um die Realität Gottes noch im opus postumum, wo die Formulierungen erwogen werden: »Gott ist also keine außer mir befindliche Substanz, sondern bloß ein moralisch Verhältnis in Mir«[6] und: »Gott ist nicht ein Wesen außer mir, sondern bloß ein Gedanke in mir«[7]. Gott als Gottesidee hat die Tendenz, zu einer bloß gedachten Größe abzusinken.
Das bedeutet dann schließlich in der letzten Konsequenz FEUERBACHS, daß die Begegnung mit Gott bloß Selbstbegegnung, das Gespräch mit Gott bloß Selbstgespräch ist.
Diese Behauptung ist aber das genaue Gegenteil des religiösen Urphänomens, das in der Gottesbegegnung als der Begegnung mit einem *Du* besteht. Man kann von diesem Du alles Mögliche sagen, nur nicht, daß es das Ich selbst ist. Das Phänomen der Begegnung besteht gerade darin, daß ein anderer mir begegnet und so ein Kontakt mit etwas außerhalb meiner selbst entsteht, nicht aber darin, daß ich mich selbst als einen anderen mißverstehe, wie es nach FEUERBACHS These sein sollte. FEUERBACH hat dies im Hinblick auf die innermenschliche Begegnung gesehen und von da aus als erster eine Du-Philosophie entwickelt. Er setzte sich damit dem Idealismus entgegen, der so sehr vom Ich ausging, daß die Realität außerhalb des Ich zu erlöschen drohte. MARX hat als Materialist ebenso dem Idealismus abgesagt und das gesellschaftliche Sein dem Bewußtsein vorgeordnet. Dennoch argumentieren beide in der Gottesfrage extrem idealistisch in dem Sinne, daß sie Gott zu einem Bewußtseinsphänomen erniedrigen. Sie ziehen eine Konsequenz, die gerade der Idealismus nicht gewollt hat, der schon KANT noch im opus postumum wenigstens zu entgehen versuchte, und die die späteren Idealisten durch die Begriffe des Absoluten und der Identität abwehrten. Freilich ist, wie gerade KANT zeigt, diese Konsequenz im Idealismus als möglich angelegt, da der Schritt von der Gottesidee zur Gottesrealität nicht recht gelingen will.

5. A. a. O., I, S. 515.
6. Immanuel Kant, opus postumum, ed. A. Buchenau, Berlin und Leipzig 1936, Bd. I, S. 149.
7. A. a. O. Bd. I, S. 145. Vgl. aber daneben: »Der Begriff von Gott ist der Begriff von einem verpflichtenden Subjekt außer mir«, a. a. O., Bd. I, S. 15.

Es ist aber besonders charakteristisch, daß ausgerechnet FEUERBACH in der Du-Philosophie Wege bahnt, die BUBER auf seine Weise auch geht, daß jedoch beide im Hinblick auf die religiösen Konsequenzen vollkommen entgegengesetzt argumentieren, weil FEUERBACH von einer bloßen Theorie über die Religion, BUBER aber von der Praxis der Gottesbeziehung herkommt.

BUBER polemisiert deshalb nicht nur gegen FEUERBACH, sondern schon gegen die Ich-Philosophie der Idealisten. Selbst KIERKEGAARD hatte geschrieben: »Jeder soll mit ›den andern‹ nur vorsichtig sich einlassen, wesentlich allein mit Gott und mit sich selber reden.«[8] BUBER sieht bereits darin den falschen Ansatzpunkt: »Hier ist schon die Verknüpfung des ›mit Gott‹ mit dem ›mit sich selber‹ eine schlimme, durch nichts zu mildernde Unstimmigkeit. Alle Monologbegeisterung der Philosophen von Platon bis Nietzsche rührt nicht an die schlichte Glaubenserfahrung, daß das Reden mit Gott etwas toto genere anderes ist als das ›Reden mit sich selber‹, dagegen merkwürdigerweise nicht etwas toto genere anderes als das Reden mit einem anderen Menschenwesen. Da nämlich ist beiden die Tatsache eines in keiner Tiefe der Seele vorwegnehmbaren Angetreten-, Angefaßt-, Angesprochenwerdens gemeinsam. Dort ist es beiden, trotz all der Verdoppelungsabenteuer der Seele – Spiele, Räusche, Träume, Visionen, Überraschungen, Überrumpelungen, Überwältigungen –, ja trotz aller Spannungen und Spaltungen und trotz all der edlen und starken Bilder für den Verkehr mit sich selbst, durchaus ungemeinsam.«[9]

Die Religionskritik, die auf der Irrealisierung Gottes beruht und Gott zu einer Idee des Bewußtseins macht, geht daher von einer völligen Verkennung des religiösen Begegnungsphänomens aus. Diese Verkennung wiederum rührt daher, daß diese Philosophen sich lediglich mit der philosophischen Objektivierung Gottes im Bewußtsein befassen, während ihnen die elementare religiöse Praxis mangelt.

BUBER hebt denn auch als charakteristisch hervor, daß bei der Irrealisierung Gottes zu einer bloßen Idee das fundamentale Moment der *Liebe zu Gott* verschwindet, das für die religiöse Beziehung zentral ist. Eine Idee, die nur im eigenen Bewußtsein existiert, kann man nicht lieben. Weil BUBER sieht, wie COHEN bei seinem Versuch, KANT und die jüdische Tradition zu verbinden, ständig auf das Phänomen der

8. M. Buber, Die Frage an den Einzelnen, I, S. 228.
9. Ebenda.

Liebe zu Gott gestoßen wird, nennt er ihn auch einen Philosophen, »der vom Glauben überwältigt wird«[10]. Denn ein Mensch, der von der Liebe zu Gott ergriffen wird, erfährt eine Wirklichkeit, die nicht auf eine Idee reduzierbar ist. »Die Liebe zeugt für das Dasein ihres Partners.«[11]

Dem Idee-Charakter des gedachten Gottes stellt BUBER den DU-Charakter des begegnenden Gottes gegenüber. Der Gegensatz zwischen der Es-Welt und der Du-Welt durchzieht das ganze Denken BUBERS. Er stellt fest, daß in der Beziehung Ich-Es auch das Ich ein anderes wird als in der Beziehung Ich-Du. »Die Welt als Erfahrung gehört dem Grundwort Ich-Es zu. Das Grundwort Ich-Du stiftet die Welt der Beziehung.«[12] Nur in solcher Beziehung ist das Ich mit seinem ganzen Wesen dabei. Deshalb kann sich das Ich gar nicht ohne das Du setzen. Am Du erst wird es ein lebendiges, menschliches Ich. Die Es-Welt als das Kontinuum an Raum und Zeit ist die Lebens*voraussetzung* des Menschen, doch wer nicht aus ihr heraus in den Raum der Beziehung tritt, wird nicht zum Menschen.

Gott aber ist das ewige Du. Deshalb existiert die Analogie zur Begegnung mit dem andern Menschen, aber nicht zur Begegnung mit sich selbst.

Gott als das ewige Du steht aber nicht nur in Analogie zum menschlichen Du, sondern ist auch von ihm unterschieden. So ist Gott niemals als »Es« faßbar, sondern nur in der Du-Relation dem Menschen gegenwärtig, während ein Mensch auch als Es erscheinen kann. Wo Gott zum Es, also zum spekulativen Objekt oder zum zerredeten Lehrinhalt, gemacht wird, da entzieht er sich, und der Zugang zu ihm ist verstellt. Wo er aber als Du gemeint ist und angerufen wird, da ist er, selbst wenn er unter noch so unvollkommenem Namen angerufen wird. »Denn wer das Wort Gott spricht und wirklich Du im Sinn hat, spricht, in welchem Wahn immer er befangen sei, das wahre Du seines Lebens an, das von keinem andern eingeschränkt zu werden vermag und zu dem er in einer Beziehung steht, die alle andern einschließt.«[13]

Diese umgreifende Einschließlichkeit ist ein weiterer Unterschied zwischen dem ewigen und dem bloß menschlichen Du. Gewiß ist die

10. Gottesfinsternis, I, S. 542.
11. A. a. O., I, S. 549.
12. M. Buber, Ich und Du, I, S. 81.
13. A. a. O. I, S. 128.

Beziehung zu Gott auch exklusiv, wie jede augenblickliche Du-Beziehung. Aber sie vernichtet nicht die Menschen- und die Weltbeziehung. »In der Beziehung zu Gott sind unbedingte Ausschließlichkeit und unbedingte Einschließlichkeit eins.«[14]

An dieser Stelle fließt das ganze chassidische Erbe in BUBERS Denken ein und wendet sich gegen die Konsequenzen aus der Ausschließlichkeit der Gottesbeziehung, wie sie in der weltabgewandten Form des Christentums sichtbar wurden. Wer Gott liebt, darf die Welt nicht lieben: diese Folgerung enthält die Einschließlichkeit BUBERS nicht.

Es ist eine folgenschwere Frage, wie sich Ausschließlichkeit und Einschließlichkeit in der Gottesbeziehung zueinander verhalten. Die Ausschließlichkeit der Liebe zu Gott kann alles andere aufzehren. Das vom Alten Testament her viel diesseitiger orientierte Judentum hat diese Alternative nie so scharf gestellt wie bestimmte Tendenzen des Christentums. Vom Judentum her kann BUBER deshalb die Einschließlichkeit der Gottesbeziehung viel unbefangener postulieren, als es manchem Christen möglich wäre.

Der Chassidismus, der BUBER tief beeindruckt hat, hat der Weltzuwendung in Gott und der Gottzuwendung in der Welt besonders markanten Ausdruck verliehen. Der Chassidismus ist eine Frömmigkeitsbewegung im osteuropäischen Gettojudentum, die im 18. Jahrhundert blühte. Ihren Anfang nahm sie bei dem charismatischen Rabbi ISRAEL BEN ELIESER (1700–1760), der den Zunamen »Baalschemtow«, d. h. »Herr des guten Namens«, erhielt. Ohne den Rahmen der Gettoexistenz zu sprengen, überstieg der Chassidismus die enge Thoragesetzlichkeit durch die ungemeine Weite der praktischen Liebe, die diese Welt mit all ihren Erscheinungen und Unvollkommenheiten durchdrang. Gott tritt nicht als eifersüchtiger Rivale der Welt, die Welt nicht als dämonische Versuchung auf. Vielmehr gilt es, in der Welt und durch die Welt Gott zu lieben. Gott schuf die Welt, Gott liebt die Welt, Gott erfüllt die Welt; er tritt dem Menschen in seinem Mitmenschen entgegen. Der Alltag wird zum Gottesdienst, aber nicht so, daß die Frömmigkeit durch soziale oder politische Aktivität ersetzt würde. Vielmehr ist es so, daß *in* der Begegnung mit dem Alltag und dem Mitmenschen der Ewige gemeint, Gott geliebt und gepriesen wird. Die religiöse Durchdringung der Welt macht

14. A. a. O., I, S. 130.

anschaulich, was BUBER das »Zusammen« von Ausschließlichkeit und Einschließlichkeit nennt. Die Welt ist in Gott inbegriffen. Es kann für die Frömmigkeit keine Konkurrenz zwischen Gottesliebe und Weltliebe, zwischen Gottesliebe und Nächstenliebe geben, wenn die Welt und der Nächste *in Gott* gesehen werden und wenn Gott in ihnen geliebt wird.

Diesen chassidischen Grundzug, der auf der allgemeinen jüdischen Weltzugewandtheit ruht, nimmt BUBER auf. Das religiöse Verhältnis ist ihm deshalb nichts aus der Welt Ausgekreistes, Besonderes, keine »Ekstase« aus der Welt, kein heiliger Raum *neben* einer unheiligen Welt. Gerade die Welt soll geheiligt werden, damit in ihr Gottes Herrlichkeit offenbar werde.

Anfänglich hatte BUBER auch in einem besonderen religiös-mystischen Raum gelebt. Aber nach einem tragischen Zusammenstoß zwischen der mystischen Entrückung und der nüchternen Aufgabe einem notleidenden Mitmenschen gegenüber verließ er das Religiöse, »das nichts als Ausnahme ist, Herausnahme, Heraustritt, Ekstasis«[15], und er erklärte: »Ich kenne keine Fülle mehr als die Fülle jeder sterblichen Stunde an Anspruch und Verantwortung. Weit entfernt ihr gewachsen zu sein, weiß ich doch, daß ich im Anspruch angesprochen werde und in der Verantwortung antworten darf, und weiß, wer spricht und Antwort heischt. Viel mehr weiß ich nicht. Wenn das Religion ist, so ist sie einfach *alles*, das schlichte gelebte Alles in der Möglichkeit der Zwiesprache.«[16]

Wenn wir von der atheistischen Religionskritik FEUERBACHS und seiner Nachfolger bis hin zu Ernst BLOCH herkommen, dann haben wir vor Augen, welch ungeheures Gewicht diese Kritiker dem Gegensatz zwischen Gottesliebe und Welterfüllung gaben. Die Ausschließlichkeit, die forderte, um Gottes willen die Welt preiszugeben, fast noch überbietend, sehen sie im Gottesglauben das gewaltige Hindernis für die Entfaltung der wahrhaften Menschlichkeit im diesseitigen Leben. Das Jenseits ist der Feind des Diesseits, die Herrlichkeit Gottes die Erbärmlichkeit des Menschen, der Tod Gottes das Leben der Menschheit.

Diese unablässig wiederholten Alternativen stellen nur die atheistischen Gegenparolen gegen eine diesseitsverneinende Frömmigkeit

15. M. Buber, Zwiesprache, I, S. 187.
16. Ebenda.

dar, vor allem auch gegen eine solche, die in der fast genießerischen Ausmalung der abscheulichen Sündigkeit des Menschen beinahe masochistische Züge trägt. Diese religionskritischen Fundamentalsätze treffen aber nur eine bestimmte Art der Frömmigkeit weit jenseits der Gottesbeziehung, die Buber aus seiner Erfahrungswelt heraus darstellt. Die Faszination Feuerbachs erlischt vor der tiefgründigen Klarheit Martin Bubers. Buber ist dabei keineswegs Apologet. Er spricht nur reflektierend aus, was ihm in seinem Dasein widerfahren ist. Bei aller Auseinandersetzung mit dem Geist der Zeit ist doch Buber nicht Verteidiger einer Ideologie, sondern primär Erzieher. Um so schwerwiegender ist es, daß die Religionskritik, die auf den Argumenten Feuerbachs aufgebaut ist, sich plötzlich so dürftig darstellt. Die beiden Hauptgedanken, daß Gott nur die Projektion des eigenen Bewußtseins in eine himmlische Gegenständlichkeit sei und daß mit dieser Projektion alles Gute auf Gott, das Minderwertige auf den Menschen konzentriert werde, versagen Buber gegenüber.
Buber hat seine unüberwindbare Stärke da, wo er auf den Grundtatbestand des gegenwärtigen, begegnenden Gottes verweist, der das echte ewige Du ist, auch wenn man ihn nicht benennen, sondern bloß anrufen kann. Die »ewige, die im Jetzt und Hier gegenwärtige Offenbarung«[17] ist für ihn da. Mag sie auch für andere in dem Zeitalter der Gottesfinsternis stumm bleiben, so kann das die eigene Begegnung und Beziehung nicht aufheben. Die offenbare Gegenwart Gottes schlägt sich auch nicht in einer mythologisierenden, objektivierenden Lehre über Gott nieder, die aller Kritik neue Nahrung verschaffen würde. Gott offenbart ja, wenn er sich offenbart, nicht seine innergöttlichen Geheimnisse, sondern »das Wort der Offenbarung ist: Ich bin da, als der ich da bin«, nichts weiter[18]. Es ist dasselbe Wort, wie es im Alten Testament als Jahwewort an Mose erscheint: »Ich bin, der ich bin«[19].
Eine Angriffsfläche freilich bietet Martin Buber seinen Kritikern. Gott als DU bedeutet, mag man in den Aussagen sonst noch so zurückhaltend sein, die *Personalität* Gottes. Bubers Gott ist ein persönlicher Gott, Gott als Person zu denken ist aber ein sehr problematisches Unternehmen. Nicht erst die Religionskritik des 19. Jahrhun-

17. Ich und Du, I, S. 154.
18. Ebenda.
19. 2. Mose 3,14.

derts hat auf den inneren Widerspruch zwischen Personhaftigkeit und Unendlichkeit im Gottesbegriff aufmerksam gemacht. Das taten längst auch die Mystiker des Mittelalters und Philosophen wie SPINOZA. Die scharfsinnigen Einwände FICHTES vollends sind nie widerlegt worden[20].

BUBER hat zu dieser Schwierigkeit Stellung genommen. Er hält die Bezeichnung Gottes als Person für unentbehrlich, wenn Gott keine Idee sein soll, sondern der, der »in schaffenden, offenbarenden, erlösenden Akten zu uns Menschen in eine unmittelbare Beziehung tritt und uns damit ermöglicht, zu ihm in eine unmittelbare Beziehung zu treten«[21]. Eine solche Beziehung ist nur zwischen Personen möglich. Aber BUBER sieht ein, daß es nicht angeht, Gott auf die Personhaftigkeit einzuschränken. Damit würde ein falsches anthropomorphes Gottesbild geschaffen, das Gott beschränkt und das alles Übersteigende an ihm nicht auszudrücken vermöchte. Der Begriff der Personhaftigkeit ist deshalb auch für BUBER zu eng, um das Wesen Gottes zu erfassen. Er hält darum nur daran fest, zu sagen, »Gott sei *auch* eine Person«[22]. In Analogie zu der Sprechweise SPINOZAS sucht er es so zu formulieren, daß von den unendlich vielen Attributen Gottes uns nicht nur zwei bekannt seien, nämlich die Geisthaftigkeit und die Naturhaftigkeit, sondern noch ein drittes, die Personhaftigkeit. Dieses Attribut sei das einzige, das wir unmittelbar durch die Begegnung zu erkennen vermöchten. Wie weit diese Überlegung durch den fragwürdigen Begriff der absoluten Person, den BUBER auch noch aufnimmt, gestützt oder entwertet wird, ist eine andere Frage.

Über diese eine Forderung hinaus aber verzichtet BUBER auf Gottesdefinitionen und anerkennt jeden wahrhaftigen Anruf Gottes. Mancher Glaubende weiß wohl nicht recht *über* Gott, jedoch echt *zu* ihm zu reden. Das ist das Entscheidende. Wer es wagt, auf den unbekannten Gott hin zu leben, ist nicht fern von der Wahrheit. Nicht eine Gottesvorstellung, sondern der ganzheitliche Ernst der Du-Beziehung entscheidet über den wahren Gottesdienst.

BUBER ist sich der subjektiven Komponente jeder Gottesbegegnung bewußt. Die Rede vom Du stellt keinen philosophischen Gottesbeweis dar. Es bleibt das Wagnis: »Die Existenz der Mutualität zwischen Gott

20. Vgl. dazu oben S. 24ff.
21. Ich und Du, I, S. 169.
22. Ebenda.

und Mensch ist unbeweisbar, wie die Existenz Gottes unbeweisbar ist. Wer dennoch von ihr zu reden wagt, legt Zeugnis ab und ruft das Zeugnis dessen an, zu dem er redet, gegenwärtiges oder zukünftiges Zeugnis.«[23]

23. A. a. O., I, S. 170.

3. Gott als der schöpferische Lebensimpuls

Henri Bergson (1859–1941)

Bergson und mit ihm die gesamte Lebensphilosophie im weiteren Sinne, die um die Jahrhundertwende eine bedeutsame Stellung einnimmt, zeigen ebenso wie der Neukantianismus, daß im allgemeinen Bewußtsein der Zeit der *mechanistisch-naturwissenschaftlich* begründete Materialismus und Atheismus als entscheidender Faktor empfunden wurde. Die Auseinandersetzung mit dem dialektischen Materialismus der Marxisten wurde nur von einer kleineren, soziologisch interessierten Gruppe geführt, Bergsons Aufmerksamkeit jedenfalls richtet sich speziell auf das Phänomen der Naturwissenschaft. Er ist im Gespräch mit dem Darwinismus, während er Marx weniger Aufmerksamkeit zuwendet. Etwas anderes ist es mit Nietzsche. Sobald, wie in der Lebensphilosophie, der Begriff des *Lebens* in den Mittelpunkt rückt, ist auch Nietzsche gegenwärtig und ein mindestens untergründiger Gesprächspartner. Nietzsche kämpfte als Anwalt des Lebens gegen die Religion. Gerade von einem vertieften Begriff des Lebens aus sind aber auch völlig entgegengesetzte Konsequenzen möglich. Bergsons Philosophie ist für uns deshalb im Hinblick auf die Frage nach Gott als Auseinandersetzung mit Nietzsche und auch mit dem Mechanismus wesentlich, während wir bei Martin Buber mehr auf Feuerbach als den entscheidenden Partner stießen.

Bergson geht von allgemeinen Beobachtungen über das für ihn im Mittelpunkt stehende Phänomen »Leben« aus. Das Leben ist mit den Mitteln einer mathematisch-mechanistischen Naturwissenschaft nicht ausreichend beschreibbar. Es ist etwas für sich. Der Mechanismus erfaßt nur das Tote. Dem rein Quantitativen und Analytischen des physikalischen Denkens stellt er das Qualitative des Lebens und Erlebens gegenüber. So ist beispielsweise die *Zeit* nicht erfaßt, wenn sie als die meßbare Größe des Geschehensablaufs, als die t-Achse eines Bezugssystems mathematisiert wird. Es gibt daneben die ganz andere qualitative, erlebbare Zeit. In dieser Zeit wird die Vergangenheit als Erlebtes mitgetragen, und so wird sie erst die eigentliche Zeit als »durée réelle«, als wirkliche Dauer[1].

Das Leben ist ein dem Maschinenmäßigen gerade entgegengesetztes Phänomen. Statt sich allmählich abzubrauchen und zu verfallen wie das physikalische Geschehen, das in jedem Prozeß Energie entwertet, stellt das Leben eine Entwicklung dar, die durch Qualitätsgewinn gekennzeichnet ist. An die Stelle des falschen Evolutionismus, der das übersieht, muß der wahre treten, der dieser Gesamttendenz Rechnung trägt.

Leben ist dabei nicht etwas Isoliertes, sondern letztlich eine Gesamtbewegung, die auf einem schöpferischen Gesamtschwung beruht. Die beiden für Bergson kennzeichnenden Grundbegriffe sind der »élan vital« (Lebensschwung) und die »évolution créatrice« (schöpferische Entfaltung). Der Gesamtschwung ist nicht rational analysierbar, denn er ist das tiefe Geheimnis in und hinter allem Leben. Der Mensch steht an einer ausgezeichneten Stelle der schöpferischen Evolution: »Wollte man dies abschließend in teleologische Begriffe fassen, es ließe sich etwa so ausdrücken: nachdem sich das Bewußtsein um der eigenen Befreiung willen in zwei komplementäre Elemente, in Pflanze und Tier, hat spalten müssen, suchte es einen Ausweg in der zwiefachen Richtung von Instinkt und Intellekt: es hat ihn nicht im Instinkt, und im Intellekt nur durch jähen Sprung vom Tier zum Menschen gefunden – derart, daß für die abschließende Analyse der Mensch zum Seinsgrund des gesamten organischen Lebens auf unserem Planeten wird. Dennoch ist dies ein bloßes Wort. In Wirklichkeit gibt es nur einen gewissen Strom von Dasein und seinen Gegenstrom, und aus ihnen die gesamte Entwicklung des Lebens.«[2]

Mit der Entgegensetzung von Instinkt und Intellekt ist wohl das Verhältnis von Tier und Mensch bezeichnet, aber der Mensch ist nicht ausreichend beschrieben. Neben der Tatsache, daß auch im Menschen der Instinkt vorkommt, ist besonders zu beachten, daß selbst der Intellekt seine Grenzen hat. Er ist nicht das höchste Vermögen des Menschen. Insofern er analytischer Verstand ist, eignet er sich nur für das Erfassen der toten, mechanischen Abläufe. Als wissenschaftlicher

1. H. Bergson, L'évolution créatrice, 1905, deutsche Übersetzung »Schöpferische Entwicklung« durch Gertrud Kantorowicz, Jena 1912, S. 11 u. ö.
2. A. a. O. S. 189f.

Verstand durchdringt er gerade das Wesentliche, das Geheimnis des Lebens nicht.
Der Intellekt verknüpft Gleiches mit Gleichem. Nur Wiederholbares ist ihm ganz erschlossen. Das Leben aber, als die »durée réelle«, ist das Dauernde, in dem die Vergangenheit gegenwärtig ist und stets durch die neue Gegenwart bereichert wird. Letztlich ist darum der Punkt, wo wir uns »unserem eigenen Leben innerlichst nahe fühlen«, von der Intellektualität am wenigsten »durchtränkt«[3], denn das »Gefühl der Dauer« ist das »Zusammenfallen unseres Ich mit sich selbst«[4]. Philosophisch führt daher nicht der Verstand zu der tiefsten Einsicht, sondern eine andere, dem Leben angemessene Fähigkeit, die *Intuition*, die nicht rational lehrbar, sondern lediglich weckbar und einübbar ist.
Die Lebensphilosophie Bergsons steht deshalb letztlich dem rein wissenschaftlichen Verstand mißtrauisch gegenüber, obgleich sie den menschlichen Verstand dem bloß tierischen Instinkt als überlegen entgegensetzt. Der Intellekt wird relativiert, ja entwertet, weil er keinen Zugang zu den tieferen Geheimnissen des Lebens besitzt. So ist ihm auch der Blick auf den schöpferischen Lebensschwung als Ganzes verstellt.
Aus dieser Grundposition des »Intuitionismus« erwächst auch Bergsons Religionsphilosophie, die auf dem Hintergrund der Religionskritik der Materialisten und Nietzsches zu würdigen ist.
Im Blick auf die institutionellen Religionen und Kirchen, die den Raum der Religionsgeschichte erfüllen und die Bergson unter dem Begriff der »statischen Religion« zusammenfaßt, kann er urteilen, daß der ganze »spectacle«[5] all dieser Religionen für die menschliche Intelligenz demütigend ist. Nichts hilft es, wenn der Verstand die Aussagen der Religionen als absurd erklärt und die Erfahrung sie als Irrtümer erweist. Die Menschheit »klammert sich nur um so mehr an die Absurdität und den Irrtum«[6]. Der niedrigste Aberglaube dominierte die Welt und tut es teilweise noch heute; die Religionen scheuen sich nicht, Verbrechen zu rechtfertigen, ja zu fordern. Angesichts dieser Religionen kann man sich geradezu wundern, daß man den Menschen als intelligentes Wesen definiert.

3. A. a. O. S. 204.
4. A. a. O. S. 205.
5. H. Bergson, Les deux sources de la morale et de la religion, Paris 1932, 33. Aufl. 1941, S. 106.
6. A. a. O. S. 105 (deutsche Übersetzungen von mir).

Trotz dieser Absurditäten gab es wohl Gesellschaften ohne Wissenschaft, ohne Kunst, ohne Philosophie, aber keine ohne Religion. Die Macht des absurden Phänomens der Religion muß deshalb nach ihren Ursachen befragt werden.

Bergson steht in solch scharfen Urteilen über die Religion Feuerbach und Nietzsche kaum nach.

Zunächst ist nach Bergson festzuhalten, daß die so beliebige Verschiedenheit religiöser und mythologischer Vorstellungen und ihre hemmungslose Tendenz zum Absurden darauf hinweisen, daß es Ausgeburten der *Phantasie* sind. Die Religion bietet gleichsam eine phantastische statt einer rationalen Bewältigung bestimmter Lebensprobleme. Damit ist ein gewichtiges Element der Religionskritik Feuerbachs auch bei Bergson für die Erklärung religiöser Phänomene eingesetzt.

Im Gegensatz zu Feuerbach aber steht Bergsons Erklärung für die Entstehung dieser Phantasiewelt. Bergson sieht den Menschen in seiner urtümlichen Situation, in der er dem Instinkt entronnen, des Intellekts aber noch nicht völlig mächtig ist. Nicht mehr vom Instinkt geführt, sieht er sich einer bedrohlichen und unheimlichen Welt gegenüber, die er mit rationalen Mitteln nicht zu bewältigen vermag. Die menschliche Schwierigkeit ist doppelter Art. Einmal ist der erwachende Intellekt egoistisch-individualistisch und damit gesellschaftssprengend, zum anderen aber den Urphänomenen des Lebens, vor allem dem Bewußtsein des Sterbenmüssens, ausgesetzt.

In dieser lebensbedrohenden Situation tritt nun eine ganz besondere Fähigkeit oder Funktion ans Licht, die zwischen Instinkt und Rationalität steht. Sie löst die Lebensschwierigkeiten, die nicht mehr instinktiv überwunden und noch nicht rational bewältigt werden können, auf eine phantastische Art. Phantasievorstellungen deuten die Ganzheitszusammenhänge und helfen, in Welt und Gesellschaft geordnet zu leben, auch wenn die vorgestellten Ordnungen nur Gebilde der Phantasie sind.

Diese Fähigkeit der Menschen, ein solch helfendes Zwischenglied einzuschieben, nennt Bergson die »fonction fabulatrice«[7]. Es ist die Funktion, welche die religiösen Vorstellungen produziert. Sie ist am Anfang der Geschichte notwendig, da ohne sie die Menschheit nicht hätte überleben können. Indem durch diese fabelerfindende Fähigkeit

7. A. a. O. S. 113.

die noch unzureichende Rationalität, die nur zersetzend wirken könnte, zurückgehalten wird, beruht die Möglichkeit des Fortschritts in der noch primitiven Gesellschaft zunächst durchaus auf der so aufgebauten Religion.

Bergson kann deshalb im Hinblick auf die gesellschaftsdisziplinierende Wirkung der fonction fabulatrice definieren: »Die Religion ist also eine defensive Reaktion der Natur gegen die auflösende Macht der Intelligenz.«[8] Im Zusammenhang mit der Lebensbewältigung unter dem Druck des Todesbewußtseins aber gilt weiter: »Die Religion ist eine defensive Reaktion der Natur gegen die durch die Intelligenz entstandene Vorstellung von der Unausweichlichkeit des Todes.«[9] Die phantastische Bewältigung der Lebensschwierigkeiten zeigt sich besonders aufschlußreich am Todesproblem. Die Angst vor dem Tod wird durch die fabelhafte Vorstellung eines irgendwie gearteten Lebens nach dem Tode überwunden. Da die Jenseitsvorstellungen der Phantasie entspringen, sind sie unter sich verschieden und für jede Ratio unbeweisbar, ja in ihrer unvorstellbaren Wunderbarkeit absurd. Sie haben aber gemeinsam, daß sie eine lebenswichtige Funktion erfüllen. Es gibt außer dem Tod noch andere Lebensbelastungen, vor allem die Differenz zwischen dem Willensziel und der Fähigkeit, dieses Ziel zu verwirklichen, konkret gesagt etwa zwischen dem Abschuß des Pfeils und dem wirklichen Treffen und Erlegen des Beutetiers. Auch in diese Lücke tritt die fabulierende Funktion, indem sie Mächte einsetzt, die die Erreichung des Ziels wunderbar fördern oder hindern. Im Hinblick darauf kann Bergson weiter definieren: »Es sind defensive Reaktionen der Natur gegen die durch die Intelligenz entstandene Vorstellung eines entmutigenden Spielraumes des Unvorhergesehenen zwischen der Initiative, die man ergriffen hat, und dem gewünschten Erfolg.«[10]

Im Laufe der Zeit werden aus den halbpersonalen Kräften, die die Natur mit Absichten erfüllen, Göttergestalten. Alle Götter sind demnach Wesen, die der Phantasie entsprungen sind. Die religiöse Fabulierkraft ist der Mutterboden aller anderen Phantasie, die sich später in Kunst und Dichtung eigene Welten schafft.

Die an der Darstellung vor allem der primitiven Religion gewonnene

8. A. a. O. S. 127.
9. A. a. O. S. 137.
10. A. a. O. S. 146.

Anschauung vom Wesen der Religion bringt diese in eine große Nähe zur Magie und identifiziert sie weitgehend mit dem Aberglauben. Die so umschriebene »statische Religion« ist für BERGSON die natürliche Religion. Sie funktioniert so lange, bis der Intellekt stark genug ist, um die Strukturen der Wirklichkeit rational zu erkennen und zu bewältigen. Deshalb gelangt die Religion je länger je mehr in die Krise, ohne doch ganz überwunden zu werden. Der rationale Nachweis, daß ihre Vorstellungen phantastisch und irrtümlich sind, vermag sie nicht zu beseitigen. Denn die ungeheure, vom *Affekt* gestützte Triebkraft der fonction fabulatrice wirkt auch in den intellektuell entwickelten Kulturen nach. Es liegt im Menschen eine Tendenz nicht nur zum Rationalen, sondern auch zum Absurden. Wenn diese Tendenz heute auch teilweise in nichtreligiöser Form auftritt, so ist sie doch nicht weniger mächtig. Diese Feststellung BERGSONS ist ein Ausdruck seines nüchternen Realismus im Urteil über das menschliche Verhalten.

Wenn BERGSON die statische Religion auch der phantastischen Welt der fonction fabulatrice zuschreibt, die durch den Intellekt eigentlich überholt ist, so darf nicht vergessen werden, daß für ihn auch die rationale Intelligenz keineswegs das Höchste ist. Sie hat sich vielmehr als unfähig erwiesen, die Tiefe des Lebensgeheimnisses zu ergründen. Über ihr steht die Intuition, durch die der Mensch sich selbst als Teil des großen schöpferischen Lebensimpulses versteht.

Auch diese höhere Funktion der Intuition hat eine religiöse Dimension. Sie ist keineswegs profan wie der Intellekt. BERGSON stellt sie als die »dynamische Religion« der statischen Religion gegenüber. Sie taucht bereits innerhalb der statischen Religion sporadisch als die *mystische* Komponente auf, die quer durch die phantastischen Vorstellungen der Religionen hindurchläuft.

Man kann sich fragen, ob für zwei so verschiedene Phänomene wie die fonction fabulatrice und die Mystik der gleiche Name »Religion« überhaupt sinnvoll sei. BERGSON bejaht das aus zwei Gründen. Einmal sieht er eine Analogie in der Funktion darin, daß auch die Mystik dem Menschen Geborgenheit, Sicherheit und ruhige Heiterkeit verschafft, also auf einer ganz anderen Ebene das verwirklicht, was der Primitive von der statischen Religion erhofft. Zum anderen aber hält BERGSON dafür, daß die reine Mystik eine so überaus seltene Sache ist, daß ihrer nur sehr wenige Menschen fähig sind. Elemente solcher Mystik, mit dem Aberglauben der statischen Religion vermischt, sind viel weiter verbreitet anzutreffen. Praktisch kann die große Masse der Wahrheit der Mystik nur in dieser Verbindung mit dem Aberglauben teilhaftig werden. So ist der gemeinsame Name Religion gerechtfertigt, denn das, was eigentlich qualitativ entgegengesetzt ist, wird zur bloß quantitativen Differenz durch die in der Religionsgeschichte feststellbaren mystischen Elemente innerhalb der statischen Religionen.

Unter Mystik versteht Bergson jenes tiefe Erleben und Einsinken in den Strom der schöpferischen Energie überhaupt, das den Menschen in dieser Ganzheit birgt. Mystik ist »Relation mit dem élan vital«[11]. In diesem Eintauchen in den Strom des ganzen, wahren Lebens wird dem Menschen die gelassene, heitere Geborgenheit zuteil. Er wird von diesem Strom durchtränkt. Bergson beschreibt das so: »Eine Seele, die dieser Kraft fähig und würdig ist, würde sich nicht einmal fragen, ob das Prinzip, mit dem sie jetzt in Beziehung steht, die transzendente Ursache aller Dinge oder nur deren irdische Vertretung sei. Es würde ihr genügen zu fühlen, daß sie sich, ohne daß dabei ihre Persönlichkeit aufgesogen würde, von einem Wesen durchdringen ließe, das wesentlich mehr vermag als sie selbst, so wie das Eisen durch das Feuer durchdrungen wird, das es zum Glühen bringt. Ihre Zuwendung zum Leben wäre von nun an die Untrennbarkeit von diesem Prinzip, Freude in der Freude, Liebe zu dem, was nichts anderes als Liebe ist.«[12]

Diese Liebe ist welt- und menschenbezogen, nicht eine weltabgewandte Gottesliebe in mystischer Innerlichkeit. Sie hält die Gesellschaft in weit vollkommenerer Art als der Aberglaube oder die institutionelle Moral zusammen. Diese Mystik ist Lebensbewältigung auf einer anderen, höheren und wahreren Ebene als die fiktive Lebenshilfe durch die fabulierende Funktion. Sie erst erreicht das wirklich, was die fonction fabulatrice mit im Grunde untauglichen Mitteln erstrebt hatte.

Im Gegensatz zu der phantastischen Vielfalt der Religionen erweist sich die mystische Erfahrung des Eintauchens in den schöpferischen Impuls als quer durch alle religiösen Vorstellungen hindurch gleichartig. Das ist ein Hinweis auf die Wirklichkeitsnähe dieser Erfahrung. Diese Indifferenz gegenüber den Vorstellungen bei analoger Erfahrung erinnert an ähnliche Urteile, die Schleiermacher im Hinblick auf Frömmigkeit und Vorstellung, Buber im Verhältnis des Anrufs zu dem unvollkommenen Namen, ja selbst Nikolaus Cusanus mit dem

11. A. a. O. S. 225.
12. A. a. O. S. 224f.

Hinweis auf den überallhin weisenden Gottesblick gefällt haben, so verschieden auch sonst die Grundkonzeptionen dieser Denker sein mögen. Buber urteilt ja, daß eine Deutung Gottes als reine Immanenz Gott verfehle, und er denkt dabei durchaus an die Identifikation Gottes mit dem élan vital, die bei Bergson eine bloß immanente Deutung mindestens offenläßt.

Die Mystik stellt für Bergson einen echten Kontakt und damit eine partielle Koinzidenz mit der schöpferischen Kraft des Lebens selbst dar. Diese schöpferische Kraft bezeichnet er als »von Gott, wenn sie nicht Gott selbst ist«[13]; er schafft damit die Ambivalenz zwischen einem bloß immanenten und einem die Immanenz transzendierenden Gottesverständnis. Letztlich ist es Bergsons Grundgedanke, daß der schöpferische élan vital eigentlich Gott sei. Der tiefe Kontakt mit ihm und das bewußte Leben aus ihm und in ihm, der letztlich Liebe, Sympathie und Leben ist, ist die wahre Religion. Diese wahre Religion gehört nicht mehr zum Bereich der fonction fabulatrice, die zwischen Instinkt und Intelligenz als Lückenbüßer eintrat, und sie hat auch den Verstand hinter sich gelassen, der nur das Technische zu bewältigen vermag. Die wahre Religion ist der Ausdruck der höchsten menschlichen Fähigkeit, der Intuition; deshalb kann Bergson auch von der »mystischen Intuition«[14] sprechen.

Diese mystische Intuition stellt die Frage nach dem Sinn des Lebens im allgemeinen und speziell nach dem des menschlichen Lebens; gleichzeitig gibt sie darauf Antwort: Der Lebensstrom, der die Materie durchdringt und deren Sinn darstellt, hat in den Menschen Lebewesen zum Sein gerufen, die »bestimmt waren, zu lieben und geliebt zu werden«[15]. Die schöpferische Energie definiert sich so als Liebe, Gott aber »ist diese Energie selbst«[16]. Die Geschöpfe, als von Gott verschiedene Wesen, konnten nur in einem Universum entstehen; deshalb mußte auch das Universum als die materielle Basis gebildet werden. In einem Wort: Das Leben ist der Sinn des Universums, die Liebe der Sinn des Lebens. Das Leben, wie es im Ameisenstaat verschlossen ist, ist in der Menschheit befreit. So erfüllt sich der universale Lebensprozeß in der zur Liebe fähigen menschlichen Existenz.

13. A. a. O. S. 233.
14. A. a. O. S. 273.
15. A. a. O. S. ebenda.
16. Ebenda.

Diese Schau der tiefsten, schöpferischen und liebenden Lebensenergie und der Stellung des Menschen zu ihr ist wie eine Antwort auf NIETZSCHE und seine Religionskritik. Auch für NIETZSCHE ist das Leben der höchste Wert. Es ist ihm aber identisch mit dem Willen nach mehr Leben und damit mit dem Willen zur Macht; so wird es der imperialistische, anderes Leben zerstörende Wille. Für NIETZSCHE ist die Liebe nur als schwächliches Mitleid greifbar, die aus dem Ressentiment der zu kurz Gekommenen herauswachsende Sklaven- und Herdenmoral, die das starke Leben hindert. BERGSONS élan vital aber ist nicht Machtwille, sondern in seinem schöpferischen Überfluß Sympathie und Liebe für alle. Die Liebe stammt aus der Fülle, nicht aus dem Ressentiment dessen, der Mangel leidet. BERGSON betont scharf den Gegensatz des schöpferischen Lebensschwunges gegen den bloßen Lebenswillen, der eine »leere Konzeption« und eine »sterile Metaphysik«[17] repräsentiert. Mit dieser Kritik werden gleichzeitig SCHOPENHAUER und NIETZSCHE an ihrer schwächsten Stelle getroffen.
BERGSONS Liebesmystik ist, als Gegenbild zu NIETZSCHES Willen zur Macht als dem letzten Geheimnis des Seins, eindeutig religiös, wenn auch nicht unbedingt die Immanenz transzendierend. Sie führt denn auch zu einer ganz anderen ethischen Grundkonzeption als bei NIETZSCHE. Analog zur statischen Religion sieht BERGSON die geschlossene, gesetzliche Moral der niederen Stufe. Er übersteigt sie ebenso, wie NIETZSCHE die konventionelle Moral verläßt und in das Jenseits von Gut und Böse eintritt. Dieser Übergang führt aber NIETZSCHE in das Ausleben des rücksichtslosen Willens zur Macht, BERGSON jedoch in die aus mystischer Tiefe fließende Liebe und Sympathie.
Freilich läßt auch BERGSON wichtige Fragen offen. Sein schöpferischer Lebensschwung bleibt nicht nur im Immanenten, sondern sogar noch im Biologischen verhaftet. Damit ist die Ebene, auf der DARWIN und NIETZSCHE stehen, doch nicht grundsätzlich überstiegen. Darüber hinaus aber erhebt sich der Widerspruch, daß der schöpferische Lebensschwung nur *eine partielle Kraft* innerhalb der Wirklichkeit ist und doch die universale Last des Gottesbegriffes tragen sollte. Der élan vital ist ja primär die qualitative Gegenbewegung gegen das bloß Materiell-Mechanische.
Er ist zwar der Sinn des materiellen Seins, bleibt ihm gegenüber aber in einer Dualität stehen. Wohl gibt es bei BERGSON Ansätze, auch den

17. A. a. O. S. 120.

anorganischen Kosmos bereits zu einem Unternehmen der schöpferischen Lebensenergie zu machen; das Universum dient als Basis und Ermöglichung des aus dem allgemeinen Leben hervortretenden Einzelwesens. Aber dieser Gedanke steht in Spannung mit dem Ausgangspunkt des BERGSONSCHEN Denkens, in dem der Lebensstrom gerade der bloßen Materie entgegengesetzt wird. Dieser Ansatz hatte zunächst die Funktion, überhaupt der Übermacht der Materie das Leben als etwas Eigenständiges gegenüberzustellen und es in seinem höheren Wert vor der Einebnung ins Mechanische zu bewahren.

So führt BERGSONS mystische Intuition wohl ein Stück weiter. Sie deckt die tödlichen Schwächen des mechanistischen Materialismus auf; sie zeigt, daß FEUERBACHS Theorie der Religion als kindliche Stufe der Menschheit nur einen Teil der religiösen Phänomene erfaßt; sie stellt NIETZSCHES Willen zur Macht die universale Liebe gegenüber, die die Fülle des schöpferischen Reichtums ist, der sich verströmt. Aber indem sie im Biologischen gebunden bleibt, führt sie nicht bis ans Ende. Die Identifikation Gottes mit dem élan vital beantwortet die Frage nach Gott doch unzureichend. Wir werden beim Gespräch der Denker des 20. Jahrhunderts über Gott nicht nur im Auge behalten müssen, wie BUBER über das ewige Du spricht, sondern auch, was SCHELER über den Geist, JASPERS über die Transzendenz aussagen. Nur in diesem ganzen Zusammenhang erscheinen Größe und Grenzen BERGSONS im vollen Licht[18].

18. BERGSON verkörpert nur eine von vielen Ausprägungen der Lebensphilosophie, aber er hat die religionsphilosophische Frage am umfassendsten reflektiert. Der Protest des Lebens gegen die Mechanik, den bloß naturwissenschaftlichen Verstand oder gar gegen den Geist selbst wird bei Wilhelm DILTHEY (1833–1911) oder ganz radikal bei Ludwig KLAGES (1872–1956), um nur diese beiden zu erwähnen, auf völlig andere Weise durchgeführt. Ihr Denken ist aber nicht so zentral auf die Gottesfrage bezogen.

Nicht direkt der Lebensphilosophie zuzuzählen, aber ihr in mancherlei Hinsicht nahestehend ist Albert SCHWEITZER (1875–1965). Man vergleiche dazu meine Darstellung in: Denker des Glaubens I, S. 47–70. Auch für SCHWEITZER erscheint der unendliche Wille zum Leben in der Zerspaltenheit der einzelnen Lebewesen; diese wird durch die Ehrfurcht vor dem Leben aufgehoben, die als konkrete ethische Tat zugleich ein religiös-mystischer Akt ist, in dem sich die Gemeinschaft mit dem unendlichen Willen zum Leben verwirklicht. Diese ethische Mystik hat eine gewisse Analogie zu BERGSONS Liebe, die aus dem élan vital strömt und die Lebewesen untereinander verbindet. Aber die Stoßrichtung ist bei SCHWEITZER umgekehrt, da bei ihm die konkrete ethische Tat die Verbindung zum unendlichen Lebenswillen schafft und nicht nur aus ihm fließt, so sehr sie letztlich in ihm begründet ist. Der wesentliche Gegensatz zwischen BERGSON und SCHWEITZER besteht darin, daß SCHWEITZER nicht im Biologischen bleibt, sondern im Geist ein Prinzip sieht, das zum gewöhnlichen vitalen Lebenswillen in Spannung steht und durch die Ehrfurcht vor dem Leben den Menschen zu einer Haltung bringt, die anders ist als die Welt. SCHWEITZER ist nicht nur tiefer durch die christliche Überlieferung geprägt, sondern er steht durch seinen Geist- und Willensbegriff auch dem Idealismus näher. SCHWEITZER und BERGSON treffen sich aber in der Kritik am Willen zur Macht NIETZSCHES. SCHWEITZER kritisiert an BERGSON, daß dieser bei der mystischen Anschauung stehen bleibe und nicht zur konkreten Tat durchstoße. Gegen BERGSON wendet er ein: »Wenn die Bedeutung der Intuition vielfach unterschätzt wurde, so ist dies kein Grund, sie nunmehr in dieser Weise zu überschätzen. Die Intuition ist ein nicht ausbildbares, steigerbares naturhaftes Vermögen. Auch wenn wir alle Aufmerksamkeit auf sie richten, gelingt es uns nicht, sie in uns zu völligerer Ausbildung gelangen zu lassen. Das biologische Denken hat das verstandesmäßige in Mißkredit gebracht, ohne etwas besseres an seine Stelle setzen zu können, ... wie es die Geltung des Ethischen beschränkt hat, ohne imstande zu sein, Ersatz für den Ausfall zu schaffen« (Unveröffentlichtes Manuskript zur Fortsetzung der Kulturphilosophie 1944).

So eröffnet der Begriff des Lebens eine ungemein breite Auffächerung der Möglichkeiten, das religiöse und das ethische Problem anzugehen. Es ist hier nicht möglich, weiter darauf einzugehen. Es kann nur an den beiden typischen Konzeptionen NIETZSCHES und BERGSONS aufgezeigt werden, daß mit dem Verweis auf das »Leben« noch nichts geklärt, noch alles offen ist, und daß einzig der Mechanismus überwunden wird. Um vom Begriff »Leben« aus aber über *Gott* Wesentliches aussagen zu können, dazu bedarf es noch anderer Elemente, die erst den Reflexionen über das Leben die entscheidenden religiösen, ethischen, biologischen oder atheistischen Wendungen geben.

4. Gott als Geist und Drang

Max Scheler (1874–1928)

Weder der Neukantianismus, der sich an vergangenen Denkstrukturen orientierte, noch die Lebensphilosophie, die in ihrem Irrationalismus in die Gefahr des Verschwimmend-Vagen geriet, vermochten das Schiff des Geistes ganz aus den Untiefen des Materialismus heraus zu steuern. Richtunggebend wurde auf die Dauer vielmehr das Denken, das sich auf die präzisen Methoden der *phänomenologischen* Analysen stützte. Der Meister dieser neuen Denkungsart, Edmund Husserl (1859–1938), beschäftigte sich vorwiegend mit den erkenntnistheoretischen Seiten des phänomenologischen Denkens. Er hat durch die unerbittliche Exaktheit seiner logischen und phänomenologischen Untersuchungen den Grund zu einer vielschichtigen philosophischen Entwicklung gelegt. In gewisser Weise kann gesagt werden, daß Husserl den Anfang der typischen Philosophie des 20. Jahrhunderts markiert. Seine Schüler haben die neu gewonnene Methode auf alle Grundfragen der Anthropologie, der Kultur, der Metaphysik und Religion angewandt. Aus dem phänomenologischen Impuls gestaltete sich auch die Existenzphilosophie, die die phänomenologische Methode mit einer neuen Erfassung des menschlichen Daseins verknüpfte, und die zu einer gesonderten Bewegung wurde.

Weit näher bei den phänomenologischen Grundstrukturen bleibend, entwerfen Max Scheler und Nicolai Hartmann (1882–1950) ihre weitschichtigen Systeme. Da die Methode den Gehalt nicht vorwegnimmt, ist es nicht verwunderlich, daß die beiden großen Metaphysiker gerade in der Beantwortung der Frage nach Gott wesentlich auseinandertreten, so nahe sie einander auch in anderer Hinsicht, etwa im Aufbau einer materialen Wertethik, sind. Der religiös kühle Nicolai Hartmann wendet sich einem ethisch begründeten Atheismus zu. Er kann die in der Willensfreiheit zu ergreifende ethische Verantwortung nicht mit einer Vorherbestimmung vereinigen, die sich aus dem

Wesen eines allwaltenden Gottes ergeben müßte. Umgekehrt ist Max Scheler von Anfang an ein religiös engagierter Denker, der der Gottesfrage mit den Mitteln der phänomenologischen Erkenntnismethoden zeit seines Lebens leidenschaftlich nachgegangen ist. Er hat dabei mancherlei Wandlungen durchgemacht; wir müssen zum mindesten den frühen und den späten Scheler religionsphilosophisch unterscheiden. Sein unerwartet rascher Tod verhinderte die umfassende Ausgestaltung der Gedanken über Gott, die er in seiner letzten Zeit erwog. Sie blieben Fragment, aber gerade von ihnen gingen die stärksten Impulse aus.

Was Scheler über Gott sagt, kann nicht ohne einen Blick auf die phänomenologische Methode selbst verstanden werden.

Die Phänomenologie geht davon aus, daß es mehr als nur eine einzige Art von Erkennen und Wissen gibt. Die nächstliegende Weise des Erkennens ist die verstandesmäßige, die die Gesetzmäßigkeiten der Geschehensabläufe erforscht und die Zusammenhänge erklärt. Es ist die naturwissenschaftlich-quantitative Methode. Dieses Wissen bedeutet Macht; mit seiner Hilfe übt der Mensch seine Herrschaft über die Welt aus. Die Beherrschung der Gesetze führt zur technischen Herrschaft über die Sachen. Scheler bezeichnet diese Weise des Wissens als das Leistungs- oder Herrschaftswissen.

Diese Erkenntnisart vermittelt uns aber keinen Einblick in die Tiefe des Wesens der Dinge. Eine nur so erklärte Welt ist nicht wirklich erfaßt und verstanden.

Deshalb ist eine zweite Art des Erkennens zu entwickeln. Es ist diejenige, die das Besondere der phänomenologischen Bemühungen ausmacht. Die Aufmerksamkeit richtet sich auf das Phänomen, die Erscheinung selbst. In solcher anschauender Zuwendung zum Gegenstand sucht der phänomenologische Blick das *Wesen* einer Erscheinung zu fassen. Im Gegensatz zu Kant und den Neukantianern erwägt man nicht, abgesehen vom Phänomen, die Bedingungen der Möglichkeit der Erfahrung von Gegenständen überhaupt, sondern am Anfang steht die Gegenstandsbezogenheit selbst. Dieses Wesenswissen, wie Scheler es nennt, ist ein dem Herrschaftswissen ganz entgegengesetztes Wissen. Es kommt dadurch zustande, daß der Phänomenologe ganz andere Fragen an das Erscheinende stellt, als es der Forscher im Sinne des Herrschaftswissens zu tun pflegt. Der Phänomenologe muß also von bestimmten Gesichtspunkten absehen, die für die anderen wichtig sind. Mit Hilfe dieser Ausklammerung von Fragestellungen oder dieser Enthaltung – die mit dem griechischen Ausdruck epoché bezeichnet wird – gelingt die Wesensschau.

Als erstes muß jede auf Herrschaft zielende Einstellung des Erkennenden ausgeblendet werden. Man fragt nicht nach den Gesetzen des Funktionierens, sondern nach dem Wesen des Erscheinenden. Dazu ist eine rein erkennende, anschauende, vom Handeln und Eingreifen ferne Einstellung erforderlich. Der Gegenstand wird nicht zweckhaft, sondern lediglich von einer uninteressiert liebenden Sympathie umfangen.

Weiter muß alles Zufällige an der Erscheinung ausgeschaltet werden. Die austauschbaren Umstände des Jetzt und Hier sind unerheblich für das Wesen. Ein wichtiger Gesichtspunkt der phänomenologischen Methode ist, daß zu diesen zufälligen Bedingungen des Gegenstandes sogar seine reale Existenz gehört. Realitätserfahrung bedeutet ja primär den Widerstand gegen Veränderung, den der Handelnde an seinem Objekt erfährt, und wäre es nur der Widerstand gegen die Ortsveränderung, wenn ich an einen festen Gegenstand stoße. Das reine Erkennen kommt nicht in die Lage, den Widerstand zu erfahren. Das Wesen ist anschaubar, auch wenn ich von der Realität absehe. An einer bloß vorgestellten oder im Bild dargestellten Sache kann ich deren Wesen ebensogut erläutern wie an einem konkreten Einzelding. *Wesen* und *Realität* sind verschiedene und voneinander trennbare Aspekte. Das erinnert an die Bestimmung KANTS, wonach die Existenz nicht Eigenschaft des Begriffs ist. Während aber KANT daraus die Unmöglichkeit des ontologischen Gottesbeweises folgert, entsteht umgekehrt für SCHELER die Möglichkeit, das Wesen Gottes zu umschreiben, ohne daß bereits die Existenzfrage vorausgenommen werden muß.

Für die Wesenserkenntnis ist endlich, im Gegensatz zu der experimentierenden Forschung, keine möglichst vollständige Induktion vonnöten. Ein einziges Beispiel genügt zur Wesenserkenntnis, so wie der junge Buddha an *einem* Leidenden, *einem* Toten die Leidensstruktur der Welt durchschaute.

Die Geltung der Wesenserkenntnis reicht über den konkreten Erfahrungsbereich hinaus. Die Wesenserkenntnis wird ein Fenster zur Metaphysik hin.

Damit wird dem naturwissenschaftlichen Erkennen das Monopol entrissen. Der Wesenserkenntnis ist sogar ein höherer Rang eingeräumt. Aus dieser Gegenüberstellung ist noch der Kampf zu spüren, den um die Jahrhundertwende der philosophische Geist gegen den imperialistischen Materialismus zu führen hatte. Die Parallele zur Lebensphilosophie ist deutlich. Auch dort suchte man die Alternativen zum rein quantitativen Verstandeserkennen. DILTHEY stellt dem naturwissenschaftlichen Erklären das geisteswissenschaftliche Verstehen gegenüber, BERGSON dem Intellekt die Intuition. Der Unterschied zwischen der Intuition BERGSONS und der phänomenologischen Methode HUSSERLS und seiner Nachfolger, die sich in der Folge als überlegen erwies, ist aber ebenfalls nicht zu übersehen. Während die Intuition im Irrationalen und oft Verschwommenen verbleibt, ist das Wesenserkennen mit seinen genauen Beobachtungsschritten eine sehr präzise Methode; nicht umsonst war HUSSERL Mathematiker.

SCHELER fügt der Zweiteilung des Wissens noch eine dritte Wissensart hinzu, die er das metaphysische oder das Heilswissen nennt. Es steht noch über dem Wesenswissen, das als Bildungswissen im Rahmen der Kultur bleibt, und ist der eigentliche Vorstoß der Wesenserkenntnis ins Transzendente. SCHELER kann denn auch das Heilswissen geradezu als ein »Wissen um der Gottheit ... willen«[1] bezeichnen. Damit ist von der Phänomenologie aus der Punkt erreicht, an dem die Frage nach Gott philosophisch beantwortbar wird.

Die Möglichkeit der Gotteserkenntnis führt für SCHELER aber nicht über ein Wesenserkennen der Außenwelt; der Zugang zu Gott erschließt sich vielmehr einer Analyse des menschlichen Wesens. Der Mensch ist der Mikrokosmos; in ihm schneiden sich alle Schichten des Seins, nämlich Materie, Leben, Geist. So ist nur am Menschen als einem universalen Wesen auch der Grund der Welt erkennbar. Es ist darum »das *Sein des Menschen als Mikrotheos auch der erste Zugang zu Gott*«[2]. Die Metaphysik wurzelt in der Anthropologie. »So ist die moderne Metaphysik nicht mehr Kosmologie und Gegenstandsmetaphysik, sondern *Metanthropologie* und *Akt*metaphysik.«[3]

Indem der Mensch als Mikrotheos angesehen wird, erfolgt seine eigene Wesensdeutung bereits im Lichte Gottes. Der Mensch ist nur

1. M. Scheler, Die Formen des Wissens und die Bildung, in: Philosophische Weltanschauung, Bern 1954, S. 42.
2. M. Scheler, Philosophische Weltanschauung, a. a. O. S. 14.
3. Ebenda. Die für SCHELER so wichtige Denkform der *Aktphilosophie* kann nicht ausführlich erörtert werden, doch ist mindestens auf die zentrale Bedeutung des Aktbegriffs für SCHELER und die ganze phänomenologische Philosophie hinzuweisen.

von Gott her interpretierbar. Statt daß man die Gottesidee als Anthropomorphismus zu bezeichnen hat, ist vielmehr der »Theomorphismus«[4] des Menschen einzusehen, in dem der einzige Wert des Menschseins beruht. Der Mensch ist seinem Wesen und Wert nach die Tendenz aus dem Biologischen zum Göttlichen hin. Er ist das Wesen, das Gott intendiert und in dem sich erst Wesen und Wert der Welt erfüllt. Er stellt den Durchbruch des Gottesreiches dar. Gegenüber BERGSON ist aber deutlich, daß die Sphäre des bloß Biologischen im Menschen grundsätzlich transzendiert wird; überhaupt übersteigt der Geist die Immanenz. Denn für SCHELER ist, was BERGSON nicht sagen würde, der Mensch ein Ding, das »*sich selbst und alles Leben transzendiert*«[5]; für BERGSON ist »Leben« ein letztes Wort.

Für SCHELER aber macht gerade der geistige Akt des Sichselbsttranszendierens das Wesen des Menschen aus. Er kann geradezu sagen: »Der Mensch ist der Träger einer Tendenz, welche alle möglichen Lebenswerte transzendiert und deren Richtung auf das ›Göttliche‹ geht, oder kürzer gesagt: er ist der Gottsucher.«[6]

In der Deutung des Menschen und damit auch Gottes sind nun aber die Wandlungen SCHELERS zu berücksichtigen. Während der frühe SCHELER den Menschen als *Person* in den Vordergrund rückt, dominiert beim späteren die Spannung Geist-Drang. Wir wenden uns zunächst dem SCHELERSCHEN Personalismus zu.

Der Mensch ist wesensmäßig Person. Das unterscheidet ihn von einem bloßen Lebewesen. Person ist »*die konkrete, selbst wesenhafte Seinseinheit von Akten verschiedenartigen Wesens,* die an sich ... allen wesenhaften Aktdifferenzen vorangeht. *Das Sein der Person ›fundiert‹ alle wesenhaft verschiedenen Akte*«[7], oder einfacher ausgedrückt: Person ist »die konkrete Einheit aller nur möglichen Akte«[8]. Damit steht sie der Sphäre der Gegenstände gegenüber. Jeder Person als Wesen korrespondiert eine Welt als Wesen.

Jeder Welt aber korrespondiert auch eine Person. Deshalb gehört zum Gesamtkosmos Gott, vorgestellt als unendliche Person! Es ist möglich, auf solche Weise das Wesen Gottes zu bestimmen, auch wenn

4. M. Scheler, Der Formalismus in der Ethik und die materiale Wertethik, Ges. Werke Bd. II, Bern, 4. Aufl. 1954, S. 303.
5. Ebenda.
6. A. a. O. S. 305.
7. A. a. O. S. 309f.
8. A. a. O. S. 51.

man noch davon absieht, ob diesem Wesen eine konkrete Realität entspricht. An dieser Stelle kommt die phänomenologische Unterscheidung von Wesenserkenntnis und Existenzproblem zum Tragen. SCHELER entwickelt also zunächst nur eine Gottesidee, aber diese ist als solche gültig. Er argumentiert: Da jeder Person eine Welt und jeder Welt eine Person zugeordnet ist, ist die Gottesidee mit der Einheit, Identität und Einzigkeit der Welt gegeben. Es wäre nun »widersinnig«[9], diese Idee nicht als Idee eines konkreten Geistes zu setzen, wenn man die Welt als wirklich nimmt.

In einer erst im Nachlaß erschienenen Untersuchung mit dem Titel »Absolutsphäre und Realsetzung der Gottesidee« geht SCHELER auf die Frage ein, wie von dieser Idee her die Realität Gottes erreicht werden könne. Es bedarf dazu einer Selbsterschließung Gottes. Das kann nicht eine Reaktion Gottes auf unser Drängen sein, sondern nur ein spontaner Akt, der im Wesen Gottes als eines unendlich Liebenden begründet ist. Gott wäre »nicht das alliebende und gleichzeitig allherrliche vollkommene Sein«[10], wenn er sich die Selbsterschließung abnötigen lassen müßte. Die Selbstoffenbarung wiederum könnte nur in einem Menschen erfolgen, in »einer Person der möglichen Geschichte«[11], während die natürliche Offenbarung uns Gott als das Personkorrelat der Welt denken läßt, aber nicht in die Realität hineinführt.

Der Personalismus SCHELERS, der nicht nur gegen den Atheismus, sondern auch gegen alle anderen Formen der Gottesvorstellung außer dem Theismus stand, vor allem also auch gegen den Pantheismus, ließ zusammen mit den Bestimmungen der Alliebe und Allmacht ein relativ konventionelles Gottesbild entstehen. Es war mit der kirchlichen Tradition durchaus vereinbar. SCHELER galt denn auch in seiner frühen Zeit als Philosoph, dessen modernes Denken die Gehalte der katholischen Kirche, der er entstammte, zu stützen geeignet war. Sein Gottesverständnis bewegte sich in der Nähe AUGUSTINS, wenn er die Synthese von Wollen und Anschauen im göttlichen Geiste bestimmte. Die ursprünglichste Wurzel des göttlichen Geistes nämlich ist die Liebe, die allein das ist, »was die Einheit von Willen und Verstand stiftet«[12].

9. A. a. O. S. 406.
10. M. Scheler, Absolutsphäre und Realsetzung der Gottesidee, Schriften aus dem Nachlaß Bd. I, Bern, 2. Aufl. 1957, S. 187.
11. A. a. O. S. 190.
12. M. Scheler, Probleme der Religion, in: Vom Ewigen im Menschen, Ges.

Der spätere Scheler entfernt sich zunehmend von einem solchen personalistischen, theistischen und konventionellen Gottesverständnis. Das hängt auch mit der Entwicklung seiner Anthropologie zusammen, die nicht mehr so von der Personalität, dem Geist und der idealen Wertwelt dominiert ist.
Scheler geht von einem neuen Geistverständnis aus. Wohl betont er weiterhin den Geist als das Entscheidende, das den Menschen vom Tier unterscheidet, während der technische Verstand auch dem Tier zugänglich ist und nur eine quantitative Differenz zwischen Tier und Mensch setzt. Ebenso deutet er nach wie vor den Menschen von seiner Weltoffenheit her und sieht ihn unabgeschlossen als das sich selbst transzendierende Wesen. Aber er billigt dem Geist nicht mehr die ursprüngliche *Macht* zu.
Schon seit Platon besteht die Tendenz, Geisthaftigkeit, Werthaftigkeit und Seinsmächtigkeit in Parallele zu setzen. Je mehr Geist, desto mehr Sein, desto mehr Seinsmächtigkeit: das ist der ontologische Maßstab. Die Materie wird nicht nur in ihrer Werthaftigkeit, sondern auch in ihrer Seinsmächtigkeit herabgesetzt. Ebenso wird in der Anthropologie dem Geist die Priorität zugesprochen, dem sich die niedrigeren bloßen Vitalwerte zu fügen haben. Auch Gott ist Geist.
Gelegentlich erhob sich gegen dieses Seinsmodell Widerspruch. Jakob Böhme sah im ersten Prinzip Gottes eine grimmige Energie, die, verselbständigt, zu Luzifer wird und der Bändigung durch das zweite, milde Prinzip der Liebe bedarf. Schelling entdeckte im dunklen Grunde das Reale und seine Kraft, derer der Geist als das Ideale bedarf, um sich und die Welt zu realisieren.
Scheler nimmt diese Sicht auf. Es wird ihm zum Grundirrtum, die Welt so zu sehen, daß die Zunahme an Sinn und Wert und die Zunahme an Kraft und Macht parallel erfolgten. Die Wirklichkeit zeigt gerade das umgekehrte Bild. »Das ursprünglich aller Macht, aller Wirksamkeit Bare ist gerade der Geist, je reiner er Geist ist. Die wahre, ursprüngliche Anordnung der Beziehungen, die zwischen den höheren, respektive niederen Seinsformen und Wertkategorien und den Kräften und Mächten bestehen, in welchen sich diese Formen verwirklichen, ist gekennzeichnet mit dem Satz: ›*Mächtig ist ursprünglich das Niedrige, ohnmächtig das Höchste*‹. Jede höhere Seinsform ist im Verhältnis zu der niedrigeren *relativ* kraftlos – und sie verwirklicht

Werke Bd. V, Bern, 4. Aufl. 1954, S. 219.

sich nicht durch ihre eigenen Kräfte, sondern durch die Kräfte der niedrigeren.«[13]

Die niedrigere Lebensenergie in ihrer blinden Triebhaftigkeit kann als »*Drang*«[14] bezeichnet werden. Ihre bilderreiche Drangphantasie ist zügellos.

Demgegenüber hat der Geist keine ursprüngliche Energie. Er besitzt dafür Einsicht, und so ist ihm eine Leitungs- und Steuerungsfunktion gegeben. Er ist gleichsam der die Pferde lenkende Kutscher, der die Kutsche selbst nicht voranbringt, dessen Kunst es aber ist, trotz seiner Unterlegenheit an Kraft durch die Überlegenheit seines Geistes die Pferde dazu zu bringen, seine Absichten zu verwirklichen. Direkt kann der Geist auf den Drang nicht wirken; er muß die Zielvorstellungen der Triebimpulse umgestalten.

Der Geist hat so die Drangenergie für die höheren Ziele dienstbar zu machen, indem er das direkte Triebziel durch ein höheres ersetzt. In der asketischen Fähigkeit zum »Nein« gegen den bloßen Drang wird der Mensch als *Neinsagenkönner*«[15] der »*Asket des Lebens*«[16]. Durch die Sublimierung – Scheler nimmt hier den Begriff Freuds auf – vermag der Geist die Energien für sich zu mobilisieren. Es ist nicht so, daß der Geist erst aus diesem Akt entsteht; er ist ursprünglich gegeben und erlangt nunmehr lediglich Energie und Macht.

So wird das Ziel der Entwicklung die gegenseitige Durchdringung von Geist und Drang, also die »*Vergeistigung der Drangsale*« und die »*Verlebendigung des Geistes*«[17].

Das gilt nun nicht bloß für den Menschen allein. In der metanthropologischen Ausweitung dieses Gedankens wird diese Situation zum Schlüssel für die Deutung des gesamten Welt- und Gottesgeschehens überhaupt. Schon im Grund aller Dinge ist diese Spannung von Geist und Drang enthalten. Der Geist oder, wie man es nennen kann, die Gottheit Gottes hat keine primär schöpferische Macht, durch die die Welt aus dem Nichts erschaffen werden könnte. Vielmehr muß der Geist, wenn er seine Weltintentionen realisieren will, den schöpferischen Drang entbinden und den Weltprozeß sich abrollen lassen. Erst in seinem Verlauf vermag er das Ziel zu erreichen, die Allkraft an sich

13. M. Scheler, Der Mensch im Kosmos, München 1947, S. 61.
14. Ebenda.
15. A. a. O. S. 51.
16. Ebenda.
17. A. a. O. S. 65.

zu nehmen. Am Ende des Ganzen kann man von Gott in dem Sinne reden, wie es der Theismus für den Anfang tut. Am Ende erst wird auch die Welt »der vollkommene Leib der ewigen Substanz«[18] sein.

Damit wird SCHELERS früherer theistischer Personalismus zu einer Lehre vom werdenden Gott.

Die Spannung von Geist und Drang oder von Idealbewußtsein und Realenergie erinnert lebhaft an die Spekulationen SCHELLINGS. Die Dinge sind aber bei SCHELER zugespitzter. Der Geist ist bei SCHELLING ganz so machtlos nicht, und das Ringen der dunklen mit den hellen Kräften erscheint bei ihm als der Aufstand der Ohnmacht gegen die Allmacht. Auch ist in den »Weltaltern« SCHELLINGS der Kampf bereits innergöttlich *vor* der Schöpfung entschieden.

Bei SCHELER spüren wir mehr die empirische Erfahrung im Raum der Anthropologie als die transzendentale Identitätsphilosophie. Darum weist auch SCHELER dem Menschen im Weltprozeß und im Selbstwerdungsprozeß Gottes eine weit entscheidendere Rolle zu, als sie SCHELLING in den »Weltaltern« vorsieht. Der Ort der Selbstverwirklichung oder Selbstvergottung des Seins ist »*der Mensch,* das menschliche Selbst und das menschliche Herz«[19]. Ja, es ist dies sogar »der einzige Ort der Gottwerdung«[20], während SCHELLINGS Gott schon vor der Schöpfung die Gottheit und die Macht über das Sein erlangt. Die kühne Überspitzung wird nur wenig dadurch gemildert, daß SCHELER einschränkt, der Mensch sei der einzige Ort der Gottwerdung, der uns zugänglich sei. Der Mensch ist ein wahrer Teil des transzendenten Prozesses der Gottwerdung, in den alle Dinge einbezogen sind, aber er ist der entscheidende Ort, da nur in ihm Drang und Geist lebendig aufeinander bezogen sind. So ist es die stolze Bestimmung des Menschen, Gott zu seiner Gottwerdung zu verhelfen.

Der Mensch trägt die Fahne der Gottwerdung allen Dingen voran im Wettersturm der Welt. Seine Entscheidung ist die Ermöglichung für Gott, sich zu verwirklichen. Er ist nicht Nachbildner einer Schöpfung und Vorsehung, sondern Mitbildner, Mitstreiter Gottes. »Der Mensch ist der einzige Ort, in dem und durch den das Urseiende sich nicht nur selbst erfaßt und erkennt, sondern er ist auch das Seiende, in

18. Ebenda.
19. A. a. O. S. 84.
20. Ebenda.

dessen freier *Entscheidung* Gott sein bloßes Wesen zu *verwirklichen* und zu heiligen vermag.«[21]

Diese hochgemute Auffassung von der Bestimmung des Menschen im Kosmos mag wohl gewaltige kulturelle Impulse auslösen und zu einem hohen Einsatz in verantwortlicher Tat ermutigen. Dennoch erscheint der Gedanke, daß Gottes Sache so ausschließlich auf die schmalen Schultern des Menschen geladen sei, als eine Maßlosigkeit. Sowenig Gott nur, wie der Atheismus behauptet, ein Phantasiegeschöpf des menschlichen Bewußtseins ist, sowenig kann gesagt werden, der Mensch schaffe ihn *real*, indem er ihm zu seiner Verwirklichung verhelfe. An diesem Punkte scheint sich der Gedanke SCHELERS zu überschlagen, so daß der Mensch aus einem Gottsucher zu einem Gottmacher zu werden droht. Nur wenige Jahre zuvor noch hatte SCHELER den Gedanken einer Erlösung Gottes für noch widersinniger erklärt als den Gedanken einer Selbsterlösung. Er hatte noch die Möglichkeit der Vergeistigung des Menschen von Gott abhängig gemacht. Aus den Kräften des menschlichen Geistes allein sie zu vollziehen, schien ihm so unmöglich wie die »Verlebendigung des Toten«[22]. Er hatte erklärt: »Nur wenn der Geist des Menschen aus Gott immer neue Kraftströme erhielte«, könnte er stärker werden als das reale Leben[23].

Bei aller Würdigung der Tatsache, daß die Wandlungen SCHELERS eine »schlichte philosophische Folgerichtigkeit« darstellen, wie Nicolai HARTMANN in seinem Nachruf bemerkte[24], ist SCHELER in seinen Äußerungen über den entscheidenden Beitrag des Menschen für die Gottwerdung Gottes weit über das Ziel hinaus gelangt. Wenn wir Gott eine Geschichte zuschreiben, wenn wir selbst den Menschen würdigen, Mitstreiter Gottes zu sein, dann darf das jedenfalls nicht in einer solchen Verzerrung der Proportionen geschehen, durch die das Verhältnis zwischen Mensch und Gott völlig umgekehrt wird. Die große und hilfreiche Bedeutung der Gedankengänge SCHELERS kann nur erhalten bleiben, wenn wir *vor* dieser Umkehrung der Prioritäten innehalten.

21. Philosophische Weltanschauung, S. 15.
22. Probleme der Religion, V, S. 234.
23. A. a. O. S. 235.
24. N. Hartmann, Max Scheler. Kantstudien Bd. XXXIII, Berlin 1928, S. XIV.

5. Das Sein und der Gott

Martin Heidegger (1889–1976)

Groß ist Heidegger als Analytiker des menschlichen Daseins; groß ist er als Lehrer des Seins. Aber er ist wenig hilfreich, ja sozusagen hilflos in der Frage nach Gott. Es ist schwer zu sagen, ob er nicht doch eher mit Sartre in die Reihe der Denker des toten Gottes gehöre; Sartre jedenfalls zählt ihn zu den atheistischen Existentialisten. Und der erstaunliche Einfluß, den Heidegger über Bultmann auf die evangelische dialektische und hermeneutische Theologie gewann, ist zweifellos nicht auf einen religiösen Einfluß zurückzuführen, sondern eher auf dessen Fehlen. Der dialektischen Theologie, die ihre Offenbarungstheologie auf der Grundlage der Feuerbachschen Religionskritik am ungestörtesten von der natürlichen Theologie aufrichten zu können glaubte, war gerade eine atheistische Philosophie als anthropologische Grundlage gemäß. Andererseits wollte vorab der spätere Heidegger nicht als Atheist gelten und träumte dichterisch von der Ankunft neuer Götter. Der frühe Heidegger von »Sein und Zeit« wiederum vermittelt ein doch wesentlich atheistisches Verständnis des menschlichen Daseins.

Heideggers letzte Frage zielt zwar nicht nach dem Menschen, sondern nach dem *Sein.* Die Frage »nach dem Sinn von Sein«[1] führt ihn von der gewöhnlichen Metaphysik weg, die das Sein des Seienden mit dem Sein selbst verwechselt; er sucht eine neue Ontologie. Der Zugang zum Sein öffnet sich für ihn so wenig wie für Scheler von der Außenwelt her. Der Weg führt über den Menschen, denn es gehört zum Dasein des Menschen, ein Verhältnis zum Sein zu haben. »Daher muß die *Fundamentalontologie,* aus der alle andern erst entspringen können, in der *existentialen Analytik des Daseins* gesucht werden.«[2]

1. M. Heidegger, Sein und Zeit, Tübingen, 6. Aufl. 1949, S. 2.
2. A. a. O. S. 13.

Diese berühmte Analyse zeigt, wie der Mensch in der Welt ist und so in die Zeitlichkeit eingespannt, um das Verfallensein an den künftigen Tod wissend, lebt. Er ist ein ins Dasein geworfener *Entwurf* und als solcher gefährdet und preisgegeben. Ins Nichts gehalten befindet er sich in der gegenteiligen Situation des Menschen BERGSONS, der im gesamten schöpferischen Lebensschwung geborgen ist. Der Grundzug des menschlichen Daseins ist daher *die Sorge.*
Der Mensch, der um die Eigentlichkeit seines Daseins ringt, steht in der ständigen Versuchung, dem Uneigentlichen zu verfallen. Bestimmt durch die Angst, schleicht er vor dem heroischen Entschluß, das eigentliche Leben mit Schuld und Tod auf sich zu nehmen, zur Nichtigkeit, zum Gerede, zur Uneigentlichkeit des »Man« weg. Gleichzeitig aber trifft ihn der Ruf des Gewissens, das ihn zur Eigentlichkeit ruft.
In der Beschreibung der Angst, der Sorge, der Schuld- und Todverfallenheit und der Nichtigkeit im Verfehlen des Selbstseins entspricht HEIDEGGERS Entwurf in mancher Hinsicht der Existenzanalyse, wie sie KIERKEGAARD als erster Existenzphilosoph gegeben hat. Unschwer ist darin die Nachwirkung des christlichen Menschenbildes zu spüren, das den Menschen unter dem Eindruck der Lehre vom Sündenfall mit düsteren Farben malt und alles Licht von der Erlösung erhofft. Bei KIERKEGAARD aber ist die Existenzbeschreibung mit aller Angst, Verzweiflung und Schuld eindeutig auf das Gottesverhältnis bezogen. Auch wird der Mensch nur *vor Gott* ein »Einzelner« und hebt sich aus der Menge heraus. Dieselbe Struktur hat die Existenzgewinnung auch bei Karl JASPERS, für den Existenz nur in bezug auf Transzendenz oder gar nicht ist.
Bei HEIDEGGER aber liegen die Dinge an diesem entscheidenden Punkt, wo es um das Eigentlichwerden geht, genau umgekehrt. Deshalb wird die existentiale Analyse hier atheistisch, ganz ohne daß HEIDEGGER gegen den Gottesglauben zu polemisieren braucht. Da, wo für KIERKEGAARD und JASPERS Gott und die Transzendenz stehen, ist das Dasein bei HEIDEGGER völlig auf sich allein gestellt. Dieser Punkt ist eben da erreicht, wo HEIDEGGER vom Ruf des Gewissens spricht.
In dem Wort »Ruf« klingt noch die religiöse Vergangenheit des Gedankens nach, daß eigentlich Gott den Menschen ruft und das Gewissen als Ruf Gottes verstanden werden kann.
Gerade das ist nicht die Meinung HEIDEGGERS. In der Frage nach dem »Wer« des Rufers gibt es keine »Zuflucht zu nichtdaseinsmäßigen

Mächten«[3]. Es gilt vielmehr: »*Das Dasein ruft im Gewissen sich selbst.*«[4] »Der Ruf kommt aus mir und doch *über* mich«[5], und zwar ist es spezifisch der »*Ruf der Sorge*«[6]. Der Rufer ist das geängstigte Dasein, das sich im Geworfensein der Existenz um sein Selbstseinkönnen sorgt, und der Angerufene ist auch das Dasein, das zu seinem eigensten Seinkönnen aufgerufen ist. Das Dasein wird aus der Verfallenheit des »Man« zur Eigentlichkeit gerufen, und so ist der Ruf im Grunde nichts anderes als der Ausdruck des »*eigensten Seinkönnens*«[7], der möglichen Freiheit. Da das eigentliche Dasein stets ein schuldiges ist, gehört zum Gewissen des Menschen das Aufsichnehmen der Schuld. Wer sich das verschleiern will, flieht wieder in die Nichtigkeit des »Man« zurück. Die wahre Antwort auf den Ruf des Gewissens ist daher eine Entschlossenheit des Menschen, die die Daseinsschuld und vorlaufend auch den Tod auf sich nimmt; in dieser Entschlossenheit erschließt sich das Dasein.

Das Selbstseinkönnen ergreift sich in der eigenen Entschlossenheit, nachdem es sich selbst gerufen hat: Das Dasein ist also bei sich selbst allein. Das ist der klassische Ausdruck des existentiellen Atheismus. Diese Grundstruktur des Eigentlichwerdens läßt HEIDEGGER trotz allen späteren Redens – oder soll man sagen: Geredes? – von dem zu erwartenden Gott auf die Seite derer treten, die keinen Zugang zu Gott zu öffnen wissen. Andererseits aber darf man, wenn man HEIDEGGER interpretieren will, nicht bei diesen Aussagen von »Sein und Zeit« stehen bleiben. HEIDEGGERS Denken hat noch ganz andere Dimensionen, die ihn von SARTRE und den gewöhnlichen Verkündigern des Todes Gottes entfernen. Das wird in der Auseinandersetzung HEIDEGGERS mit der Metaphysik und mit NIETZSCHE deutlich, der für die Philosophie des Todes Gottes der Kronzeuge bleibt.

HEIDEGGER sieht den Gang der Metaphysik von den Griechen bis zu NIETZSCHE, dem Vollender und Ende der Metaphysik, kurz so: Nach den frühen Vorsokratikern wurde die Frage nach dem Sein zur Frage nach dem Sein des Seienden; die Grundfrage nach dem Sein selbst wird vergessen. Wenn HEIDEGGER nach dem Sein fragt, dann meint er das Sein selbst, und er sucht jene Erschlossenheit von Sein, die »be-

3. A. a. O. S. 278.
4. A. a. O. S. 275.
5. Ebenda.
6. A. a. O. S. 277.
7. A. a. O. S. 279.

sagt: Aufgeschlossenheit dessen, was die Vergessenheit des Seins verschließt und verbirgt«[8].
Wenn wir vom Seienden ausgehen, steht sogleich auch die Frage nach dem Nicht-Seienden, dem Nichts daneben. Gerade »gemäß der jeweiligen Weite, Tiefe, Ursprünglichkeit, in der die Frage nach dem Seienden gefragt wird, gestaltet sich die Frage nach dem Nichts und nicht umgekehrt«[9]. Die Antwort, *Gott* habe als ungeschaffener Schöpfer alles Seiende geschaffen, ist keine Antwort auf die Frage nach dem Sein oder auch nach dem Nichts. Die Philosophie beginnt erst da, wo man sich mit solchen Antworten nicht begnügt. Es gibt demnach keine »christliche Philosophie«, die nur ein »hölzernes Eisen«[10] wäre. Damit ist auch von Anfang an gesagt, daß »Gott«, was auch immer darunter verstanden werden kann, nicht das Sein ist, das HEIDEGGER meint.
Die Metaphysik freilich, die nach dem Grunde des Seienden fragt, wird Gott als die Krone ihrer Bemühungen darstellen. Gerade eine solche Metaphysik, ja die Metaphysik überhaupt ist am Ende. Das ist auch die Meinung NIETZSCHES, und ihr pflichtet HEIDEGGER in dieser Hinsicht bei. NIETZSCHES Satz »Gott ist tot« markiert genau das Ende der Metaphysik. Auch HEIDEGGER ist der Auffassung, daß der Satz »Gott ist tot« als Ausdruck des Endes aller Metaphysik, speziell auch der christlichen, wahr sei. In seiner Abhandlung über NIETZSCHES Wort »Gott ist tot« bemerkt er: »Christlicher Glaube wird da und dort sein. Aber die in solcher Welt waltende Liebe ist nicht das wirkend-wirksame Prinzip dessen, was jetzt geschieht. Der übersinnliche Grund der übersinnlichen Welt ist, als die wirksame Wirklichkeit alles Wirklichen gedacht, unwirklich geworden. Das ist der metaphysische Sinn des metaphysisch gedachten Wortes ›Gott ist tot‹. Wollen wir vor der so zu denkenden Wahrheit dieses Wortes noch länger die Augen verschließen? Wenn wir das wollen, dann wird durch diese seltsame Verblendung jenes Wort freilich nicht unwahr.«[11]
Das bedeutet nun aber gerade nicht ein Bekenntnis HEIDEGGERS zur Philosophie NIETZSCHES. In der Deutung der Situation trennen sich

8. M. Heidegger, Einführung in die Metaphysik, Tübingen, 2. Aufl. 1958, S. 15.
9. A. a. O. S. 18.
10. A. a. O. S. 6.
11. M. Heidegger, Nietzsches Wort »Gott ist tot«, in: Holzwege, Frankfurt, 3. Aufl. 1957, S. 234.

die Wege, und HEIDEGGER wendet sich von den Konsequenzen NIETZSCHES ab. Er hält nämlich NIETZSCHE keineswegs für den Überwinder der Metaphysik und des Nihilismus und damit für den Hervorbringer der neuen Zeit, als den er sich selbst verstanden hat. HEIDEGGER urteilt vielmehr, daß NIETZSCHE mitsamt seinem Nihilismus und dessen angeblicher Überwindung noch der fragwürdigen Epoche der Metaphysik als ihr Ende angehört.

NIETZSCHE selbst ist in der metaphysischen Fragestellung befangen und hat nicht die Ursprungsfrage nach dem Sein kennengelernt. Denn er befaßt sich nicht mit dem Sein, sondern lediglich mit dem *Wert*. Er denkt Gott als den obersten Wert, so daß sich, wenn Gott tot ist, die obersten Werte entwerten und der Nihilismus in Kraft tritt. Der oberste Wert ist aber nur Wert und nicht das Sein. So ist gerade der Mord an Gott, der »härteste Schlag«[12] gegen Gott dies, daß man ihn überhaupt als obersten Wert versteht. »Der letzte Schlag gegen Gott und gegen die übersinnliche Welt besteht darin, daß Gott, das Seiende des Seienden, zum höchsten Wert herabgewürdigt wird.«[13] Das Sein ist zum bloßen Wert geworden! »Wenn jedoch der Wert das Sein nicht das Sein sein läßt, was es als das Sein selbst ist, dann ist die vermeintliche Überwindung allererst die Vollendung des Nihilismus.«[14] NIETZSCHES Wille zur Macht ist auch nichts als die Spitze einer neuen Werttafel, aber keine Erfassung des Seins. So hat NIETZSCHE gar nichts gewonnen; die Metaphysik ist nicht überwunden und das Sein nicht erschlossen. Gott als den höchsten Wert zu erklären und so zu töten, führt zu nichts. NIETZSCHE befindet sich auf der gleichen fragwürdigen Ebene wie die »Gläubigen und deren Theologen«[15] selbst. Weder NIETZSCHE noch sie lassen es sich einfallen, »an das Sein selbst zu denken«[16]. Der Unterschied ist lediglich, daß sie vom »Seiendsten alles Seienden«[17] reden und nicht merken, daß sie auf einem Irrweg sind, während NIETZSCHE dies sieht.

Die Überwindung des Nihilismus ist nur möglich, wenn an das Sein gedacht wird, also im Andenken, in der Andacht an das Sein. Das allein führt aus dem Verderben der Seinsvergessenheit heraus.

12. A. a. O. S. 240.
13. A. a. O. S. 239f.
14. A. a. O. S. 239.
15. A. a. O. S. 240.
16. Ebenda.
17. Ebenda.

Damit bekommt alles einen ganz anderen Klang. Die Anwesenheit und Entborgenheit des Seins selbst, die das Heil bedeutet, hat völlig andere Dimensionen als NIETZSCHES metaphysischer Wille zur Macht. Es ist zwar nach wie vor festzuhalten: Gott ist nicht das Sein, das Sein ist nicht Gott. Gott ist der Ausdruck für etwas dem Sein Untergeordnetes; er ist die Antwort auf die falsche Frage nach dem höchsten Seienden oder dem Ursprung des Seienden, gehört also in die Metaphysik.

Aber das Sein trägt doch Züge, die anderswo Gott zukommen. Die Anwesenheit des Seins ist Heil, die Seinsvergessenheit Unheil. Sie entspricht in gewisser Weise der Sünde in der Religion; sie ist das tragische Schicksal des Abendlandes.

Allein, wenn von den Analysen in »Sein und Zeit« her erwartet werden könnte, daß eben das Sein ausbleibt, weil der Mensch sich ausbleibt, so erfahren wir nunmehr eine erstaunliche Kehre des Gedankens. Immer deutlicher wird es, daß der Mensch, auch wenn er als Hirte und Hüter des Seins gepriesen wird, nicht so seinsmächtig ist, daß er über das »Anwesen« oder Ausbleiben des Seins verfügen kann. Wir haben es vielmehr mit der Geschichte des Seins selbst zu tun. Das Sein selbst ist es, das sich verbirgt, das ausbleibt! Es ist nicht die Schuld des Menschen. Ebensowenig ist es einfach der angstvolle Mensch, der das Nichts denkt, sondern das Nichts selbst ist es, das »andrängt«[18], das »die Angst in ihr Wesen nimmt«[19]. Und so wie das Sein und das Nichts zusammengehören, wie das Nichts das Sein selbst ist und »das Sein im Nichts erfahren«[20] werden kann, so liegt es am Sein selbst, ob es ausbleibt und sich verhüllt oder ob es »anwest« in seiner erschlossenen Entborgenheit, der »Aletheia«, der strahlenden Unverborgenheit der Wahrheit.

Die Seinsvergessenheit ist daher die tragische seinsgeschichtliche Nacht, in der wir uns befinden. Doch besteht die Hoffnung, daß diese Nacht auch einmal wieder ein Ende nehme. Dies erst wäre die wahre Überwindung des Nihilismus.

In diesem Zusammenhang aber wird für HEIDEGGER plötzlich auch Gott wieder aktuell oder besser, wie er sich charakteristischerweise ausdrückt, *der* Gott oder die Götter. Die Nuance in der Formulierung

18. M. Heidegger, Was ist Metaphysik, Frankfurt, 7. Aufl. 1955, S. 45.
19. Ebenda.
20. A. a. O. S. 46.

deutet an, daß er darunter etwas von der gewöhnlichen Gottesvorstellung Verschiedenes versteht.

Jedenfalls hat die Gottesleere einen Zusammenhang mit dem Ausbleiben des Seins und ist deshalb nicht der große humanistische Sprung nach vorn, als den ihn die begeisterten Atheisten auffassen. HEIDEGGER geht vor allem im Zusammenhang mit Interpretationen der Dichtung HÖLDERLINS auf den neu zu erwartenden Gott ein. Seitdem die Dreiheit HÖLDERLINS: Herakles, Dionysos und Christus, die Erde verlassen hat, ist es Nacht. »Die Weltnacht breitet ihre Finsternis aus. Das Weltalter ist durch das Wegbleiben Gottes, durch den ›Fehl Gottes‹, bestimmt.«[21] Der Fehl Gottes besteht darin, daß kein Gott mehr eindeutig die Menschen auf sich hin versammelt. Noch »Ärgeres« liegt darin beschlossen[22]: Auch der Glanz der Gottheit ist in der Weltgeschichte erloschen. So ist dürftige Zeit; ja die Zeit ist so dürftig, daß Gottes Fehl nicht einmal als Fehl erfaßt wird.

Die Wende ereignet sich aber nicht dadurch, daß »irgendwann nur ein neuer Gott oder der alte neu aus dem Hinterhalt hereinstürzt«[23]. Es muß ihm erst ein Aufenthalt bereitet sein. Es müßte ein Glanz der Gottheit überall aufscheinen. Das würde im Element des »Heiligen« geschehen. Das Heilige ist die Spur der entflohenen Götter. Aber in der dürftigen Zeit ist kaum mehr die Spur zu dieser Spur wahrnehmbar. Nur noch die Dichter vermögen sie aufzuzeigen. Es ist aufschlußreich, daß HEIDEGGER in diesem Zusammenhang plötzlich die Kategorie des Heiligen einführt. Er spürt offenbar, daß in der baren Profanität heutiger Gottlosigkeit, in der der Sinn für die Dimension des Numinosen erloschen ist, gerade dadurch eine Blindheit für die Tiefe des Seins besteht. Diese Einsicht HEIDEGGERS ist bemerkenswert und trennt ihn unversehens weit von einem Existentialismus SARTRESCHER Prägung. Entscheidend wird nunmehr der *Zusammenhang* zwischen dem Fehl Gottes, der zum Fehl des Göttlichen und weiter zum Fehl selbst des Heiligen führt, mit dem Ausbleiben des Seins. Und die Dimension des Heiligen bleibt verschlossen, »wenn nicht das Offene des Seins gelichtet und in seiner Lichtung dem Menschen nahe ist«[24]. Der Aufgang des neuen Gottes oder auch der neuen Götter hängt also

21. M. Heidegger, Wozu Dichter?, in: Holzwege, S. 248.
22. Ebenda.
23. A. a. O. S. 249.
24. M. Heidegger, Über den Humanismus, Frankfurt 1949, S. 37.

letztlich davon ab, daß sich das Sein dem Menschen neu zuwendet, so daß »das Sein noch einmal eines Gottes fähig wird«[25]. Die Ankunft der Götter beruht auf dem Seinsgeschick. Indem HEIDEGGER sie in der Nacht der Seinsvergessenheit erhofft, wird ihm die Möglichkeit Gottes zu einer *adventlichen* Erwartung.

In einem erläuternden Brief an einen Studenten führt er dazu aus: »Der Fehl Gottes und des Göttlichen ist Abwesenheit. Allein Abwesenheit ist nicht nichts, sondern sie ist die gerade erst anzueignende Anwesenheit der verborgenen Fülle des Gewesenen und so versammelt Wesenden, des Göttlichen im Griechentum, im Prophetisch-Jüdischen, in der Predigt Jesu. Dieses Nicht-mehr ist in sich ein Noch-nicht der verhüllten Ankunft seines unausschöpfbaren Wesens.«[26] Der Mensch als Wächter des Seins hat damit nicht bloß die Aufgabe des Wachtpostens, der die gesammelten Schätze des Seins beschützt. Er ist der Lynkeus, der Ausschau hält. Er »starrt nicht auf das Vorhandene[27], sondern seine Funktion ist »Wachsamkeit für das gewesen-kommende Geschick des Seins«[28].

Diese beim späteren HEIDEGGER häufiger auftauchende Schau der Dinge ist zweifellos ebenso ernst zu nehmen wie die atheistischen Analysen von »Sein und Zeit«. Freilich macht sie, gerade in den Interpretationen HÖLDERLINS, eher den Eindruck einer dichterischen als einer streng philosophischen Schau. Auch wird die eigentliche Funktion der neuen Götter oder des neuen Gottes nicht deutlich, da letztlich doch alle Herrlichkeit dem Sein zukommt. Die Götter sind dem Sein untergeordnet. Sie sind, wenn sie sind, Seiende; sie erscheinen als das höchste Seiende im Lichte des Seins. Was ist ihre Realität? Was ist ihre Funktion? Soll doch wieder eine neue Metaphysik entstehen, nachdem HEIDEGGER das metaphysische Denken so unerbittlich kritisiert hat? Oder ist der Gott der Repräsentant der Anwesenheit des Seins? Adventlich auf diesen neuen Gott zu warten könnte jedenfalls von einer echten, lebendigen Religion aus bloß eine dürftige Erwartung sein. Solche neuen Götter kommen über den Zustand des Phantastischen nicht hinaus.

Die Größe, die allein eine echte religiöse Funktion ausüben könnte,

25. M. Heidegger, Die Zeit des Weltbildes, in: Holzwege, S. 103.
26. M. Heidegger, Vorträge und Aufsätze, Pfullingen, 2. Aufl. 1959, S. 183.
27. Ebenda.
28. Ebenda.

nämlich das Sein selbst, wird bei HEIDEGGER vom Gottesbegriff abgehoben. Damit ist dieser entwertet und zu etwas Untergeordnetem gemacht. Indem HEIDEGGER so doch letztlich von einem depotenzierten Gottesbegriff ausgeht, verliert er die Möglichkeit, etwas wirklich Kompetentes über Gott zu äußern.
Bedeutend sind seine Einsichten, daß das »Anwesen« des Seins unverfügbar ist und vom Menschen nicht erzwungen werden kann, und daß ohne die Öffnung der numinosen Dimension des Heiligen der Zugang zur Tiefe des Seins nicht erschlossen ist. Im ganzen aber bleibt HEIDEGGERS Beitrag zur Frage nach Gott doch dürftig.

6. Transzendenz als das Umgreifende

Karl Jaspers (1883–1969)

Innerhalb der Existenzphilosophie nimmt Karl Jaspers[1] eine besondere Stellung ein. Indem er die Existenz nicht im Verhältnis zu sich selbst, sondern wesentlich im Bezug zur Transzendenz konstituiert sieht, erhält sie eine religiöse Struktur. Jaspers sieht sich dadurch genötigt, zentral auf die Frage nach Gott einzutreten, sich aber gleichzeitig gegen die Offenbarungstheologie abzugrenzen, die die Philosophie aufhebt. Während der Zeit seines Wirkens traf er in der evangelischen Theologie gerade auf die Blütezeit der dialektischen Theologie, die durch eine besonders radikale Offenbarungstheorie ausgezeichnet war. Karl Barth erklärte von ihr aus alle Philosophie seit Christus für überflüssig, Rudolf Bultmann hielt sich an die Philosophie des frühen Heidegger.
Der philosophische Glaube, den Jaspers vertritt, ist deshalb den verschiedensten Fronten gegenüber profiliert. Als Existenzphilosoph, der Grundlegendes von Kierkegaard und Nietzsche gelernt hat, lehnt er sowohl Kierkegaards Glauben an das Absurde unter Brechung des Verstandes wie Nietzsches Verkündigung des Todes Gottes ab. Er tritt gleicherweise Heideggers Existentialanalytik und dessen Lehre vom Sein wie Sartres Nihilismus entgegen. Nihilismus ist ihm bodenlose Unphilosophie, Verzicht auf die Vernunft, Verzicht nicht nur auf die Philosophie, sondern auch auf die Wahrheit. Endlich steht er, wie erwähnt, auch der Offenbarungstheologie kritisch gegenüber. Politisch geht er in der Zeit des Nationalsozialismus den einsamen, stummen Weg des liberalen Demokraten, um erst nach dem Zweiten Weltkrieg wieder weltweite Resonanz zu finden.
Die philosophischen Grundentscheidungen, die Jaspers trifft und die

1. Zu Karl Jaspers vgl. Ulrich Neuenschwander, Denker des Glaubens II, Gütersloh 1974, S. 117–141.

ihn in die geschilderten Frontstellungen bringen, hängen mit seinem speziellen Existenzbegriff zusammen. Die Existenzphilosophie im allgemeinen geht, ebenso wie die Lebensphilosophie und die Phänomenologie, davon aus, daß es mehr als eine Art von Erkennen und von Wahrheit gibt. Während die Lebensphilosophie Mechanismus und Leben, die Phänomenologie Herrschaftswissen und Wesenswissen einander gegenüberstellen, tritt in der Existenzphilosophie der Gegensatz von Gegenständlichkeit und Existenz in den Vordergrund.

Die Existenz, als spezifisch menschliche Seinsweise, kann nicht durch die objektivierende Darstellung der Wissenschaft erfaßt werden. Sie ist selbst gar kein Objekt, sondern das Selbstsein, das nur in der Tätigkeit ist. Sie ist kein Gegebenes, sondern ein je und je zu Verwirklichendes; damit ist sie auch stets in der Gefahr, sich zu verfehlen. Sie *kann* sein, und so ist sie die Chance des Menschseins. Indem sie nicht einfach gegeben ist, sondern lediglich sein kann, erweist sie sich als zur Freiheit gerufen. Existenz und Freiheit gehören ebenso zusammen wie Gegenständlichkeit und Notwendigkeit. In diesen Bestimmungen erweist es sich, welch tiefe Wurzeln die Existenzphilosophie im Idealismus hat, so sehr sie sich von dessen spekulativer Entfaltung distanziert.

In der Verwirklichung von Freiheit realisiert sich Existenz, in der Verwirklichung von Existenz Freiheit. »Selbstsein heißt Existenz. Als solche werde ich mir auf keine Weise erforschbares Objekt, kann mich nicht wissen, sondern kann nur entweder wirklich werden oder mich verlieren.«[2] So hebt sich Existenz vom bloßen Dasein ab, das die welthafte, materielle, gegenständliche Basis der Existenz ist. »Existenz, durch die Dasein mehr als Dasein wird, hat eine andere Abkunft als das Dasein.«[3] Man kann auch sagen: *Als* empirisches Dasein bin ich erst *mögliche* Existenz.

Entscheidend aber ist, *wie* sich Existenz realisieren kann. Beim frühen Heidegger fanden wir den Ruf des Gewissens, der im Grunde der Ruf des Daseins selbst ist, das sich zur Eigentlichkeit ruft. Bei Sartre bleibt dem zur Freiheit Verdammten nur übrig zu wählen, da kein Gott ist, der Maßstäbe für gut und böse ermöglicht.

Bei Jaspers nun wird die Existenz ihrer selbst nicht an sich selbst,

2. K. Jaspers, Von der Wahrheit, München 1947, S. 76.
3. A. a. O. S. 78.

sondern an den Grenzerfahrungen des Daseins bewußt. Der Aufruf zur Bewährung ergeht da, wo wir an die Grenzen stoßen. Die erste Grenze ist bereits die »Unbefriedigung« am bloßen Dasein. Diese ist »ein negativer Ursprung, der mich im Abheben der Existenz vom Weltdasein die Wahrheit dieses Abhebens fühlen läßt«[4]. So ist die Unbefriedigung der »Ausdruck des Seins möglicher Existenz«[5]. Bereits an dieser Stelle wird deutlich, daß die Bewegung möglicher Existenz den Menschen über sich hinausdrängt und zum Transzendieren führt. Wie bei SCHELER der Mensch als Geist über sich hinausgewiesen ist, so daß er ein Gottsucher wird, so greift auch bei JASPERS die Existenz über das bloße Weltsein hinaus.

Noch entscheidender aber sind die weiteren Grenzen, an die die Existenz stößt, ja an denen sie scheitert. Solche Grenzsituationen sind Tod, Leid, Kampf und Schuld. Es ist die Reihe, die wir schon von KIERKEGAARD her kennen, vielleicht insofern etwas modifiziert, daß der Kampf stärker hervortritt und die Verzweiflung nicht den zentralen Stellenwert besitzt. In diesen Grenzsituationen wird die Existenz nicht nur ihrer konkreten Geschichtlichkeit und ihrer Freiheit ansichtig, sondern sie wird auch vor das Unbedingte gestellt. Das ist das noch Entscheidendere. Unbedingtheit ist Existenz in der Grenzsituation. Sie transzendiert bereits das Weltsein, denn da, wo der Mensch sich an die Welt verliert, hört sein Handeln auf unbedingt zu sein. An dieser Grenze erfährt die Existenz auch die Fragwürdigkeit allen Daseins und der Geschichtlichkeit der Wirklichkeit überhaupt.

An eben dieser Grenze nun greift die Existenz noch weiter. Sie hat das Weltsein durchbrochen, sie hat Freiheit und Kommunikation ergriffen, aber sie hat nicht das Sein gefunden, das alles ausschöpft. Nun nimmt sie in diesem Durchbruch noch ein anderes wahr, aus dem heraus sie eigentlich lebt. Sie erfährt die *Transzendenz*. Nur in ihr kommt sie wirklich zu sich selbst.

JASPERS betont eindringlich und auf die verschiedenste Weise, daß nur der Durchbruch zur Transzendenz der Existenz zur Verwirklichung verhilft. Er kann bereits Existenz von diesem Gesichtspunkt aus definieren: »Existenz ist, was sich *zu sich selbst und darin zu seiner Transzendenz* verhält.«[6] Er kann feststellen: »Existenz ergreift sich in

4. K. Jaspers, Philosophie, Berlin, 2. Aufl. 1948, S. 299.
5. Ebenda.
6. A. a. O. S. 13.

ihrer Freiheit nur, indem sie im selben Akt zugleich ein ihr Anderes wahrnimmt. Unbedingtheit wird, wo sie entschieden ist, sich bewußt, nicht nur sich als Dasein nicht geschaffen zu haben und als Dasein dem sicheren Untergang preisgegeben zu sein, sondern selbst als Freiheit sich nicht sich allein zu verdanken. Auf irgendeine Weise verwirklicht sie sich nur in bezug auf ihre Transzendenz.«[7] Ganz kurz und lapidar ausgedrückt heißt das: Existenz ist »das unüberwindbare, weil unendliche *Ungenügen*, das eines ist mit dem *Suchen* der Transzendenz. Existenz ist nur in bezug auf Transzendenz oder gar nicht.«[8] Damit ist FEUERBACHS Behauptung, der Mensch verdanke wohl sein Dasein der Natur, aber sein Menschsein sich selbst, in die Schranken gewiesen; ebenfalls die von MARX aufgestellte These, die Wurzel des Menschen sei der Mensch.

Es erhebt sich aber sogleich die Frage: Was versteht denn JASPERS überhaupt unter Transzendenz? Welches Verhältnis besteht zwischen der Transzendenz und dem Begriff »Gott«?

Es ist vor allem das Mißverständnis zu vermeiden, daß die Transzendenz etwas Gegenständliches und damit Objektivierbares und objektiv Aufweisbares sei. Sie ist das ebensowenig wie die Existenz es ist. Wird sie als letzter Grund oder »Quelle des Seins«, als das »Sein des Seins«[9] aufgefaßt, dann muß das Erkennen scheitern. Denn das so Gesuchte kann niemals Wissensinhalt werden, obgleich die Existenz gerade in diesem »Suchen des Seins«[10] eigentlich ist. Transzendenz ist »nicht aufweisbar wie Realität in der Welt«[11]. Es besteht deshalb stets die Möglichkeit, die Transzendenz zu leugnen, da es weder objektives Wissen von ihr noch einen Beweis ihrer Realität gibt.

Diese Leugnung weist jedoch auf eine mangelnde Selbstvergewisserung der Existenz hin, weil die Existenz, je mehr sie sich selbst erhellt, um so mehr sich dieses ihres Grundes bewußt wird. So kann JASPERS definieren: »Das, worin und wodurch wir da sind, ist die Welt. Das, worin und wodurch wir *wir selbst* und *frei* sind, ist die Transzendenz.«[12] Sie ist »die Macht, durch die ich ich selbst bin«[13] und insofern

7. A. a. O. S. 677f.
8. A. a. O. S. 679.
9. A. a. O. S. 676.
10. Ebenda.
11. Von der Wahrheit, S. 107.
12. Philosophie, S. 679.
13. Von der Wahrheit, S. 110.

auch das, woran die Existenz »ihren Halt hat«[14].
Als besonders hilfreich für das Verstehen dessen, was JASPERS mit »Transzendenz« meint, ist der ihm immer wichtiger werdende Begriff des *Umgreifenden*. Es gibt an sich viele Arten des Umgreifenden. So umgreift die Welt mein Dasein, mein Bewußtsein aber die Welt. Das Umgreifende ist immer vom Umgriffenen her gesehen eine Grenze und *relativ* zu diesem Umgriffenen etwas Transzendentes. Es ist dies alles aber nicht die eigentliche Transzendenz. Diese ist erst das Umgreifende *alles* Umgreifenden, und alles relativ Umgreifende ist bloß zweideutiger Hinweis auf das eigentlich Umgreifende. Das schlechthin Umgreifende ist jederzeit »unfaßlich gegenwärtig«[15], wenn Existenz es vernimmt. Als Unfaßliches ist es »ebenso das Nichts wie das eigentliche Sein«[16]. Deshalb kann auch im Scheitern, das heißt im scheinbaren Fallen ins Nichts plötzlich das letztlich tragende Sein der Transzendenz erfahren werden, so daß in höchster Paradoxie »im Scheitern das Sein zu erfahren«[17] ist.
Je nachdem die Transzendenz erfahren wird, kann sie als »Sein, Wirklichkeit, Gottheit, Gott«[18] dargestellt werden, ohne daß damit eigenständliches Ergreifen möglich würde. Damit ist die Transzendenzerfahrung mit dem Gottesbegriff in Beziehung gesetzt.
Wenn auch, wie die vier verschiedenen Aussagemöglichkeiten zeigen, Gott und Transzendenz nicht einfach identisch gesetzt werden können, da sie auf verschiedener Sprachebene Differenzierungen zum Ausdruck bringen, kann doch im großen und ganzen gesagt werden, daß für JASPERS Gott und Transzendenz zusammenfallen. Das heißt, daß er Gott bejaht, wenn dieser nicht in gegenständlicher Verkehrung götzenhaft-leibhaftig gedacht wird. Er kann denn auch als einen Hauptsatz des philosophischen Glaubens lapidar aussagen: »Gott ist«[19]. Das ist eine philosophisch im 20. Jahrhundert ungemein eindeutige und keineswegs selbstverständliche Stellungnahme.
In der Abwehr der Gegenständlichkeit wird für JASPERS das zweite Gebot mit der Betonung der Bildlosigkeit Gottes von eminenter Be-

14. Ebenda.
15. A. a. O. S. 109.
16. Ebenda.
17. Philosophie, S. 879.
18. Von der Wahrheit, S. 111.
19. K. Jaspers, Der philosophische Glaube, Zürich 1948, S. 31.

deutung. Ferner ist die Transzendenz streng der *eine* Gott, der einzige nicht nur der Zahl nach, sondern Ausdruck der einen Ganzheit und harmonischen Totalität des Seins. Verschiedene Gottesnamen könnten nur Hinweisausdrücke auf den Einen sein.

Über die Transzendenz, als der eine Gott aufgefaßt, können daher eine Reihe von gewichtigen Aussagen gemacht werden. Er ist »die reine Transzendenz«, das »wahrhaft Umgreifende, das alles andere Umgreifende zu tragen vermag«[20]. Er ist das Sein selbst, das nicht als Objekt aufgefaßt zu werden braucht, und also »das Sein, das ist, wenn der Mensch verschwindet«[21]. Er ist demnach keineswegs eine Funktion des menschlichen Bewußtseins oder dessen Vergegenständlichung. Auch von dieser Seite her wird Feuerbach radikal abgewiesen.

Weiter ist Gott das schlechthin Ewige, in dem alle Menschen sich treffen können, aber in »Gestalt und Sprache geschichtlich« dem Menschen innewerdend[22]. Endlich sind Existenz und Vernunft nur in bezug auf ihn möglich. Bedeutsam an dieser Aussage ist, daß nicht allein die Existenz, sondern ebenso die Vernunft nur Halt hat, wenn sie ständig »Grund und Ziel im Einen der Transzendenz« spürt[23].

Das Umgreifende ist niemals als Produkt des Umgriffenen vorstellbar. Dem Bewußtsein entspringen lediglich einzelne Gottesvorstellungen, die zumeist als Vergegenständlichungen den Blick auf die Transzendenz mehr verstellen als erhellen. Auch der von Marx vorgebrachte Einfall, Gott zu einer Funktion der verkehrten Gesellschaftsordnung machen zu wollen, erscheint in seiner ganzen zweckgerichteten ideologischen Dürftigkeit.

Freilich sind mit dieser herben und strengen Deutung der schlechthinigen Transzendenz als des Einen Gottes auch alle gegenständlichen Gottesbilder, alle spekulativen objektivierten Gottesbegriffe, alle farbenfrohen mythologischen Leibhaftigkeiten der in Raum und Zeit erscheinenden Götter der fundamentalen Kritik unterzogen. Weite Strecken der kirchlichen Tradition sind ebenso betroffen wie die spekulativen Idealisten und die nicht mehr idealistisch sein wollenden Religionskritiker der linkshegelianischen Bewegung. Deshalb wird sich traditionelle Kirchlichkeit kaum vorbehaltlos dieser Bundesge-

20. Von der Wahrheit, S. 702.
21. Ebenda.
22. Ebenda.
23. Ebenda.

nossenschaft im Glanze des ersten und zweiten mosaischen Gebotes freuen können. So hält JASPERS' offenbarungstheologischer Antipode in Basel, Karl BARTH, die »inhaltlose, unfruchtbare, im Grunde tief langweilige sogenannte ›Transzendenz‹« für etwas ganz anderes als für Gott[24]. Daß er sie freilich für eine illusionäre Projektion der menschlichen Freiheit hält und sie gar im Sinne FEUERBACHS interpretiert, ist eine solche massive Verkehrung der JASPERSCHEN Grundgedanken, daß eine solche Behauptung schlechterdings unbegreiflich ist, wenn man nicht annimmt, BARTH sei hier, wie so oft, dem Drang zu einer schrankenlosen Polemik erlegen.

Da die Transzendenz nicht ein spekulativ erdachtes Jenseits ist, sondern in aller Ungreifbarkeit der stete Grund der sich verwirklichenden Existenz, ist sie gleichzeitig der ferne, unbekannt bleibende Gott wie die ewige Gegenwärtigkeit. Diese Gegenwärtigkeit der Transzendenz in der geschichtlichen Erscheinung kann aber niemals leibhaftig festgehalten werden. Das wäre mythologische Verkehrung. Auch das in der christlichen Tradition hervorragende, gerade durch Karl BARTH erneut in den Mittelpunkt gerückte Dogma von der Menschwerdung Gottes in Christus fällt unter diese Kritik. An dieser Stelle polemisiert JASPERS sogar besonders scharf.

Es ist offenbar höchst schwierig, die Gegenwärtigkeit der Transzendenz auszudrücken, ohne sie zu verkehren. JASPERS begegnet dieser Problematik durch den Hinweis auf den *Chiffrencharakter* aller Erscheinungen der Transzendenz. Die Transzendenz spricht in einer Chiffrensprache, ihre Zeichen sind eine Chiffrenschrift. Die Kunst besteht darin, diese Schrift lesen zu können und hinter den Gegenständlichkeiten, die bloß Ausdruck sind, die Transzendenz wahrzunehmen. Dazu ist die objektiv-begriffliche Wissenschaft nicht fähig. Nur die Existenz selbst in ihrem die Transzendenz erreichenden Aufschwung vermag es. Das Lesen der Chiffren ist nicht eine mit Hilfe der Ratio geübte entmythologisierende existentiale Auslegung, die ohne Beteiligung der Existenz erfolgen könnte. Vielmehr macht der Aufschwung der Existenz selbst die Chiffren transparent.

Eine Chiffre ist eine metaphysische Gegenständlichkeit, die »nicht als sie selbst die Transzendenz, sondern deren Sprache« ist[25]. Als Sprache

24. K. Barth, Die Kirchliche Dogmatik, Bd. IV/4, Zollikon, 2. Aufl. 1957, S. 549.
25. Philosophie, S. 786.

der Transzendenz hat sie »ihr Wesen nur auf dem Boden der Existenz, nicht als allgemeingültige für ein Bewußtsein überhaupt«[26].
Obgleich grundsätzlich alles Chiffre werden kann, gibt es innerhalb der Sprache doch Bereiche, die sich als geeigneter oder als ungeeigneter erweisen. Der rationale Begriff beispielsweise sperrt sich gegen das Chiffresein, weil er auf die Präzision hin angelegt ist und direkt aussagen will, was er intendiert. Er entspricht dem welthaften Erklären und der objektiven wissenschaftlichen Bewältigung von Gegenständen. Mit solchen Begriffen von der Transzendenz sprechen heißt die vergegenständlichen Mißverständnisse geradezu provozieren.
Dagegen ist für Jaspers die ursprünglich religiöse Sprache des *Mythos* geradezu wie als Sprache der Chiffren geschaffen. Das Erzählend-Schwebende der mythischen, noch nicht im Dogma fixierten und rationalisierten Aussage entspricht dem Öffnenden, Beweglichen der Chiffre. So spricht im Mythos Transzendenz, sofern er nicht seinerseits der handgreiflichen, vergegenständlichenden Verfestigung verfällt und daraufhin absurden Aberglauben statt Glauben vermittelt. Als mythisches Pseudowissen ist wörtlich verstandener Mythos ebenso Illusion und Täuschung wie rationale und spekulative Objektivierung der Transzendenz.
So gewinnt Jaspers auf der einen Seite einen neuen Zugang zu den mythischen Aussagen der Religionen, die er als Chiffre verstehen lernt. Eine gewisse Analogie zu der Symboltheologie Paul Tillichs ist spürbar. Auf der anderen Seite wird der Widerstand gegen eine Religion, die abergläubisch ihre Mythen als gegenständliche Realität ausgibt, desto härter.
Statt den Mythos zu vergegenständlichen, ist es umgekehrt das Wesen der Chiffrenschrift, daß sie Gegenständlichkeiten in Sprechweisen der Transzendenz auflöst. Das Objekt wird zur Chiffre, nicht die Chiffre zum Objekt. Im Gegensatz zum bloß formalen Transzendieren ist dieses existentielle Lesen der Chiffreschrift ein *gefülltes* Transzendieren. »Alles, was ist, kann Chiffer sein. Es wird Chiffer durch eine Verwandlung der Weise des Objektseins im Transzendieren. Während das formale Transzendieren durch eine Denkbewegung geschieht, in der alle Gegenständlichkeit verschwindet, ist dieses gehaltvolle Transzendieren ein Vollzug des Chiffernlesens, bei dem die Handgreiflichkeit, Festigkeit, Bestimmtheit des Gegenständlichen in

26. Von der Wahrheit, S. 633.

der schwebenden Objektivität, die sie ermöglicht, zugleich verschwindet.«[27]

Diese ganze, in den Chiffren Sprache findende Struktur des Ergriffenseins der Existenz durch die Transzendenz und des Ergreifens der Transzendenz durch die Existenz ist von einer Art, daß sich dafür der Ausdruck »Philosophischer Glaube« aufdrängt. Es ist Glaube in dem Sinne, daß sich eine rational nicht beweisbare Grundhaltung so realisiert, daß das Selbstsein in Freiheit sich dem Umgreifenden verdankt und aus ihm und in ihm lebt. Es ist philosophisch insofern, als diese Grundhaltung sich nicht in gegenständlichen Gottesbegriffen dogmatisch verfestigt und zudem »nur im Bunde mit dem Wissen«[28] ist. Es ist also denkender, erkennender und erkennenwollender Glaube. Es ist kritischer Glaube, der keine Frage abweist und sich in der Klarheit der Vernunft erhellen will.

Als solcher Glaube verwechselt er sich nicht mit der geschichtslosen Vernunftreligion der Aufklärung. Die Existenz versteht sich selbst als durchgehend durch ihre Geschichtlichkeit geprägt. So lebt auch philosophischer Glaube aus dem Grund der ihm je vorgegebenen geschichtlichen Tradition einer konkreten Religion. Für JASPERS als einem abendländischen Denker bedeutet das, daß sich sein philosophischer Glaube auf dem Grund und in kritischer Durchdenkung des Christentums, genauer gesagt der biblischen Religion, gestaltet. Zur Erscheinungsform dieses philosophischen Glaubens gehört deshalb die Rechenschaft über Nähe und Distanz zur Bibel und zu den aus ihr hervorgegangenen kirchlichen Theologien. Diese Auseinandersetzung klärt auch, von einer anderen Seite her, das Verhältnis der Transzendenz als Gott zu dem Gott der Bibel und der christlichen Kirche.

Zur Bibel als ganzer hat JASPERS ein positives Verhältnis. Sie steht ihm über den Konfessionen. »Dieses einzige Werk gehört keiner Konfession und keiner Religion allein, sondern allen.«[29] JASPERS findet in der Bibel unersetzbare Gehalte, die in dem philosophischen Glauben unaufgebbar sind. Solche Gehalte sind der eine Gott, die Unbedingtheit der Entscheidung zwischen Gut und Böse, die Liebe als Grundwirklichkeit des Ewigen im Menschen, die Offenheit der Welt, die Würde

27. A. a. O. S. 1031. In den späteren Werken schreibt Jaspers statt »Chiffre« »Chiffer«.
28. Der philosophische Glaube, S. 12.
29. A. a. O. S. 37.

des Leidens und die letzte und einzige Zuflucht bei Gott. Es ist eigentümlich, daß Jaspers die unbedingte Forderung in fast kantischer Strenge in den Vordergrund rückt, aber den Geschenkcharakter des Daseins und der Existenz, der ihm doch so wesentlich ist, nicht erwähnt. Er findet ihn offenbar in der Bibel nicht auf eine Weise ausgedrückt, die für ihn spricht. Das zeigt sich darin, daß der für die Bibel so wesentliche Gedanke der Gnade, radikalisiert als Erlösung, bei Jaspers eher auf Ablehnung stößt. Das liegt darin begründet, daß im Neuen Testament Gnade und Erlösung so eng mit dem Christusglauben verknüpft sind. Gerade dieser Glaube aber ist, vor allem in der Gestalt des Satzes von der Menschwerdung Gottes in Christus, für Jaspers die gegenständliche Verkehrung der Transzendenz in abergläubische Leibhaftigkeit. So kann er den Zugang zu dieser Chiffre für den Geschenkcharakter des zur Freiheit gelangenden Selbstseins nicht finden. Er würdigt Jesus als Mensch; als geglaubter Christus bleibt er ihm fremd.

Damit erhält die zu ihm sprechende Auswahl der biblischen Gehalte eine Tendenz zu einer mit der Aufklärung verwandten Weise humaner Religion. An der Bibel vermißt er ferner die mäßigende Helle der Vernunft. Er sieht im biblischen Raum die Leidenschaft durch Leidenschaft korrigiert. Auch nimmt er bereits in der Bibel Verkehrungen wahr, die vor allem in die Richtung einer intoleranten Ausschließlichkeit gehen. Er sieht diese Tendenz weniger noch im alttestamentlichen Erwählungsglauben als vielmehr in der Heilsexklusivität der Christusbotschaft.

An der kirchlichen Theologie kritisiert Jaspers vorwiegend die negative Entwicklung, daß die möglichen Verkehrungen der biblischen Gehalte wirklich werden. Ganz besonders befremdet ihn der Geist der Ausschließlichkeit und Intoleranz sowie die auferlegte Fremdautorität, der er die Weite der Vernunft entgegensetzt. Ratlos steht er vor dem Phänomen der theologischen Rede von Offenbarung. Er kann den Offenbarungsglauben, wie er ihm aktuell bei Barth und Bultmann entgegentrat, nicht nachvollziehen. Offenbarung kann nicht in Vernunft begründet werden, sondern nur durch Offenbarung selbst. Von der Vernunft her, die ihn als Philosophen leitet, kann er nur sagen: Offenbarung »ist nicht möglich und nicht unmöglich«[30]. Die Philoso-

30. K. Jaspers, Der philosophische Glaube angesichts der Offenbarung, München 1962, S. 63.

phie baut nicht auf Offenbarung, sondern auf Vernunft, und sie hat ihren eigenen Ursprung. Für den philosophischen Glauben wäre Offenbarung nur anerkennbar, wenn sie als Chiffre verstanden würde. Damit aber wäre sie gerade für die Offenbarungsgläubigen entwertet. Letztlich stehen sich die beiden Auffassungen gegenüber, ohne daß ein Ausgleich sichtbar wäre. Ob die Kommunikation, das »gegenseitige Sichanerkennen«[31] möglich ist, ist nicht ausgemacht. Es ist bloß Gegenstand der Hoffnung, zweifellos der philosophischen Hoffnung, denn die gegenseitige Anerkennung würde ja die Exklusivität der Offenbarung relativieren.

Die Schärfe der Theologie- und Kirchenkritik dicht neben der tiefgreifenden Würdigung der Bibel charakterisieren profiliert den philosophischen Glauben von Karl Jaspers. Ein tiefer Ernst der Verantwortlichkeit paart sich mit einer außergewöhnlichen Zurückhaltung im Reden über Gott.

Jaspers wird durch diese Haltung zum Repräsentanten der Möglichkeit des 20. Jahrhunderts, von Gott zu sprechen. Nach der Überwindung der voreiligen Gott-ist-tot-Philosophie der Feuerbach, Marx, Nietzsche, Sartre und anderer entspricht die karge Zurückhaltung in den Aussagen über Gott dem Grundgefühl eines Zeitalters, das als ein Zeitalter der Gottesfinsternis gekennzeichnet ist. Ein Vorprellen, das ebenso voreilig wäre wie die Verkündigung des Todes Gottes, könnte nur unglaubwürdig wirken. Es gehört auch zu der Redlichkeit eines solchen Sprechens, daß Jaspers nicht versucht, durch ein falsches Pathos die Tatsache zu verschleiern, daß seine eigene Frömmigkeit die Glut der Leidenschaft nicht erreicht, die religiös lebendigere Zeitalter ausgezeichnet hat. Im Gegensatz zu dem bedingungsloser ergriffenen Martin Buber, der glaubwürdig mehr zu sagen vermag, steht Jaspers gleichsam an einer Schwelle, gleichzeitig bereit und doch zögernd einzutreten.

Mit vielen anderen in einer fragwürdigen, von Terror und Folter erfüllten und von einer Orientierungslosigkeit und Zukunftsangst sondergleichen gezeichneten Welt weist er an entscheidender Stelle auf das Trostwort hin, daß der Prophet Jeremia in scheinbar hoffnungsloser Stunde der Gottesfinsternis beim Untergang Jerusalems zu seinem Freunde Baruch sprach:

»So spricht der Herr, der Gott Israels, über dich, Baruch: Du hast

31. A. a. O. S. 536.

gesprochen: ›Wehe mir! Der Herr häuft noch Kummer auf meinen Schmerz, Müde bin ich vor Seufzen, doch Ruhe finde ich nicht.‹ So sollst du zu ihm sagen: So spricht der Herr: ›Siehe, was ich gebaut, ich reiße es nieder, und was ich gepflanzt, ich reiße es aus. Und *du* begehrst Großes für dich? Begehre es nicht! Denn siehe, ich bringe Unheil über alles Fleisch, spricht der Herr; aber dir gebe ich dein Leben zur Beute allerorten, wohin du gehst‹.«[32]

Auch die Zeit der Gottesfinsternis ist nicht ohne Gott.

32. Jer. 45, 2–5.

Anhang

Lebensdaten

Johann Gottlieb Fichte. Geboren am 19. Mai 1762 in Rammenau in der Oberlausitz als Sohn eines armen Bandwirkers. Fichte, der als Gänsejunge arbeitete, fiel mit 9 Jahren dem Freiherrn von Miltitz durch die Wiedergabe einer Predigt auf. Von Miltitz förderte ihn und ließ ihn an der Fürstenschule von Pforta ausbilden. Nach dem Tode des Gönners Studium der Theologie in Jena und Leipzig, dann Hauslehrer, so von 1788–90 in Zürich, wo er seine Frau Johanna Rahn kennen lernte. 1794 Professur in Jena, die er 1799 anläßlich des Atheismusstreites verliert. 1800–05 Aufenthalt in Berlin, dann 1805 Professur in Erlangen. 1807–08 »Reden an die deutsche Nation«. Nach der Gründung der Universität Berlin erster Rektor; er gibt das Rektorat aber bald wegen Streitigkeiten wieder auf. Am 29. Januar 1814 Tod durch Lazarettfieber in Berlin.

Friedrich Wilhelm Joseph von Schelling. Geboren am 21. Januar 1775 in Leonberg (Württemberg) als Sohn eines Pfarrers. Seit 1790 im Tübinger Stift zusammen mit den um 5 Jahre älteren Hölderlin und Hegel, mit denen ihn eine enge Freundschaft verbindet. 1798 durch Goethes Einfluß Professor in Jena; rasch wachsender Ruhm. 1803 nach Würzburg, 1806 als Mitglied der Akademie nach München berufen. Dort Wende unter dem Einfluß spätromantischer Kreise. Entfremdung von Hegel, dessen unaufhaltsamer Aufstieg zu dem immer ausgeprägteren Verstummen Schellings kontrastiert. 1820 in Erlangen, 1827 in München Professor, 1841 nach Berlin berufen, um die Nachwirkungen der Philosophie Hegels zu bekämpfen. Schelling ist aber durch die Zeitentwicklung bereits überholt. Enttäuscht und verbittert zieht er sich zurück und stirbt 1854 in Ragaz während einer Kur.

Georg Wilhelm Friedrich Hegel. Geboren am 27. August 1770 in Stuttgart als Sohn eines Beamten. Ab 1780 Schulung im Tübinger Stift zusammen mit Hölderlin und dem um 5 Jahre jüngeren Schelling. Hauslehrer in Bern und Frankfurt, dann Dozent in Jena, wo 1807 die »Phänomenologie des Geistes« erscheint. 1807–08 Redaktor der »Bamberger Zeitung«. 1808–16 Rektor des Aegidiengymnasiums in Nürnberg. 1816–18 Professor in Heidelberg, dann als Nachfolger Fichtes nach Berlin berufen, wo er bis zu seinem Tod mit zunehmendem internationalen Ruhm lehrt. In Berlin Haupt einer großen Philosophenschule, die zeitweilig die Philosophie in Deutschland und darüber hinaus dominiert. Mitten in der höchsten Wirksamkeit wird Hegel am 14. November 1831 durch die Cholera dahingerafft.

Sören Kierkegaard. Geboren am 5. Mai 1813 in Kopenhagen als Sohn eines begüterten Wollwarenhändlers. Eigenartige religiöse Erziehung durch den Vater, der sich unter dem Fluche Gottes stehend wähnt. Studium der Theologie und der Literatur; nach dem Tode des Vaters 1838 Studienabschluß 1840. Am 10. Sept. 1840 Verlobung mit Regine Olsen, 1841 Auflösung der Verlobung, Berlinreise. Einzelgängerisches Leben als Schriftsteller; die Isolierung wird durch die systematische Verspottung Kierkegaards während des ganzen Jahres 1846 durch das Witzblatt »Der Corsar« verstärkt. Ambivalentes Verhältnis zu Bischof Mynster, dem Seelsorger seines Vaters. Nach dessen Tod und der Wahl des Hegelianers Martensen zum Bischof Angriff auf die Kirche durch die Flugschriften »Der Augenblick« 1854/55. Am 2. Oktober 1855 Zusammenbruch Kierkegaards auf der Straße, Einlieferung ins Frederiks-Hospital, wo er am 11. November 1855 stirbt.

Julien Offray de la Mettrie. Geboren 1709 in St. Malo, Ausbildung in einem Jansenistenkollegium in Paris, Studium der Medizin. 1746 wird seine Schrift »Histoire naturelle de l'âme« auf Befehl des Parlaments durch den Henker verbrannt. Absetzung als Militärarzt. Exil in Holland. 1748 durch Friedrich den Großen nach Berlin berufen. Mitglied der Akademie. 1751 Tod, angeblich nach einem zu üppigen Mahl. Friedrich der Große verfaßt persönlich die Gedenkrede und läßt sie öffentlich verlesen.

Paul Heinrich Dietrich Baron von Holbach. Geboren 1723 in Heidesheim (Pfalz), im Besitz eines kleinen Gutes in Westfalen, lebt in Paris von seiner 60000 Livres betragenden Rente. Sein Haus ist Mittelpunkt einer epikuräisch-geistreichen Gesellschaft. Holbach stirbt am 21. Februar 1789 in Paris.

Ludwig Feuerbach. Geboren am 28. Juli 1804 in Landshut, als Sohn des Kriminalisten Anselm Feuerbach, des Onkels des Malers Anselm Feuerbach. Studium der Theologie in Heidelberg; durch Daub auf Hegel verwiesen. 1824 Studium bei Hegel in Berlin. 1828 Habilitation in Erlangen. 1830 anonyme Schrift über die Unsterblichkeit; im Gefolge 1832 Verzicht auf die Dozentur. In dürftigen Verhältnissen als freier Schriftsteller in Frankfurt, Ansbach, Erlangen und Nürnberg lebend. 1837 Heirat mit Berta Löw, Mitbesitzerin einer Porzellanfabrik. Umzug ins Rokokoschlößchen Bruckberg bei Ansbach. 1848–49 Privatvorlesungen in Heidelberg über das Wesen der Religion. Sonst zurückgezogenes Gelehrtendasein. 1860 Bankrott der Porzellanfabrik. Rückzug in finanziell schwierigen Verhältnissen nach Rechenberg bei Nürnberg. Dort Tod am 13. September 1872.

Karl Marx. Geboren am 5. Mai 1818 in Trier als Sohn des jüdischen (1842 getauften) Juristen Heinrich Marx. Studium der Rechte, der Geschichte und der Philosophie. 1841 Promotion, 1842 Verzicht auf Habilitation. 1842–43 Redaktor der »Rheinischen Zeitung« in Köln. Nach deren Verbot 1843 nach Paris zu Arnold Ruge, mit dem zusammen er die »Deutsch-Französischen Jahrbücher« herausgibt. Im September 1844 nähere Bekanntschaft mit dem Industriellen Friedrich Engels. Auf Intervention der preußischen Regierung 1845 ausgewiesen; Umzug nach Brüssel. 1848 Manifest der kommunistischen Partei. Anläßlich der Februarrevolution Verhaftung von Marx, Ausweisung. Marx wendet sich wieder nach Paris, dann nach Köln, endlich nach London. Er lebt »als Emigrant in Paris, Brüssel und London von dürftigen Schriftstellerhonoraren, Zeitungsarbeit, Unterstützungen und Schulden« (Löwith). Er stirbt am 5. August 1895 in London.

Friedrich Nietzsche. Geboren am 15. Oktober 1844 in Röcken bei Lützen. Sein Vater war Pfarrer und verstarb früh. 1858–64 humanistische Ausbildung in Schulpforta. 1864–69 Studium der klassischen Philologie in Berlin und Leipzig. Bekanntschaft mit Richard Wagner. 1869 noch vor dem Doktorexamen als Professor für klassische Philologie nach Basel berufen. Freundschaft mit Jakob Burckhardt und Franz

Overbeck. 1870 Krankenpfleger im deutsch-französischen Krieg. 1879 verzichtet Nietzsche wegen seiner gesundheitlichen Labilität auf die Professur. Von da an freier Schriftsteller, als »fugitivus errans« mit wechselndem Aufenthaltsort, vorwiegend an der Riviera, in Italien und in Sils-Maria (Engadin). 1889 Zusammenbruch in Turin, Ausbruch der Geisteskrankheit. Pflege erst durch die Mutter, dann durch die Schwester. Tod in Weimar am 25. August 1900.

Jean-Paul Sartre. Geboren am 21. Juni 1905 in Paris; sein Großvater Louis Schweitzer war der Onkel Albert Schweitzers. 1931–33 und 34–37 Philosophielehrer in Le Havre, 1937 in Lyon, 1937–39 am Licée Pasteur in Paris. Sartre tritt zuerst mit psychologischen Essays und Romanen hervor, später neben seinen philosophischen Werken mit erfolgreichen Schauspielen, die seine Weltanschauung popularisieren. Während des Weltkrieges Juni 1940–April 1941 in deutscher Kriegsgefangenschaft. Tätigkeit in der Résistence. Nach dem Krieg weitreichendes innen- und außenpolitisches Engagement. 1964 Ablehnung des Nobelpreises.

Ernst Bloch. Geboren am 8. Juli 1885 in Ludwigshafen. Studium der Philosophie, Germanistik und Physik. Während des Ersten Weltkrieges Pazifist, nach dem Weltkrieg Mitglied der kommunistischen Partei. 1933 Exil zuerst in Zürich, Paris, Wien und Prag, dann seit 1938 in Amerika. Nach dem 2. Weltkrieg 1949 in die DDR als Professor für Philosophie nach Leipzig berufen. 1957 zwangspensioniert. 1961 kehrt Bloch nach dem Bau der Berliner Mauer von einem Urlaub nicht mehr in die DDR zurück, nimmt in der Bundesrepublik Wohnsitz und wirkt seither als Dozent für Philosophie an der Universität Tübingen.

Hermann Cohen. Geboren am 4. Juli 1842 in Coswig (Anhalt) als Sohn eines Lehrers an der jüdischen Gemeinde. Studium der Philosophie, der Mathematik und der Naturwissenschaften. 1873 Habilitation in Marburg, 1875 Professor daselbst. Begründer und Schulhaupt der »Marburger Schule«, einer streng erkenntnistheoretischen Ausprägung des Neukantianismus. Nach der Emeritierung 1912 Übersiedlung nach Berlin, wo Cohen noch an der jüdisch-theologischen Schule wirkt. Verstorben am 4. April 1918 in Berlin.

Martin Buber. Geboren am 8. Februar 1878 in Wien, aufgewachsen auf den Familiengütern in Galizien. Kontakte mit der zionistischen

Bewegung und dem Chassidismus. 1906–16 in Berlin als freier Schriftsteller. Nach dem 1. Weltkrieg stärkeres öffentliches Engagement. Lehrtätigkeit am »Freien Jüdischen Lehrhaus« in Frankfurt, 1923 Lehrauftrag an der Universität Frankfurt, 1930 Honorarprofessor. Während des Nationalsozialismus erst in der »Mittelstelle für jüdische Erwachsenenbildung« tätig. Zunehmende Einengung durch den nationalsozialistischen Staat. 1935 Berufung nach Jerusalem, 1938 Emigration und Übersiedelung nach Jerusalem. Nach dem Krieg aktive Reisetätigkeit in Amerika und Deutschland. Buber starb am 13. Juni 1965 in Jerusalem. Die Grabrede hielt Ministerpräsident Levi Eschkol, arabische Studenten legten als Zeichen der Verbundenheit einen Blumenstrauß auf den Sarg.

Henri Bergson. Geboren am 18. Oktober 1859 in Paris. 1890 Professor am Collège de France in Paris. Mitglied der Akademie. Sein hohes Ansehen reichte weit über den Kreis der Philosophen hinaus. 1927 wurde ihm der Nobelpreis für Literatur zugesprochen. Bergson starb am 4. Januar 1941 in Paris.

Max Scheler. Geboren am 22. August 1874 in Minden. Studium der Medizin und der Philosophie. 1900 Habilitation für Philosophie in Jena und Kontakt mit Husserl. Später Umhabilitation nach München. 1910 verläßt Scheler München und zieht als Privatgelehrter nach Göttingen. 1917/18 wirkt er in Genf und den Haag. 1919 Professor in Köln, 1928 nach Frankfurt berufen, verstirbt aber unerwartet schnell im selben Jahr in Frankfurt.

Martin Heidegger. Geboren am 26. September 1889 in Messkirch (Baden), behält Heidegger zeitlebens eine Vorliebe für den schwarzwäldisch-bäuerlichen Lebensstil. Die erste Ausbildung erhält er als Jesuitennovize. Nach dem Studium in Freiburg Habilitation daselbst 1915. 1923 Professor in Marburg; folgenreiche Kontakte mit Rudolf Bultmann. 1928 Berufung nach Freiburg als Nachfolger Husserls. 1933 Rektor. Berüchtigte Rektoratsrede »Die Selbstbehauptung der deutschen Universität« mit starken Lobsprüchen auf Hitler. 1946 Verlust des Lehrstuhls in Freiburg. Von da an zurückgezogenes Leben auf dem Todtnauberg. Tod im Sommer 1976.

Karl Jaspers. Geboren in Oldenburg am 23. Februar 1883. Von Kind an gesundheitlich stark behindert, studiert Jaspers in Heidelberg,

München, Berlin und Göttingen erst die Rechte, dann Medizin. In Heidelberg psychiatrische Tätigkeit und seit 1913 Dozentur für Psychologie an der philosophischen Fakultät. 1923 Berufung zum Professor für Philosophie in Heidelberg. Während der Zeit des Nationalsozialismus als Staatsfeind betrachtet. 1937 Entzug der Professur. Rückzug in die innere Emigration, auch zum Schutz seiner jüdischen Frau. Nach 1945 maßgeblich am Wiederaufbau der Universität Heidelberg beteiligt. 1947 Annahme eines Rufes nach Basel, wo er bis weit über das Pensionierungsalter hinaus wirkt. Verstorben am 26. Februar 1969 in Basel.

Erklärung einiger Begriffe

Agnostizismus (von griech á, nicht-, und gnósis, Erkenntnis). Lehre von der Unerkennbarkeit des wahren Seins.

Akosmismus (von griech á, nicht-, und kósmos, Welt). Lehre von der Weltlosigkeit oder Auffassung, daß der Welt keine eigentliche Realität zukomme. Die Welt kann als Schein erklärt werden. Bei Spinoza ist Gott allein die Substanz, die Welt bloß ein Akzidens, bei Fichte setzt das Ich die Welt als Nicht-Ich; er bestreitet die eigentliche Realität des Zeitlichen und Vergänglichen angesichts der Realität des Ewigen und Unvergänglichen.

Alchemie (von arab. al-kimiā). Aus dem antiken Alexandria stammende, über Arabien ins mittelalterliche Europa gelangte Mischung von naturwissenschaftlich-chemischen, medizinischen, astrologischen, spekulativen, magischen, religiösen und psychologischen Elementen mit dem Ziel, das Geheimnis der Welt zu ergründen. Der Stein der Weisen wurde ebenso gesucht wie die Kunst, Gold zu machen oder ein Allheilmittel für Krankheiten zu finden. Neben ernsthaften Forschern fühlten sich auch Scharlatane durch die geheimnisvolle Wissenschaft angezogen. In der modernen Psychologie fand die Alchemie durch C. G. Jung neue Beachtung.

Apokalyptik, Apokalypsen (von griech. apokálypsis, Offenbarung). Apokalypsen sind geheime Offenbarungsschriften, vorwiegend aus der Zeit des 2. Jh. v. Chr. bis zum 2. Jh. n. Chr. im jüdisch-urchristlichen Raum. Sie enthüllen die Zukunft, speziell das Weltende, das Gericht und das künftige Gottesreich. Weltanschaulich vertritt die Apokalyptik einen → Dualismus zwischen dem jetzigen schlechten und dem kommenden guten Weltzustand. Die gegenwärtige Welt ist verloren und dem Untergang geweiht, die neue Welt geht nicht durch einen Entwicklungsprozeß aus ihr hervor, sondern löst sie als neue Schöpfung nach einem katastrophalen Ende ab. Die Apokalyptik arbeitet gerne mit geheimnisvollen Berechnungen und Zahlenspekulationen, um die Stellung der Gegenwart in der Folge der Weltepochen zu bestimmen.

a priori, a posteriori (lat., vom früheren her, vom späteren her, oder: von vornherein, im nachhinein). Bezeichnung des Ausgangspunktes der Erkenntnisbemühung, entweder von allgemeinen Grundsätzen oder von der einzelnen Erfahrung aus. Seit Kant schärfer: a priori von vor und außerhalb der Erfahrung her, a posteriori von der Erfahrung her (→ empirisch, → transzendental).

Atheismus (von griech. átheos, ohne Gott). Die Überzeugung, daß dem Begriff »Gott« keine Realität entspricht. Fälschlicherweise wurde früher oft der Pantheismus vor allem in der Form der Philosophie Spinozas als Atheismus mißverstanden. (→ Akosmismus, → Deismus, → Pantheismus → Theismus).

Autonomie (von griech. autós, selbst, und nómos, Gesetz). Fähigkeit, sich aus dem eigenen Inneren heraus die Gesetze zu geben. (→ Heteronomie)

Deismus (von lat. deus, Gott). Glaube an einen Urhebergott als Weltschöpfer, der die Welt nach der Schöpfung den innerweltlichen Gesetzen, die er vollkommen eingerichtet hat, überläßt. (→ Atheismus, → Pantheismus, → Theismus)

Dialektik (von griech. dialektikè téchnē, Unterredungskunst). Die Kunst der Gedankenentwicklung aus Rede und Gegenrede, besonders vollkommen ausgebildet bei Sokrates und Platon. Später, speziell bei Hegel und den von ihm Beeinflußten, die Methode des Gedankenfortschritts durch Widersprüche hindurch vermittels der dynamischen Auflösung der starren Gegensätze, die als Einseitigkeiten in einer höheren Synthese aufgehoben werden.

Dualismus (von lat. dualis, zwiefach). Die Lehre von zwei letztlich unabhängigen und unvereinbaren Grundprinzipien, etwa äußerem Sein und Bewußtsein, oder Geist und Materie. Religiös die Annahme zweier entgegengesetzter göttlicher Urwesen, eines guten und eines bösen. Klassisch bei Zarathustra, später, teilweise von ihm beeinflußt, in der → Gnosis und bei den → Manichäern, aber auch eingedrungen in die spätjüdische → Apokalyptik und ins Christentum, soweit in diesem der Teufel als Gegengott verstanden wird. (→ Identität)

Empirie, empirisch, Empirismus (von griech. empeiría, Erfahrung).

Erfahrung; aus der Erfahrung abgeleitet (→ a priori, → a posteriori, → transzendental). Der Empirismus ist die erkenntnistheoretische Auffassung, daß alle Erkenntnis nur auf der Erfahrung beruht (Gegensatz: → Rationalismus).

Entelechie (von griech. én, in; télos, Ziel; échein, haben). Das, was sein Ziel in sich selbst trägt, die innere Zielgerichtetheit und Steuerungskraft vornehmlich des Organismus. Das Wort ist durch Aristoteles geprägt und meint dort umfassend die Form, die gestaltend den Stoff durchdringt.

Essenz (von lat. esse, sein). Die Wesenheit eines Dings als die Einheit aller Bestimmungen, durch die das Ding eindeutig festgelegt ist. (→ Existenz)

Eudämonismus (von griech. eudaimonía, Wohlbefinden der Seele). Ethische Auffassung, nach der der Sinn des Guten das Glück ist.

Existenz (von lat. existentia, Dasein). Zunächst das wirkliche Vorhandensein eines Dings im Unterschied zu seinem So-Sein, seinem Wesen (→ Essenz). In der Existenzphilosophie bedeutet »existieren«, »Existenz« spezifisch die besondere menschliche Daseinsweise der möglichen Freiheit und Eigentlichkeit, die nicht als Objekt wissenschaftlich wahrgenommen, sondern nur durch das Subjekt verwirklicht werden kann.

Gnosis (von griech. gnṓsis, Erkenntnis). Frühchristliche, teilweise schon vorchristliche, von der Kirche in langen Kämpfen ausgeschaltete Bewegung stark → dualistischer Natur mit dem Anspruch, ein Geheimwissen über Gott und die himmlischen Welten zu besitzen. Die Gnosis setzt dem minderwertigen Schöpfergott den sich in Christus manifestierenden Erlösergott gegenüber.

Heteronomie (von griech. héteros, anderer, und nómos, Gesetz). Das Auferlegen des Gesetzes von außen her. (→ Autonomie)

Hypostase (von griech. Hypóstasis, Unterlage). Die Personifizierung einer Wesenheit, eines Seelenzustandes oder einer Eigenschaft zu einem Wesen meist göttlicher Art. Beispiele: Die Personifizierung der »Weisheit« im jüdischen, des »Glücks« (fortuna) als besonderer Göttin im römischen Raum.

Idealismus (von griech. idéa, Bild, Urbild). Praktisch-ethisch das Streben nach den höchsten Werten. Erkenntnistheoretisch: 1) bei Platon die Lehre, daß die Ideen, nicht die erscheinende Erfahrungswelt die wahre Wirklichkeit ausmachen. 2) im deutschen Idealismus der Vorrang des → transzendentalen Bewußtseins vor der Außenwelt, die nur als Inhalt des Bewußtseins erscheint. (→ Materialismus, → Realismus)

Idee (von griech. idéa, Bild, Urbild). Bei Platon sind die als Ideen verstandenen Allgemeinbegriffe das wahrhaft Seiende. Bei Kant bilden die transzendentalen Ideen einen unerläßlichen Bestandteil der Vernunft, über ihre objektive Wirklichkeit aber kann von der theoretischen Vernunft aus keine Aussage gemacht werden.

Identität (von lat. idem, ein und dasselbe). Das sich-selbst-gleich-Sein.

Identitätsphilosophie. Begreifen der vordergründigen Gegensätze als hintergründige, letzte Einheit. Solche Gegensätze sind: Realität und Idealität; Sein und Bewußtsein; Sein und Denken; Geist und Materie; Substanz und Subjekt; Gott und Welt. Je nachdem, welche Gegensätze identisch gesetzt werden und worin der Vereinigungspunkt gefunden wird, ergeben sich viele verschiedene Möglichkeiten von Identitätsphilosophien (→ Dualismus)

Immanenz (von lat. immanere, darin bleiben). Das, was innerhalb einer bestimmten Sphäre bleibt, ohne sie zu überschreiten. So ist z. B. im Pantheismus Spinozas Gott die »immanente«, d. h. die Welt nicht übersteigende Ursache aller Dinge. (→ Transzendenz)

Intelligibel (von lat. intelligibilis, denkbar). Etwas, was nur für den Verstand, aber nicht für die Sinne wahrnehmbar ist. Die intelligible Welt ist die Gesamtheit der Gedankendinge. Nach Kant genügt es für ein Ding nicht, intelligibel zu sein, um seine Realität zu behaupten.

Kabbala (von hebr. kabbala, Überlieferung). Die mittelalterliche jüdische Mystik mit ihren Geheimlehren, Zahlenspekulationen und Wortkombinationen und den entsprechenden Auslegungen der biblischen Überlieferung. Die Hauptschriften der Kabbala sind das im 9. Jh. entstandene Buch Jezirah und das im 13. Jh. geschriebene Buch Zohar (Glanz). Der Kabbalismus blühte vor allem in Spanien.

Kategorie (von griech. katēgoreín, aussagen). Von Aristoteles geschaffener Begriff, der die Grundaussagen bezeichnet, die über ein Ding gemacht werden können (Größe, Beschaffenheit, Wesen, Lage usw.). Bei Kant sind die Kategorien die → transzendentalen Verstandesbegriffe, die die Voraussetzung allen Erkennens bilden, z. B. Einheit, Vielheit, Kausalität, Möglichkeit, Dasein, Nichtsein.

Kosmologie (von griech. kósmos, Welt, und lógos, Wort, Lehre). Die Lehre von der gesamten Welt, ihrer Entstehung, ihrem Wesen, ihrer Entwicklung, ihren letzten Gesetzen.

Manichäer. Auf den Perser Mani (216–276 n. Chr.) zurückgeführte religiöse Bewegung dualistischen Charakters, die vor allem im 4. Jh. das kirchliche Christentum beunruhigte. Augustin war eine zeitlang dem Manichäismus zugeneigt und hat ihn später radikal bekämpft. Nachwirkungen des Manichäismus finden sich in den mittelalterlichen Sekten der Paulicianer und der Albigenser.

Materialismus (von lat. materia, Stoff). Zurückführung alles Wirklichen auf Stoffliches, Bestreitung eines immateriellen, geistigen Grundprinzips. Dialektischer oder ökonomischer oder historischer Materialismus: Bei Marx die Auffassung, daß die geschichtlichen Vorgänge auf materiell-ökonomischen Interessen, nicht auf Ideen oder Überzeugungen beruhen. (→ Idealismus, → Realismus)

Metaphysik (von griech. metà tà physiká, nach den physikalischen Dingen). Ursprünglich Bezeichnung der auf die Physik des Aristoteles in seinem Gesamtwerk folgenden Bücher, die die Fundamentalphilosophie enthielten, also die Wissenschaft von den ersten Prinzipien und Ursachen des Seins. Später Bezeichnung dieses Teils der philosophischen Bemühungen überhaupt; das Wort wird dann verstanden als Aussage über das, was über die Physis, die Natur, hinausgeht und ihr zugrundeliegt. Zu den Themen der Metaphysik gehören die Frage nach dem Wesen des Seins (→ Ontologie), dem Wesen der Welt (→ Kosmologie), dem Wesen des Menschen (Anthropologie) und dem letzten Grund aller Dinge (Theologie).
Bei Scheler findet sich von Metaphysik abgeleitet der Begriff Metanthropologie, der darauf hinweisen will, daß der Zugang zu den letzten Dingen nicht über die Dingwelt, sondern über die Erkenntnis des Menschen führt.

Monade (von griech. monás, Einheit). Bei Leibniz Bezeichnung der letzten Einheiten des Lebendig-Individuellen im Unterschied zu der physikalischen Einheit des Atoms. Monaden sind nichträumliche, nichtmaterielle Kraftzentren von unterschiedlichster Reichhaltigkeit. Zu ihnen gehören die menschlichen Seelen.

Mystik (von griech. mýein, Augen und Mund schließen). Die Versenkung in die Gottheit mit dem Ziel der Vereinigung, meist unter Aufgabe der eigenen Personalität.

Mythos, mythisch (von griech. mȳ́thos, Göttergeschichte). Die Darstellung des Überweltlich-Göttlichen durch raum-zeitliche, innerweltliche Geschehnisse und unmittelbares Auftreten göttlicher

Wesen innerhalb der Welt. Entmythologisierung: die Gewinnung religiöser Gehalte des Mythos unter Absehung von seinen vergegenständlichen Vorstellungen, die als Produkte der schöpferischen Phantasie innerhalb eines vorwissenschaftlichen Weltbildes zurückgelassen werden. Entmythologisierung wird nötig, wenn eine Epoche nicht mehr in einem naiv-mythischen Weltbild lebt, die Gehalte ihrer religiösen Traditionen aber aus einem solchen stammen.

Natur (von lat. nasci, geboren werden, entstehen. griech phýsis, das Aufgehende, Aufwachsende). Inbegriff alles von selbst Wachsenden im Gegensatz zu dem künstlich Gemachten. Besonders wichtig die Unterscheidung: natura naturans, die tätige, hervorbringende Natur, im → Pantheismus oft Gott gleichgesetzt, und: natura naturata, die hervorgebrachte, erscheinende Natur, der Raum des Geschöpflichen.

Ontologie (von griech. ón, Seiendes, und lógos, Wort, Lehre). Die Lehre vom Sein überhaupt.

Pantheismus (von griech. pā́n, alles, und theós, Gott). Die Lehre, daß Gott und das All zusammenfallen. Klassische Formel: Hèn kaì pā́n, Gott ist das Ein und Alles. (→ Atheismus, → Deismus, → Theismus)

Paradox (von griech. pará, wider, und dóxa, Meinung). Eine auf den ersten Blick widersprüchliche, ja widersinnige Aussage, die aber in einer tieferen Schicht des Verständnisses Sinnvolles enthält.

Phänomenologie (von griech. phainómenon, das Erscheinende, und lógos, Wort, Lehre). Die Lehre von den Erscheinungen. Bei Hegel ist die Phänomenologie des Geistes die Darstellung der verschiedenen Erscheinungsformen des Geistes auf seinem Wege zur Erkenntnis und zu sich selbst. Bei Husserl und der von ihm ausgegangenen Schule der Phänomenologie bedeutet Phänomenologie die Wissenschaft vom Wesen der Dinge, das durch die reine Anschauung der vorliegenden Phänomene erkannt wird.

Rationalismus (von lat. ratio, Verstand). Die erkenntnistheoretische Auffassung, daß Form und Inhalt des Wissens aus dem Verstand und nicht primär aus der Erfahrung abzuleiten seien. Das Ideal des Rationalismus ist die Methode der Mathematik. (→ Empirismus).

Realismus (von lat. res, die Sache). Philosophischer Standpunkt, der die unabhängig vom Bewußtsein des erkennenden Subjekts bestehende Wirklichkeit einer Sache betont. Im Mittelalter bedeutet

Realismus die Annahme der wirklichen Existenz der Ideen vor allen einzelnen Dingen und vor dem Bewußtsein. In der Neuzeit handelt es sich vor allem um die Betonung der vom Bewußtsein unabhängigen Existenz der raum-zeitlichen Außenwelt. (→ Idealismus, → Materialismus)

Reziprozität. Wechselseitigkeit.

Skeptizismus (von griech. sképsis, genaue Untersuchung). Philosophische Haltung, die grundsätzlich alles bezweifelt und die Möglichkeit echter Erkenntnis bestreitet.

Spekulation, spekulativ (von lat. speculatio, Ausspähung, Betrachtung). Ein die Erfahrung überschreitendes Denken, das die Gesamtheit des Seins durch geistige Anschauung erreichen will. Im Platonismus bedeutet Spekulation die übersinnliche Schauung des Göttlichen. Bei Hegel ist Spekulation das dialektische, auf die Gesamterkenntnis des Seins zielende Denken im Gegensatz zur bloßen Verstandeserkenntnis. Später wird das Wort »spekulativ« oft in negativer Bewertung gebraucht. Es bezeichnet dann ein ungesichertes, wolkenhaftes Spintisieren, das nicht auf einer kontrollierbaren Wirklichkeitsgrundlage fußt.

Subjekt (von lat. sub-iectum, das Daruntergeworfene). Wie die → Substanz ein letztes Prinzip, aber nicht dinghaft, sondern ich-haft. Das Subjekt ist Träger von Handlungen, Zentrum von Akten. Als Geist ist es etwas, das sich zu sich selbst verhält. (→ Substanz)

Substanz (von lat. sub-stantia, das Darunterstehende, griech. tò hypokeímenon, das Darunterliegende). Das von anderem Unabhängige, Beständige, das der Träger der Eigenschaften ist. Substanz ist der Inbegriff des Realen, aber auch des Unzerstörbaren. Gegen Descartes und Spinoza, die von denkender Substanz sprachen, setzt der Idealismus der dinghaften Substanz, in der Notwendigkeit herrscht, das lebendig-tätigen Subjektsein gegenüber, das Freiheit besitzt. (→ Subjekt, → Dualismus, → Identitätsphilosophie)

Theismus (von griech. theós, Gott). Der Glaube an einen persönlichen, außerweltlichen, mit Vernunft und Wille begabten Weltschöpfer und Weltlenker als höchstes Wesen. (→ Atheismus, → Deismus, → Pantheismus)

Theodizee (von griech. theós, Gott, und díkē, Gerechtigkeit). Der Versuch, angesichts des Leidens und des Bösen in der Welt Gottes Gerechtigkeit aufzuzeigen.

Theosophie (von griech. theós, Gott, und sophía, Weisheit). Durch unmittelbares Erlebnis oder Schauen erworbenes Wissen um das Göttliche und seine Geheimnisse, im Gegensatz zu einem bloßen Glauben an Gott.

Transzendent, Transzendenz (von lat. transcendere, hinüberschreiten, übersteigen). Das, was jenseits einer bestimmten Sphäre ist (→ Immanenz). Am wichtigsten sind die Bestimmungen: jenseits der Erfahrung, jenseits der Welt, jenseits des Erkennens überhaupt. Bei Kant, der das Transzendente vom → Transzendentalen streng unterscheidet, ist das schlechthin Transzendente unerkennbar.

Transzendental, Transzendentalphilosophie. Bei Kant wird vom → Transzendenten als dem Unerkennbaren das Transzendentale abgehoben, das wohl vor der Erfahrung (→ a priori), aber nicht jenseits der Erkenntnis ist. Das Transzendentale ist der Bereich der Bedingungen von Erfahren und Erkennen überhaupt. Es ist Gegenstand der transzendentalen Ästhetik (Lehre von den Bedingungen der äußeren und inneren Anschauung, also Raum und Zeit) und der transzendentalen analytischen Logik (Lehre von den reinen Verstandesbegriffen wie Einheit, Dasein, Kausalität und der ganzen synthetischen Funktion des Erkenntnisvorgangs). Die transzendentale Dialektik dagegen ist die Lehre vom transzendentalen Schein, das heißt von dem mißbräuchlichen Versuch, von der Untersuchung des Transzendentalen aus eine → Metaphysik aufzubauen, die das Transzendente, z. B. eine Gotteserkenntnis erreicht. Die Transzendentalphilosophie ist die Philosophie, die ihr Augenmerk auf die Analyse dieser transzendentalen Strukturen richtet. Auf dem transzendentalen Standpunkt stehen bedeutet, auch für den nachfolgenden deutschen → Idealismus, nicht von einem → Realismus ausgehen, sondern davon, daß alle Erfahrung einer Außenwelt durch die transzendentalen Prozesse bedingt ist.

Utopie (von griech. ou, nicht, und tópos, Ort). Das Nirgendwo. Bezeichnung von idealen Zukunftsentwürfen, die mit der bestehenden Wirklichkeit nicht zu vermitteln sind. Besonders häufig sind die Utopien vom idealen Staat. Bei Bloch wird die Utopie positiv zur konkreten Zukunftshoffnung.

Zweireichelehre. Im Luthertum die Auffassung, daß das Reich Christi (des Evangeliums, der Gnade) dem innerlichen, persönlichen Bereich zugeordnet ist, während der politische Bereich unter einem anderen Gottesgesetz steht; so trägt z. B. die Obrigkeit das Schwert zu Recht. Die spätere Auffassung, daß der öffentlich-gesellschaftliche, ökonomische und politische Bereich einer Eigengesetzlichkeit innerweltlicher Art unterworfen, das Evangelium aber reine Privatsache sei, ist nicht die Meinung Luthers selbst.

Zwei Wahrheiten. Besonders im späteren Mittelalter erwogene Auffassung, daß die geoffenbarte kirchliche Wahrheit und die philosophisch-rationale Wahrheit zwar entgegengesetzt seien, aber nebeneinander bestehen könnten, wenn man die zweite als bloß weltlich-menschlich einstuft und zugleich an die erste glaubt. Die Lehre von den zwei Wahrheiten ermöglichte der Philosophie in einer Zeit kirchlicher Macht und Geisteszensur eine gewisse Eigenständigkeit des Denkens. Auf die Dauer aber konnte dieser Ausweg dem Wahrheitsbegriff nicht genügen.

Man vergleiche zum Ganzen:

Johannes Hoffmeister, Wörterbuch der Philosophischen Begriffe, Hamburg, 2. Aufl. 1955.

Joachim Ritter, Historisches Wörterbuch der Philosophie, Basel 1971 ff.